U0524551

法律诊所实训教程

Clinical Legal Education Training Course

主　编	叶英萍　王子晏
撰稿人	王子晏　叶英萍　伍　奕
以撰写章节先后为序	谭　波　王龙奎　刘方勇
	钟　敏　董万程

法律出版社
——北京——
始创于1954年

好书,同好老师和好学生分享

图书在版编目（CIP）数据

法律诊所实训教程／叶英萍，王子晏主编. -- 北京：法律出版社，2025. -- ISBN 978-7-5244-0529-0

Ⅰ.D92

中国国家版本馆 CIP 数据核字第 2025T0M749 号

法律诊所实训教程 FALÜ ZHENSUO SHIXUN JIAOCHENG	叶英萍　王子晏　主编	责任编辑　陈　慧 装帧设计　鲍龙卉	

出版发行　法律出版社	开本　720 毫米×960 毫米　1/16
编辑统筹　法律教育出版分社	印张　17　　　字数　245 千
责任校对　张翼羽	版本　2025 年 8 月第 1 版
责任印制　刘晓伟	印次　2025 年 8 月第 1 次印刷
经　　销　新华书店	印刷　河北晔盛亚印刷有限公司

地址：北京市丰台区莲花池西里 7 号（100073）
网址：www.lawpress.com.cn　　　　　　　销售电话：010-83938349
投稿邮箱：info@lawpress.com.cn　　　　　客服电话：010-83938350
举报盗版邮箱：jbwq@lawpress.com.cn　　 咨询电话：010-63939796
版权所有·侵权必究

书号：ISBN 978-7-5244-0529-0　　　　　　定价：39.00 元
凡购买本社图书，如有印装错误，我社负责退换。电话：010-83938349

序　言

　　光阴荏苒,转眼之间,海南大学法律诊所已走过二十个春秋。2005年3月,当我们在海南大学法学院正式开设诊所法律教育课程时,内心充满期待又不无忐忑。作为全国第三批开设此类课程的高校,我们肩负着探索创新法学教育模式的使命。在不同于传统课堂的法律诊所教学中,我们希望帮助学生从书本世界走向真实法庭,在服务社会的过程中历练品格、提升能力、收获成长。

　　二十年来,在全体师生的共同努力下,海南大学法律诊所从无到有、从小到大,逐步成长为颇具特色和影响力的法学实践教学平台。我们欣喜地见证了法律诊所的每一步发展:2008年获得海南大学优秀教学成果一等奖,2010年被评为"全国诊所法律教育优秀教学管理单位",2011年成为海南省精品课程,2013年被确定为全国法律诊所教学培训基地,2019年被评为海南省级一流本科课程,2020年荣获首批国家级一流本科课程和"全国示范法律诊所"称号。这些荣誉不仅是对我们工作的肯定,更是激励我们不断前行的动力。

　　《法律诊所实训教程》是在海南大学法学院多年诊所法律教育实践基础上编写的一本教材,凝聚了教学团队的智慧和心血。相较于2011年出版并获海南省高等教育优秀科研成果教材类一等奖的《法律诊所教程》,新的教材更加注重实务操作性和教学实效性。我们精选了法律诊所学生亲自代理的真实案例,融入了学生的代理方案和教师的点评反馈,生动呈现了诊所法律教育的理念、教学方法与实训过程。我们希望通过本教材,更好地指导学生将理论知识与实践经验有机结合,培养他们分析问题、解决问题的能力,帮助他们在为当事人提供法律服务的同时,实现自身专业素养的全面提升。我们始终相信:"用真问题、真案件、真当事人锻造法律人的理性与良知,才能让法律职业走得更远。"

本教材分为基础篇、诉讼篇和非讼篇三大部分，全面涵盖案源拓展、咨询与会见、证据收集与审查、法庭质证与辩论、调解与谈判以及诉讼思维等内容。本书写作分工如下（以撰写章节为序）：

王子晏，海南大学法学院副教授、海南海大平正律师事务所兼职律师，撰写第一章、第二章。

叶英萍，海南大学法学院教授、国浩律师（海南）事务所兼职律师，撰写第三章。

伍奕，海南大学法学院副教授、海口市龙华区劳动人事争议仲裁院兼职仲裁员，撰写第四章。

谭波，海南大学法学院教授、江苏亿诚（海口）律师事务所兼职律师，撰写第五章。

王龙奎，国浩律师（海南）事务所管委会主任，撰写第六章、第十一章。

刘方勇，海南大学法学院副教授、海南国际仲裁院仲裁员，撰写第七章、第八章。

钟敏，海南佐宸律师事务所主任，撰写第九章。

董万程，海南大学法学院教授、海南国际仲裁院仲裁员，撰写第十章。

作为诊所法律教育的任课教师，邓和军（海南大学纪检监察学院教授）、廖晖［北京中伦（海口）律师事务所主任］、陈吉波（海南昌宇律师事务所执行主任）也深度参与了本教材的集体讨论和修改完善工作。在此，我们要感谢所有参与教材编写的老师的辛勤付出，正因为有一批对诊所法律教育充满热爱和责任的同仁，才有这部教材的面世。

最后，祝愿每一位读者在法律诊所的学习之旅中有所收获，成为理论与实践并重、能力与德行兼备的优秀法律人！

叶英萍　王子晏

2025 年 5 月

目　录

第一章　走进法律诊所　　　　　　　　　　　　　　　1
　第一节　法律诊所概述　　　　　　　　　　　　　　1
　第二节　法律诊所教学方法　　　　　　　　　　　　9
　第三节　法律诊所课程的开课准备和教学组织　　　　16
　第四节　法律诊所课程的质量监控　　　　　　　　　20

第二章　案源拓展和案件受理　　　　　　　　　　　　26
　第一节　诊所案件的来源　　　　　　　　　　　　　26
　第二节　诊所案件的受理　　　　　　　　　　　　　32
　第三节　案件代理实例　　　　　　　　　　　　　　38

第三章　会见　　　　　　　　　　　　　　　　　　　47
　第一节　会见概述　　　　　　　　　　　　　　　　47
　第二节　会见种类与方法　　　　　　　　　　　　　53
　第三节　会见训练　　　　　　　　　　　　　　　　66
　第四节　会见中的职业道德　　　　　　　　　　　　69

第四章　法律咨询　　　　　　　　　　　　　　　　　73
　第一节　法律咨询概述　　　　　　　　　　　　　　73
　第二节　法律咨询的方法与技巧　　　　　　　　　　77
　第三节　法律咨询训练　　　　　　　　　　　　　　83
　第四节　法律咨询实例　　　　　　　　　　　　　　86

第五章　法律检索　89
第一节　法律检索概述　90
第二节　法律检索的内容　92
第三节　法律检索方法　95
第四节　法律检索实训　110

第六章　法律思维　118
第一节　法律思维概述　118
第二节　法律思维的方法　121
第三节　法律思维的综合训练　130

第七章　证据收集与审查　132
第一节　证据收集与事实调查　133
第二节　证据收集　138
第三节　证据审查与呈现　146

第八章　询问和质证　156
第一节　法庭调查概述　157
第二节　询问的技巧　163
第三节　质证的方法　170

第九章　法庭辩论　185
第一节　法庭辩论概述　186
第二节　法庭辩论的难点　189
第三节　法庭辩论的基本要求　191
第四节　法庭辩论的流程与技巧　194

第十章　谈判和调解　　　　　　　　　　　　　　　203
　第一节　谈判的技巧和方法　　　　　　　　　　　204
　第二节　调解的技巧和方法　　　　　　　　　　　215
　第三节　谈判和调解的实例和训练　　　　　　　　225

第十一章　法律意见书与律师函　　　　　　　　　　228
　第一节　法律意见书概述　　　　　　　　　　　　228
　第二节　法律意见书的撰写　　　　　　　　　　　233
　第三节　律师函　　　　　　　　　　　　　　　　252

第一章 走进法律诊所

先导议题

第一次听说"法律诊所"这个词汇的同学往往会产生疑惑,法律和诊所能够跨界混搭吗?法律诊所究竟是做什么的?在法律诊所中能够学习到什么呢?诊所法律教育和传统法律教育有什么显著区别?

第一节 法律诊所概述

一、法律诊所的起源和发展

"法律诊所"是一个外来名词,属于法律教育术语,英语为"clinical legal education",也称诊所法律教育。该概念从医学院常见的诊所项目演变而来,借鉴了医学院教育的模式:医学院的学生需要花费较多的时间从事临床实习,在有经验的医生的指导下从实践中学会诊断和治疗疾病。法学教育引入这种教学方法时保留了"诊所"的称谓,产生了"法律诊所"这一特有词汇。这种教育模式将法学专业学生置于"法律诊所"中,使其在有律师资格和实务经验的教师指导之下参与代理案件,为处于困境中的委托人提供咨询,"诊断"他们的问题,开出解决问题的"处方",并亲自为他们提供进一步的法律服务,以此培养学生的法律实务技能,促进学生对法律的深入理解。诊所法律教育是一种将理论知识和法律实践操作相结合的教育方法,目的是帮助学生从他们自己的亲身经历中获得经验,从经验中获得思考,最终实现学校知识教育、执业能力教育和职业道德教育的融合。

诊所法律教育不同于案例教学。案例教学是通过案例展示和分析讨论,将较为抽象的理论知识具体化和深入化的一种教学方式,并不需要学生亲身参与法律实践，不可能涉及过多的实践技能；诊所学习则需要学生亲自接触真实当事人，亲身参与法律实践，是以实务技能为导向的课程。

诊所法律教育也不同于实习。实习作为法学专业不可缺少的实践性教学环节，虽然有重要的地位，但它不是一门正式的课程，缺乏系统的教学计划和有效的监督指导。实习是学生协助法官、检察官、律师等办理案件，但学生更多从事的是记录笔录、整理卷宗等杂务工作，实习的案件也因缘际会，遇到什么案件就办理什么案件，受时间限制更是很难全程参与。但在诊所法律教育中，诊所课程作为一门独立课程，老师的指导是有针对性的、系统的和深入的，案件是在一定范围内按照一定标准筛选的，由学生充当主角负责办理整个案件，老师则隐身其后把握底线、适时指导，学生在一个课程周期基本能够自始至终办完案件。

至于其他形式的实践性教学，诸如模拟法庭、观摩审判等，要么缺乏真实材料和背景，要么学生不能亲自参与，这些都是法律诊所的教学方法之一，但其实践意义和效果远远不及诊所法律教育。

诊所法律教育源于美国，发展分为几个阶段。第一个阶段可追溯至19世纪末20世纪初，那时沿袭已久的在律师事务所进行的学徒式法律教育模式在美国已经没落，法学院教育取代了学徒制，成为法学教育的主要方法，其中占主导地位的是哈佛大学法学院院长兰德尔（Christopher Columbus Langdell）所创的案例教学法（case method）。直至现在，这种案例教学法仍然为美国绝大多数的法学院运用。随着20世纪早期美国法律援助运动方兴未艾，耶鲁大学法学院教授杰勒料·弗兰克领导组织的"法律诊所或诊疗所"（legal clinics or dispensaries），为法学院学生提供实践机会，同时为穷人提供免费法律援助，以此弥补案例教学法的不足。与此同时，杜克大学的约翰·布拉德维在杜克大学和南卡罗来纳大学创设"法律援助诊所"（legal aid clinic），随后有许多大学效仿之。第二个阶段是20世纪60年代到70年代，当时美国民权运动盛行，越来越多的人愿意拿起法律武器保护自己的合法权益，也可以说，当时的美国诊所法律教育是民权运动的产物。[1] 另外，福特基金投入大量资金是诊所法律教育

---

[1] 甄贞主编：《诊所法律教育在中国》，法律出版社2002年版，第18页。

得以蓬勃发展的不可或缺的因素。此时诊所法律教育在全美盛行，也逐渐被其他国家知晓学习。第三个阶段则到了20世纪八九十年代，在多种原因的影响下，法律诊所的发展有所变化，法律诊所的类型越来越广泛，除了传统的刑事、民事代理，还出现了人权、移民、环境、社区发展、监狱法律援助等新兴领域，此时的法律诊所更强调锻炼实践能力、培养职业道德、维护社会正义的功能。

从诊所法律教育在美国的发展可以看出，在培养合格的法律人才、创造良好的法治环境、谋求社会平等方面，诊所法律教育起到不可忽视的作用。它的功效体现在以下六个方面：传授和培训学生有关法律实践的基本技能，增进学生对"实践出真知"的理解，弥补理论和实践脱节的教育窘境；为学生提供代理当事人的机会，使其理解法律职业伦理的确切含义和规则，践行和坚守法律职业道德；培养学生自我学习、自我提高的习惯，使学生在毕业以后能通过自我学习达到更高的专业水平；提高学生的法学理论水平，加强其对法律制度的综合理解；帮助学生考虑和选择将要从事的有意义的职业；强调参与公共服务的意义，这种公共服务是从事法律专业的人士满足感和成就感的一部分。

二、诊所法律教育的中国化进程

我国法学教育在改革开放后取得了令人瞩目的成绩，培养了众多法律优秀人才，但同时我们的法学教育也存在问题和不足。传统法学教育较为重视理论学习而忽视技能训练，法学教育的课程设计始终以知识的系统性和科学性为目的，较少考虑实际操作能力的培养，也较少考虑社会的实际需求。

基于这种状况，从2000年秋季开始，我国参考美国法学院的经验，北京大学、清华大学、中国人民大学、武汉大学、中南财经政法大学、复旦大学、华东政法大学7所高校成为中国诊所法律教育模式的首批尝试者，开设了"法律诊所"选修课。2002年，中山大学、四川大学、西北政法大学、云南大学也开设了该课程。2002年7月28日，经中国法学会批准，由上述11所院校发起成立了"中国法学会法学教育研究会诊所法律教育专业委员会"（The Committee of Chinese Clinical Legal Educators，CCCLE，以下简称诊所法律教育专业委员会）。

这一全国诊所法律教育工作者自愿参加的非盈利性学术团体。2003 年至 2005 年,又有贵州民族学院、南阳理工学院、长春理工大学、山东经济学院、海南大学、广西大学正式加入诊所法律教育专业委员会并开设了法律诊所课程[2]。随后,南京大学、郑州大学、厦门大学、外交学院、华中科技大学、中国农业大学、中华女子学院、中国政法大学、上海大学等 20 余所大学的法学院陆续在本校开设了诊所法律教育课程。截至 2023 年年底,诊所法律教育专业委员会有 210 个单位会员实际开展诊所法律教育工作[3]。

诊所法律教育反映了法学教育中共同的规律和价值判断,同时也切中了各国法学教育中理论知识和实践技能脱节、知识技能和职业道德分离的共同弊病。由于中外法律诊所在背景、基础、历史、法律制度和条件等方面存在巨大差异,对于诊所法律教育的理念、方法、目标和职业伦理,我国和国外具有一定的差别。这种差别不仅是诊所法律教育本土化过程中的自然结果,更多的体现为不同的制度和观念对诊所法律教育所做的有意识的变革和创造性工作。诊所法律教育专业委员会在此过程中推动了中国的诊所法律教育从无到有,从自发到自觉蓬勃发展,使诊所法律教育逐渐进入中国法学教育的主流领域。

三、诊所法律教育的目标

对于教育教学而言,没有比明确目标更为重要的事情。只有在清楚和明确目标之后,才有可能开设针对性课程、撰写教学计划、选择教学内容、确定教学方法,以及判断整个教学环节是否能够实现该目标。教学目标能够让教师和学生获得更好的方向感,同时提醒教师时刻注意那些隐性课程。这些隐性课程可能并未明确反映在教学计划和教学大纲当中,它们需要通过教师潜移默化的影响,帮助学生掌握职业特性、实现职业价值,最终完整实现教学目标。

---

[2] 贵州民族学院现为贵州民族大学,山东经济学院现为山东财经大学。
[3] 中国诊所法律教育网,http://www.cliniclaw.cn,2023 年 12 月 1 日访问(自 2020 年后中国诊所法律教育网的"会员学校"栏目没有再更新,新加入的单位会员被公布在网站首页的"公告"中)。

（一）美国诊所法律教育的目标

诊所法律教育最初在美国兴起和发展时，便开始关注教学目标。最初，诊所法律教育的教学目标为：（1）为提高应变能力而培养预测与分析的方法；（2）提供专业化的技巧训练方法；（3）传授从经验中学习的方法；（4）培养学生们的职业责任感；（5）让学生直面所扮演角色的要求与理念；（6）提供学习合作的机会；（7）向学生传授为穷困当事人服务的责任，传授如何投身于这种服务，传授法制对社会贫弱者的影响的知识；（8）提供检验法制在真实生活中的影响力的机会，为学生和法学院研究特定的法律领域提供实验室；（9）评价法律工作者和法制体系的能力和局限性。[4] 1992年，美国律师协会法学教育与律师资格部下设的关于法学院和法律职业特别工作组，出台了一份名为《法学教育与职业发展———一种教育上的连续统一体》的报告，即《麦考利特报告》。该报告对法律职业有十项基本技能的要求，这也应该是诊所法律教育的教学目标和内容，它们分别是：解决问题的能力；分析和推理的能力；法律检索的能力；事实调查的能力；交流的能力；咨询的能力；谈判的能力；通过诉讼和其他纠纷解决程序解决问题的能力；法律事务的组织和管理能力；确认并解决道德困境的能力。可见，诊所法律教育的本质在于帮助学生培养专业化的职业技能，培养训练学生的法律思维能力、法律推理能力和职业素养，同时为社会提供法律援助。

（二）我国诊所法律教育的目标

诊所法律教育专业委员会在2018年制定颁布了《法律诊所课程质量标准》，法律诊所课程的目标在该标准中被确定为要有明确的教育价值和社会价值目标定位，以实务操作为载体，培养学生的法律职业工作综合能力与服务社会公益相结合，同时要充分体现对人才培养的法律职业伦理的要求和标准。根据该标准，我国诊所法律教育的目标在于实现教育功能和社会功能，具体而言如下：

---

[4] J. P. Ogilvy, *Guide Lines with Commentary for the Evaluation of Legal Externship Programs*. 转引自李傲：《互动教学法———诊所式法律教育》，法律出版社2004年版，第74页。

1. 训练法律思维能力

传统法学教育的思维培养,建立在已知案情、证据确凿和争议集中的基础之上,学生的思维惯性是法官式思维,面对问题时常处于一种力求中立和客观的角度。而诊所法律教育建立在真实的案件背景材料和真实的当事人基础之上,案情不明确,也并非典型,例如,证据残缺,需要学生整理和收集;当事人的诉求不甚明晰,也需要学生通过参与案件的全部过程和细节以积极发掘。在此过程中,学生的法律分析能力、法律推理能力、换位思考能力、多维度审视问题的能力、法律思维能力得到全面的锻炼,学生的潜能被不断激发,当事人的利益得到最大限度的维护。

2. 获得实务操作技能

以法律职业应该具备的基本技能为基础,法律诊所课程的内容一般包括咨询与会见、证据收集与应用、诉讼策略、案件陈述、法庭质证与辩论、调解与谈判、合同审查、法律职业伦理等,由此培养学生获取和处理信息的能力、写作和口头表达能力、法律检索能力、问题解决能力、团队协作能力、人际沟通能力、抗压和情绪管理能力等与法律实务操作相关的各种技能以及识别和解决职业伦理困境的能力。

3. 为弱势群体提供法律援助

法律诊所在产生之初,是在法学院指导下的法律援助组织。它具有双重作用:其一是为经济困难的群体提供免费的法律服务,其二是通过真实案件锻炼学生的法律操作技能。诊所法律教育的目标到底是以培养学生技能为主,还是以服务社会为主,一直以来都有争议,至今也未有定论。但不可否认的是,不能低估法律诊所的社会角色,学生提供的法律援助规模可观,且不断壮大,这无疑是社会所需要的。[5] 法律诊所的学生为无力支付律师费用的人提供法律服务,深入和细微地将法治观念传播到社会大众中,一定程度上缓解了政府法律援助资源的不足,是法律援助系统的有力补充。

---

[5] 波兰法律诊所基金会编:《法律诊所:理念、组织与方法》,许身健译,北京大学出版社 2014 年版,第 20 页。

4. 培养职业道德和社会责任

为社会弱势群体提供法律服务，办理真实当事人委托的案件，有助于培养学生的社会责任感与职业道德。职业道德是司法正义实现的重要保障，法律职业以执行国家法律、解决社会纠纷、维护社会秩序为目标，法律职业者的司法活动是理性与经验有机结合的过程。法律职业道德和职业责任意识的培养不是一种知识的传授，而是一种道德的训练，是职业伦理的养成过程。如果不接触法律实务，不了解社会的真实需求，看不到当事人经历的无助、不公，学生就无法体会什么是法律职业者的责任和道德。诊所法律教育使学生在进行咨询或承办具体案件、宣讲法律知识的同时，对社会弱势群体的遭遇感同身受、深切同情，从而更人性化地执行法律，这种效果是其他课堂训练难以达到的。

四、诊所法律教育的特色

（一）教学素材的真实性

法律诊所使用的教学素材，一般均为真实案件、真实当事人；教学地点是校内诊所（校内专门的法律诊所办公地点）或者校外诊所（与学校合作的律师事务所），和律师执业的环境基本相同。学生作为准律师、代理人，要作出事关当事人重要权益的咨询意见、法律文书和代理决策，要针对当事人的纠纷进行调解或者诉讼，这种真实性、紧迫性和后果的确实性会促使学生更加审慎和勤勉。

（二）教学内容的丰富性

法律诊所课程以基础的法律实务以及法律职业素质养成为主要教学内容，基本技能以民事诉讼、仲裁、谈判与调解为主线，从学生与委托当事人的关系开始嵌入，按照法律代理实务的流程与规则，使学生渐进式地熟悉民事案件从立案到庭审到审理终结的整个流程。通过学习证据的收集与运用等民事案件的办案技巧，不断提高学生解决实际问题的能力；通过亲身参与谈判与调解，让学生了解解决民事矛盾与纠纷的多元化；通过学习法律检索、诉讼可视化等专题内容，让学生了解法律实务的技术工具与技术方法，并将知识、能力、职业道德有机地融为一体。

(三)教学目标的明确性

诊所法律教育的教学目标是以法律职业技能为载体,同时巩固专业知识、训练法律思维、强化职业精神和职业道德,并注重培养学生反思的能力、批判和质疑的精神,使之成为社会需要的德法兼修的法治人才。在这个目标的指引下,诊所法律教育的理念与做法迥异于传统法学教育。传统法学教育将学生的思维限定在明确的问题中,问题的答案也是确定的,在授课时,教师指导学生分析讨论,最终达成统一认识,这样的教育宗旨以理解法律含义、讲授法律知识为主。而诊所法律教育引导学生关注在不同事实情况下结果的相对确定性和各种可能性,没有明确的问题设定,没有统一的标准答案。案件的事实、证据、问题需要学生寻找发现,法律分析与适用需要学生探索研究,在解决问题的过程中,通过实践和体验,学生学会批判性地思索法律问题,各种能力得到锻炼。

(四)教学过程的自主性

一是学生学习自主,不同于传统课堂的"要我学",诊所课程的学生是"我要学"。为了解决案件,解答当事人的疑问,他们需要主动查阅法律法规、判例,学习法律理论与知识,甚至是从未接触过的领域的法律知识。二是学生实践自主,学生为了有适合的案件代理,首先要寻找案源。为了解决实践中遇到的问题,学生会自主旁听审判、熟悉程序,为解决在代理中遇到的各种难题,除了向指导老师请教、和小组同学讨论,基本都由学生自主安排。三是诊所管理自主,选班委、分组、值班排表、上课考勤、档案整理、教室管理、网络宣传等,都由学生自主进行。

(五)教学考核的全面性和全程性

法律诊所课程一般实行全面的、累积的成绩评定模式。成绩评定的依据,一是书面材料,如学生制定的代理方案、诉讼策略、专题实训策划、期末总结、归档案卷等;二是课堂和平时表现,如上课表现、值班情况、案件代理和当事人反馈等。诊所指导教师依不同权重累计分数得出最终成绩并向学生说明依据和理由，同时允许学生对自己的成绩提出异议。法律诊所课程考核的方法，实现了由单一方式向多元方式转变，由静态考核向动态考核转变，从单纯的知识点考核向知识的运用和综合能力的考核转变，并实现了量化与质效的结合。

第二节 法律诊所教学方法

教学方法的互动性和独特性，是诊所法律教育最具魅力和特色的地方。不同法学院校根据自身的师资和资源条件，开展不同主题内容的法律诊所课程，但课程的核心都是学生在教师指导下进行的真实法律业务操作，主体内容不应当只是模拟和理论知识讲座、案例教学、研讨等非真实法律业务操作的教学活动。同时，为了确保诊所教学的系统性和针对性，需要教师对学生进行集中教学和分组一对一指导，在指导过程中教师会采用适合诊所教学规律的多种教学方法。

一、角色模拟教学法

角色模拟教学法也称角色扮演教学法，是诊所课堂中最常使用的一种教学方法。学生并不接触真实的当事人，由教师、学生、演员扮演当事人、证人、对方律师、政府官员或法官、检察官，学生扮演律师进行会见、咨询、询问证人，或就案件中的某个问题进行谈判、辩论、调解或审理。作为一种重要的诊所教学方法，角色模拟教学法具有很多优点：因为指导教师可以完全控制场景，所以其可以以最理想的教育目标设计教学活动。学生可以轮换角色，便于在单一场景中培养多角度观察能力。模拟练习允许学生犯错误，他们可以反复模拟练习，在不同的后果中汲取教训，而这些错误在真实的办案工作中是不允许发生的。学生在模拟练习中犯的错误越多，在真实场景中犯的错误就可能越少。

学生在有系统的模拟教学计划的实践中，学会如何从扮演角色中学习，即从角色的准备、角色的体验、角色与对手的冲突、角色的转换,以及亲身体验角色后的反思中进行学习。除了在亲自体验中锻炼了专门的法律技能,学生们还能通过这种训练,成为一个更好的、更自觉的、更成熟的学习者。指导教师设计各种模拟练习,如接待当事人、提供法律咨询、谈判调解和法庭辩护的角色扮演。在角色模拟训练中,指导教师能够帮助学生准备角色、评价学生的表现、指出学生的问题,从而帮助学生从其担任的角色中学习。例如,当学生的角色体验是初次会见客户了解基本案情时,这一过程分为三步:第一步,学生为会见做准备并与小组同学或者指导教师讨论方案;第二步,学生小组单独会见客户(有时是真实的委托人,有时是由老师或同学扮演的当事人),有些情况下教师会到场,但不会当着客户的面发表意见;第三步,学生与教师讨论会见结果,一起分析学生在会见中的良好表现及不足,以及从这次经历中应当汲取的经验。

角色模拟后学生需要对自己所做的练习进行批判性的检查。这种分析和检查的益处在于:(1)帮助学生评价和修正做模拟练习时已尝试过的技巧,加深印象,期待在以后的实践中有更佳表现;(2)使学生能够形成一种自我审视的批判态度,不断以此检查自己和监督他人;(3)培养善于总结的习惯,使学生能够在总结中不断积累有益的经验,运用到以后的实践之中。

二、合作学习教学法

合作学习教学法,又称结构式分组教学法,是指教师依据学生的能力、先备知识、性别、性格等相关因素,通过将学生分成小组的形式进行教学的一种方法。小组成员在小组中彼此相互合作,互相激励,主动积极地参与学习,从中建构自己的知识,不仅达成个人绩效,提高学习效果,也完成整个小组的共同目标。其间学生可以不依赖教师,依据学习目标,独立寻找相关资料,自己阅读与分析后,通过小组之间的互动、分析讨论,从而引申出不同的思考方向,进而建构出个人对于学习内容的系统知识。合作学习教学法是一种有结构、有系统的教学方法,也是一种面向素质教育的教学方法。

合作学习教学法的特点包括:(1)正向的相互依赖:小组成员之间彼此相

互需要,同舟共济,帮助别人就是帮助自己,整个小组之间的关系是积极正向、互蒙其利的。合作比竞争省力、省资源,合作让人感到愉快,合作是两个人力量的相加而不是相减。[6] (2)个人表现及责任:个人的表现不但关系到自己,还会影响到整个小组的表现,所以每人都需要努力,共同提高整个小组的成绩。(3)人际沟通技能:小组中的每个人都必须学会运用适当的技巧与小组其他成员进行沟通,学会如何清楚地表达自己的想法并使其他组员接纳,解决在合作过程中产生的意见与冲突。小组成员彼此之间和谐地运作,积极地互动,并分享彼此学习的心得,进而达成有效的学习。(4)面对面的互动:小组成员必须面对面地共同思考,讨论所收集的资料及学习的内容,互相支持与鼓励,而非传统教学中单向或被动地学习。(5)总结提高:在活动结束后,经过教师的指导,让学生分析其达到学习目标的程度、成员间彼此互动的情形,并讨论在小组活动过程中,哪些活动是积极正向的,应继续加强,哪些活动是负面的,应避免或改正,使小组成员在反思的过程中,找出有益的学习活动,从而得到成长与进步。

  合作学习教学法的基本程序如下:(1)分配任务。教师对全班进行引导教学,说明教学的目标与学习的任务。(2)进行分组。依据教材内容、任务的复杂程度等因素决定组别数量及各组人数。通常每组的人数在3人以上6人以下,讨论的效果会比较理想。此外,应采取异质性的分组,包括学习能力、先备知识、动机等,甚至应考虑性别、地域、偏好的差异。(3)开展小组学习活动。在小组学习当中,包括分配角色以及依教学目标进行学习与讨论。角色分配主要分为支持工作角色与学习工作角色二项,支持工作角色宜平均且轮流分担,学习工作角色则应是每位成员在每次的讨论中都必须参与。(4)进行小组报告和师生讨论。小组必须向教师及其他小组汇报小组活动成果,并且可以针对学习情形及活动结果,讨论在小组合作的历程中所遭遇的问题、心得体会,以及如何改进和提高。(5)表扬小组学习成就。这是合作学习教学法中非常重要的教学策略。表扬学习成就可以激励学生的学习,小组成就的表扬更能激发小

---

[6] 李傲:《互动教学法——诊所式法律教育》,法律出版社2004年版,第89页。

组成员的荣誉感及成就感。对于个别学生的表扬,可以根据其进步情况或特殊表现等具体说明。

三、背景教学法

背景教学法是给学生提供机会,让他们在模拟的或真实生活的背景下,带着尽可能多的问题学习。背景之所以重要是因为:第一,当学生正在学习的知识被放在一个他们关心的背景中时,学习的兴趣会更加浓厚;第二,教师给学生一定的背景作为基础,这种背景有助于学生更好地理解这些知识;[7]第三,特定的背景总与生活实践相联系,学生更可能获得关于实践的技能,遇到更具有挑战性的问题;第四,在一定的背景之下学习,学生不是消极的旁观者角色,而是积极的行动者角色,考虑问题会更加深入,也能获得更多指导。

背景教学法的操作,以诊所教师选择的典型的真实案例为背景(可以是具有影响力或代表性的真实案件,也可以是以往法律诊所学生代理过的真实案件)。根据教学目的设计的背景,以解决问题为中心,整个课程围绕问题进行设计。诊所教师在课堂上组织学生假设、提问、分析、讨论、评价,让学生从中发掘及了解法律的适用规则、诉讼的原理和程序,启发学生将所学法学理论知识运用于特定背景的问题之中。了解事实、运用证据、寻找真相,使学生更加明确自己作为一名律师的职责和当前所要解决的主要问题。学生在解决问题的过程中,学到的不仅是法律规则,还有教学目的指引的特定技能。

用真实案件和确定结论作为背景,能提高学生对法律和司法实践的理解。但如果仅仅是演示正确解决问题的过程,对于培养学生真实解决问题的能力并不是最有效的,批判性思维也很难建立起来。诊所教师需要针对背景案件中的难点、疑点以及容易被忽略的问题,启发性地向学生提问,并让学生互相提问。问题被一次次反复地提出,并且从不同的角度、不同背景、不同身份的人口中提出,使问题的侧重点、重要性、急迫性一次次地被反复强调,能够充分地引起诊

---

[7] [美]罗伊·斯塔基等:《完善法学教育——发展方向与实现途径》,许身健等译,知识产权出版社2010年版,第136页。

所学生的注意;由于参与者提出问题的角度不同,思考问题、表达问题的方式不同,问题中的症结和疑点一次次清晰地呈现出来,能够充分地调动学生们关注该问题的积极性,将探讨该问题的思路逐步引向深入。

背景教学法的讨论往往不限于就事论事,还可就案件背后的法学原理、诉讼观念、诉讼传统进行分析和评价,借以培养学生独立分析和自主解决问题的能力,使其在探讨和争论中,寻找解决问题的最佳途径和最便捷的方法。运用个案评析教学法进行教学,可以充分发挥诊所学生的主观能动性,发掘其内在的智慧和潜力,使其所学知识直接转化为处理具体问题的能量,使课堂讨论直接应用于真实案件的解决,并使学生在个案分析中学习他人处理问题、解决问题的思路和技巧。对一些已有明确定性和结论的案件,学生可以从中看到法官、检察官、律师、当事人不同角度的见解和对法律的运用,从中学习各种诉讼参与人分析问题的角度与参与诉讼的技能,提高自己分析问题与解决问题的能力和水平。[8] 同时该教学法允许学生对案件条件进行更改,对原有结论进行批评,讨论是否有其他更多和更好的可能性。这种教学方法将教师的问题作为引子,将一个问题拓展成数个或更多有关联性的问题组、问题群,从而引发学生多层面、多角度、全方位的思考和讨论。

四、对谈教学法

对谈教学法是以学生与指导教师就办案中所遇到的问题进行一对一的谈话讨论,寻求解决问题的方法与途径的一种诊所教学方法。其特点有三:一是对谈的话题不限。有些可能是学生在办理案件中遇到的实体问题,也有些可能是遇到的程序性问题,还有些可能是遇到的与办案相关的心理问题、社会问题、人际关系问题等。总之,只要是学生认为对案件解决有帮助的话题都可能拿来与指导教师探讨。二是对谈的场所、时间、方式不限。学生遇到问题可以找教师商量探讨,既可以在学校,在课堂上,也可以在家里,在路边;既可以是电话交谈,也可以是面对面交谈,还可以发微信进行线上交谈。谈话时间可长可短,以

---

[8] 甄贞主编:《诊所法律教育在中国》,法律出版社2002年版,第172页。

能够帮助学生解决所需要解决的问题为限。三是对谈的目的不是告诉学生答案，而是帮助学生自己找到答案。对谈教学通常以学生叙述事实，陈述所遇到的问题为开始，接下来指导教师会用启发、引导性的语言让学生说出自己解决问题的思路和方法。无论学生提出的解决办法是否行得通，教师都格外尊重其独创性，尤其注重学生思路的形成原因和形成过程，以便从中观察学生的办案思想，找出问题的根源。一旦发现症结所在，教师就启发学生自己认识问题的性质、分析现有思路以及可能出现的后果，再引导学生寻找其他解决办法，最后让学生用排除法、筛选法、比较法确定最佳的解决办法。

这种对谈教学法在诊所课上课下应用得十分广泛，教师必须克制住急于告诉学生正确答案的欲望，学生也必须改变从老师那里可以最直接、最容易地获得所需信息的习惯做法。师生必须共同努力，创造对谈氛围，演示探求真理的过程，这样形成的结论，才是学生在教师启发下自主形成的、逐步认识到的、发自内心赞同的选择。培养学生独自探求真理的习惯，以便于其今后在无人指导下独立办案时有一个解决问题的清晰思路。可以说，对谈教学法是诊所教学方法中最费时、费力的方法，也是与中国传统教学方法冲突最大的，但却是对学生今后独立工作最有益的一种教学方法。因为它不是仅仅告诉学生一个现成的正确答案，而是教会他们一套思考问题的方法，这对学生们来说是可以受益终生的。

五、监督指导会议式教学法

监督指导会议从英语 meeting with supervisor 翻译而来，是指观察监督并提供指导的活动，在诊所法律教育中，监督指导会议式教学法主要是指对于诊所学生需要掌握的技能，由指导老师观察和监督，指导学生在过去的经验和反复的练习中不断提高专业水平。它一般包括"督"与"导"两个方面："督"具有监督、督促、检查和评估的意愿，主要是指导教师对诊所学生进行检查，包括是否清楚案件事实，是否明确当事人的具体诉求，对证据的分析和解读是否全面准确，案件的策略是否有效可行，代理意见的法律依据是否充分，等等；"导"则具有指导、帮助的职能，具体是指导教师对于检查过程中发现的问题以及办案过程中可能遇到的问题对学生进行启发和引导,寻求解决问题的方法与途径。[9]监督指导会议的特点是指导教师作为观察者,或者要求学生作为观察者,在观察的过程中及时发现问题,及时进行积极而有效的引导,发现问题是为了有效地解决问题。

监督指导会议的实施可以分为五个阶段:第一个阶段是观察和倾听的阶段。观察是看别人怎么做,包括学生观察指导教师如何示范,教师观察诊所学生如何表现、不同学生之间的差异所在,在观察中发现存在的问题和改进的目标。倾听同样是为了发现问题,一个有说服力的教师、一个善于做诊所法律工作的教师,必须是一名好的倾听者。在和学生的交流中通过倾听,细心注意学生的一言一行,充分理解、接纳、回应学生的感受,把在观察中看到的问题细化和深化。第二个阶段是发现问题、确立目标阶段。在这个阶段中,需要把前一阶段发现的各种问题汇总、归纳、提炼,作为本次会议的教学目标。第三个阶段是启发引导阶段。监督指导会议不应把学生仅仅当作受教育的对象、接受指令的对象。最好不要直接告诉学生应该怎么做,不应该怎么做,而是在倾听和交流中,让学生把问题听清楚想明白,然后自己思考、尝试和验证。第四个阶段是比较筛选阶段。在监督指导会议中往往会有多个解决问题的思路和方法,无论学生提出的解决办法是否行得通,教师都应当注重思路产生的原因和过程,表述问题产生的根源,一旦发现症结所在,教师应当及时启发学生,再让学生通过比较不同方法的优劣以寻找最佳的解决办法。第五个阶段是反思总结阶段。由学生回顾整个教学过程,审视自己最初的行动计划,过程中遇到什么障碍、如何克服障碍,修正和完善了哪些部分,对照教学目标看是否达到了要求,有哪些值得肯定和反思的地方。

总之,法律诊所课程的教学方法是实践性的、亲历性的,多种多样且随教学内容不同而变化,根据学生课堂反应和需要而调整。这些教学方法有时是一种方式的运用,有时是多种方式的组合,但万变不离其宗,诊所教学方法的精髓就是:从经验中学习,从实践中学习。

---

[9] 滕宏庆、胡敏飞主编:《法律实践教学手册》,法律出版社2012年版,第69页。

第三节　法律诊所课程的开课准备和教学组织

诊所法律教育专业委员会制定的《法律诊所课程质量标准》对法律诊所课程开设、课程运行、制度管理等方面均提供了详细清晰的标准和规则，供开设法律诊所课程的院校遵守使用，以确保法律诊所课程能够保证质量和规范发展。

一、基本标准

法律诊所课程开设的基本标准包括：确定的法律诊所主题、目标和保证代理案件的基础和条件；相当数量的具有法律实务工作经验、技能和教学方法的教师；课程应当被纳入所在院校的学生培养方案，作为一门有学分的必修或者选修课程，每学期（半年）至少2学分；课程教学、科研以及指导任务应当作为所在院校的工作量统计对象；根据课程内容制定系统完整的教学大纲，体现教学的目标、任务、结构内容和方式方法；教学活动有具体可操作的合理教学计划；根据自身的师资和资源条件情况开展不同主题内容的法律诊所课程，但课程内容必须是学生在教师指导下进行的真实法律业务操作，主体内容不应当是模拟和理论知识讲座、案例教学、研讨等非真实法律业务操作的教学活动；课程核心教学方式是学生自主独立办理真实法律业务，辅以教师的指导和监管；必要的专项经费支持和专门的行政人力工作支持，以保证课程专业化、专门化持续稳定开展；专门的教室、会议室、办公空间以及录音、摄影摄像、互联网相关等电子设备支持，以保证区别于讲授式课程方法的有效运用，并创造相应的法律职业文化氛围；有效的管理和运行制度，以实现有序运行、成果积累、保证课程自身与社会服务工作质量；根据自身内容需要，建立立足于学校或者校外的法律实务工作操作平台，为学生提供稳定的实操业务来源和运行条件支持。[10]

---

[10]　本节内容主要根据诊所法律教育专业委员会制定的《法律诊所课程质量标准》展开及细化。

除上述基本标准外,法律诊所在课程具体运行方面应该还需要满足开课准备充分、教学组织完善、质量监控明晰的条件。

二、教学大纲和计划

我国现行的课程方案包括教学大纲和教学计划两部分。教学大纲是根据一定的教育目的和培养目标制定的教学工作的指导性和纲要性文件,它决定教学内容的方向、结构和容量,具体规定学科设置、各门学科的教学顺序、教学时数以及各种教学、实践活动安排等。教学计划是规定具体教学工作的一个进度文件,它不仅对教学目标和教学内容作出清晰精确的规定,还对这些教学内容的教学顺序、教学方法、教学设备、教学条件作出安排,对教师的教学工作起直接的指导作用。诊所法律教育并没有和我国高等教育完全对应的教学计划和教学大纲,但法律诊所课程作为教学活动之一种,应符合教育教学活动的一般规律,对其教学目标、内容、手段、过程、评价等有所计划和安排。诊所法律教育的课程方案应该包括教学大纲和教学计划,前者是法律诊所负责人针对法律诊所课程的目标、内容、教学时间、教学顺序、教师安排、考核与评价等所作的总体设计,后者是法律诊所指导教师就其分工部分所作的具体教学安排,包括教学目的、主题、内容、方法、课堂组织形式、教学进度等。

教学大纲和教学计划中应该有明确的法律职业伦理教学目标与内容,培养学生树立正确的职业观和价值观,使其在纷繁复杂的利益格局中明确自身定位,掌握解决执业过程中可能遇到的价值对立、利益冲突的方法,依法履行法律人的职责和使命,合法、合理地维护当事人的权益,促进社会整体的公正实现与和谐发展。法律职业伦理教育有其自身特有属性,它在本质上是一种将职业伦理的内涵、原则、内容等知识转化为行为标准和内心确信的态度或情感教学。它与知识教学的区别就在于,知识教学可以用讲授的方式直接地教;而态度教学只能间接地教,学生在情感或态度上的认同感的形成,需要诉诸学生对所学和所用的知识及技能的亲身体验。诊所法律教育作为一种缩小知识教育与职业技能差距的成功的教育方法,不但是最好的实践课程,同时也是现阶段最好的态度与情感教学手段。法律诊所课程对于法律职业伦理教育的价值,不仅在于从"不知"到"知道"的跨越,更在于从"知道"到"信守"的提升,真正实现"技能"与"德性"的同步发展。

三、教学方案

教师的教学方案在整个诊所教学活动中处于非常重要的地位,它是教师完成教学计划、实现教学目的的基本保证。教学方案是教师对一个单元或一堂课的教学内容、目标、方法、过程以及教学组织等方面的选择与安排。

在诊所法律教育中,光有模拟练习,没有真实案件的代理,或者放任学生自己去办理案件,缺乏教师指导,都是偏离诊所教育目标的做法,会使法律诊所课程的效果大打折扣。法律诊所课程的教学设计和指导,除了对学生代理的案件具有针对性的单独指导,还包括对规律性问题的集体指导(课堂指导)。由于法律诊所受理的都是真实的案件,每个案件都不同甚至也不典型,事先往往无法预测结果,那么在这样的情况下,要根据教学目标,运用恰当的教学方法,安排能最大程度地实现教学目的并适用于全部或多数学生的教学方案就极为必要。诊所课程活动运行应当体现为三个空间中的三种活动的循环:整个课程运行应该具备师生集体课(全员课)、学生实务工作以及小组或者个体单独指导交流活动。全员课的主要任务为知识分享、能力建设、计划制定、任务分配以及总结反馈等;学生实务工作的主要任务是真实具体的法律业务实战,体现为知识和技能的运用和计划的执行;小组或者个体单独指导交流活动是特别与个性化的知识能力强化与业务指导活动。

但在有限的教学资源和时间的限定下,一门课程只能承载有限的内容。这种目标的庞大性和教学内容的有限性的冲突,迫使诊所教育者不得不考虑,如何最大限度地实现教学目标?诊所指导教师在教学方案中首先应明确要教授给学生哪些技能,其次还要明确应该怎样教授这些技能。他们不仅能够针对不同类型的案件中出现的不同问题进行具体的指导,而且能够把各类案件中遇到的问题抽象化,总结出规律性的知识和技能,并进行有效传授和具有针对性的训练。这些知识和技能往往是相互关联、彼此衔接的,教师在设计教学方案时,要充分考虑这些因素,以及这些因素之间的协调,要避免教学目标和教学内容不统一、教学内容和教学方法不协调以及教学方法和教学组织形式的不适应等情况。更为重要的是,实务技能的掌握主要在于训练,而不在于知识的知晓,因此教学方案中必须包含用于练习的案件或有关材料,以及对这些材料的组织和运用。诊所法律教育的灵魂在于平等和互动,教学方案的设计必须体现出以学生为中心的教育理念和师生互动的过程。

四、教学指导

法律诊所课程的教师应当为学生提供充分、适当、科学的实务工作指导,在一般规定性指导、个性指导、启发性指导、告知性指导、交流性指导和结论性指导之间获得合理平衡。首先指导应该保证充分性,即重要指导的常规化、体系化和固定化,学生的个性问题必须得到明确及时的回应;其次指导应当适当,不能指导不足和过分指导,从而导致学生的能力欠缺或者自主性、创造力的缺乏;最后指导应当以启发、鼓励创造性思维和能力培养为导向,与学生进行交流,鼓励学生积极参与,尽量避免直接告知学生问题的结论,避免取代学生的独立思考和独立动手工作。

作为法律诊所课程的课堂教学,最大的问题是容易流于传统的教学模式,变互动为讲授。尽管法律诊所课程的开展可以使用传统的讲座模式,但在组织课堂教学时,指导教师应对讲座模式进行变更和修正,针对不同的教学内容和练习素材,采用不同的教学方法,使学生体验学习的自主和实践。例如法庭辩论这一教学内容,在刑事诉讼法、民事诉讼法、行政诉讼法等部门法的学习中,都有相关的程序介绍和理论解读。法律诊所课程的不同之处在于融会了三大部门法的法庭辩论环节,对于程序规定不同的地方有对比,对共通的实务操作有总结和提炼,可以通过角色模拟的方法,让学生分别扮演不同诉讼中的角色,在假想环境下训练不同场景、不同角色真实行为的能力,最大限度地利用案件资源,在"体验"中学习;也可以通过合作学习的方法,感受团队协作时在不同阶段中合作和对抗的价值,设身处地后培养理解的能力,从"冲突和协作"中学习;还可以通过监督指导、评价反馈的方法,使师生从不同的观察角度分别反馈,从不断的"互动"学习中得到提高。

第四节　法律诊所课程的质量监控

法律诊所课程的质量监控需要法律诊所建立较为完善的评价、反馈和考核系统，这个系统从广义上说既包括对学生的评价和考核，也包括对教师的评价和考核；从狭义上说强调的是对学生学习成效和办案质量的评价和考核。在传统法学教育中，对学生的评价、考核是通过考试或者考察的方法（常规的做法是闭卷的书面考试，偶尔采用开卷考试或者学期论文的形式），这种形式侧重考察对知识点的记忆能力、理解能力以及书面表达能力，对实务技能和职业道德的考察、激发学生的信心与兴趣、检验学生是否已实现课程目标而言作用甚微。因此在法律诊所课程中，必须改变传统的考核和评价方式，更多地激励学生提高学习兴趣和信心、反思未来职业道路优缺点，指导学生实践多样的实务工作、发展最适合自己的职业，使其积极承担更多的责任，成长为教学目标所要求的全面发展的人才。

一、质量监控的内容和主体

从指导教师的角度而言，法律诊所课程的质量体现在对学生的学习成效和办案质量的监督管理上。在学生参与教学活动的数量方面，需要针对学生的上课出勤率、诊所值班出勤率、办案数量、参与诊所其他教学和实践活动的次数等作出明确要求和规定。在质量方面主要考察学生对律师实务技能的掌握情况，是否获得会见交流的技能、调查取证的技能、调解谈判的技能、法律检索和分析的技能、文书写作的技能；是否善于制定计划、做出决策，是否勇于承担责任、恪尽职守；考察学生的学习能力是否提高，是否能正确评价自己和他人，是否能从过去的经验甚至是错误中反思自己的行为，寻找解决问题的思路和办法。对办案质量的监督管理体现在对办案过程关键环节的指导，重视学生和当事人的充分沟通，教师要适时和当事人进行访谈，听取当事人的反馈和建议，并将结果及时补充进诊所教学和评价的内容中。

在评价和考核的主体方面,每个人都是评价的对象,也是评价的主体,并且这种评价、反馈和考核贯穿课程的始终。学生制定的行动计划、代理方案、诉讼策略以及对这些内容的实际执行,对于执行结果的讨论和反思都在质量监控的评价范畴之内。学生的自评、互评和对诊所教学效果的反馈,学生对教师的评价,教师的自我评价、反省和对学生的反馈,体现了教师也在不断自我审视、学习和提高,它们和教师对学生的评价共同构成了法律诊所课程科学、有效的质量控制系统,对诊所教学质量的提高和案件质量的保证起着重要作用。

二、质量监控的原则和标准

法律诊所课程的质量监控应该满足正确性、可靠性和公平性的要求。正确性是指这些考核和评价方法能实现特定的教学目标;可靠性是指考核和评价的程序可以重复使用并产生相同的结果;公平性是指考核的结果与学生的平时表现、学习收获相符,没有明显失衡。这里既有一些量化的标准,也有非量化的标准。可以量化的评价标准如:学生是否遵守办案流程,有无穷尽现实的和可能的各种救济措施;是否严格控制时间,提前准备、准时到位;是否细致认真地进行了庭前准备工作,有无行动计划、代理方案、模拟练习、书面法律意见;等等。对办案质量的评价不能以成败论英雄,办案质量和胜诉与否没有必然联系。学生的庭审表现,代理的程度和效果,案件的判决结果、执行情况,当事人的感受,案件的社会影响等都不能用量化的指标去测评,但必须引导学生加以注意,既要感受压力和责任,同时也要学会接受失败和不同意见。在办案质量控制方面,教师的着眼点在于教学功能的实现,这个过程蕴含职业道德和责任,因此学生必须心无旁骛,聚焦于案件代理的过程和效果。

三、质量监控的方法和流程

体验式、实践性的教学课程不应该采用一次性的书面考试的方法,在法律诊所课程中,学生必须不断地接受评定和考核,这既是一种教学质量控制方法，也是一种诊所学习方式。成绩评定系不仅应该评定学生成绩好坏，更应该准确地指出得到这个成绩的原因和改进的方法，以帮助学生不断学习和提高。

对学生成绩的评定应该兼顾全面性和积累性，反映学生在法律诊所中各个阶段、各个方面工作的表现，涵盖课堂内外，包括指导教师在集体授课时学生的表现，也包括学生在小组学习时体现出的参与、合作和积极态度，更包括学生在校外实践单位值班咨询环节、代理案件环节的表现。学生对法律知识的准确掌握虽然在考查范围内，但已非重点；学生通过学习产生的行为变化、在法律实务中获得的基本技能、整个学习过程中体现出的态度和价值观，成为法律诊所课程学习的重点，也是考核的重点。指导教师需要将不同场合、不同阶段的学生表现分别打分，总评时相加。评定的依据是教师、学生本人、小组成员等基于学生行为表现和书面材料（如学生制定的代理方案、诉讼策略、专题实训策划，上交的起诉状、答辩状、代理意见、法律意见书、案件汇报、期末总结等）进行的评价、比较和反省。

对学生成绩的评定，还应该是透明的和反馈式的，法律诊所课程的成绩评定不可避免地带有一定的主观性，要尽可能采用更为客观的方式，如记载学生小组讨论的录音、代理案件的记录、值班记录、咨询和会见时形成的书面材料等。法律诊所指导教师应该对如何认定成绩进行说明，和学生探讨改进和完善的方法，或在期末的"成绩反馈会议"上对此进行讨论和分析，增加评价的客观性和公平性，审慎地考虑最终的结果。

以下是一个包含上述要素的法律诊所学生成绩考核评定表（见表 1-1），它的考核内容针对法律诊所教学实践的各个方面和各个环节，目的是使成绩评定尽可能透明、公正和可靠。

表 1-1　法律诊所学生成绩考核评定

类别	考核内容	考核目标	考核主体	考核方法和评分标准
课堂评估 35%	集体课：接待当事人、事实调查和证据、诉讼策略和案件主张、调解与谈判、法庭辩论等内容（10%）	人际沟通能力、法律分析能力、法律推理能力、换位思考能力、问题解决能力等	指导教师	指导教师针对不同内容从认知（对知识点的掌握）、行为（课程前后的行为变化、是否实施了要求的行为）、技能（学生操作、演示掌握某项技能的熟练程度）、态度（出勤、积极发言、主动实践）四个角度对学生进行某一方面或者综合评价
	课堂书面材料和课程总结（10%）	书面表达能力和总结反思能力	诊所班主任和学生自评	根据课堂的案例分析意见、听课笔记、课程总结等书面材料自评和教师反馈
	模拟审判（5%）	分析推理能力和口头表达能力	指导教师	5 分：表现完美 4 分：表现良好，但实体上或程序上略有瑕疵 3 分：中等，但有提升空间 2 分：有重大失误或方向性错误 1 分：未完成
	小组考核项目：中期监督指导会议（10%）	在课堂学习和案件代理时，从经验中学习的能力	指导教师和学生互评	1. 前期工作量（代理案件数、咨询数、代书数）40% 2. 语言表达能力 20% 3. PPT 展示效果 10% 4. 团队协作能力 10% 5. 案件质量 20% 6. 规定时间完成度（扣分项 1—5 分） 7. 有创新和优秀建议（加分项 1—5 分）
实践评估 55%	值班记录和档案管理（5%）	办公和文件管理能力	诊所班主任和班长	5 分：值班记录和档案材料规范齐全，内容详实 4 分：值班记录和档案材料规范齐全，内容较少；或内容详实，但规范性欠缺 3 分：值班记录和档案材料不够规范，内容较少 2 分：值班记录或档案材料缺少一项，内容少 1 分：极不认真负责的记录

续表

类别	考核内容	考核目标	考核主体	考核方法和评分标准
实践评估 55%	咨询和会见笔录(5%)	基本工作能力	指导教师	指导教师根据咨询、会见笔录的规范性以及咨询、会见的事项、结果、持续的时间进行检查,并与咨询学生会谈,当场评定分数并给予指导
	案件代理(45%)	包括实务工作所需的全部能力,着重考查法律检索能力、事实调查能力、解决问题能力、协作和沟通能力、情绪管理和抗压能力	指导教师	办案过程:是否遵守办案流程,是否严格控制时间,提前准备、准时到位;在不同阶段有无行动计划、提前模拟练习;等等
				案件材料:代理方案和代理意见,证据目录和证据清单,诉状或答辩状,法律检索材料,判决或调解结果
				办案质量:有无穷尽现实的和可能的各种救济措施,是否细致认真地进行了庭前准备工作,文书质量,庭审表现,当事人反馈,法官反馈,等等
				45—40分:代理思路清晰,准备工作充分,文书资料齐全,操作规范认真 39—35分:总体表现良好,但法律适用上或程序上有瑕疵 34—30分:中等,但有提升空间 29—25分:准备不充分,操作不规范 24—15分:有重大失误或方向性错误
职业道德评估 10%	社会责任感和职业道德(10%)	勤勉敬业精神、公益精神、解决职业伦理困境的能力	指导教师、当事人	由指导教师根据学生在学习和工作中表现出的责任感和勤勉敬业精神给分,一般需要举出具体的事例,包括额外工作量、公益活动、诊所公共事务、两难选择中体现出的价值观等
	反馈会议	交流和反思能力	诊所负责人、全体指导教师	以上全部分数相加以后,在学期末针对成绩评定专门安排反馈会议,指导教师和学生发言讨论,对最后的成绩进行重审和微调,以确保客观、公正

课后思考

1. 法律诊所课程虽然没有考试,但其实并不轻松,会占用你较多课余时间。请认真思考你参加这个课程的目的及可能得到的收获,想在这门课程中获得成长,你认为什么是最关键的因素?
2. 如果你遇到的当事人的遭遇令人同情,但其本人有很多缺点和问题,在生活中你并不愿意和这样的人打交道,你会为他提供法律援助吗?为什么?

第二章 案源拓展和案件受理

先导议题

在法律诊所学习期间，有人向你咨询法律问题，称他有朋友投资按摩场所，该场所存在卖淫活动，可能涉及犯罪。现在这个场所被公安机关查封，他想咨询如何才能使他朋友的犯罪活动不被公安机关发现？如果被发现，如何逃避法律制裁？像这种情况的案件，是否属于法律诊所的受案范围？你是否能够提供相应的法律咨询？你有没有义务为当事人保密？

第一节 诊所案件的来源

一、诊所案件的主要类型

法律诊所在我国经过20年的发展，虽然参与此课程的师生都从中受益颇多，但普通民众对法律诊所的了解仍然有限，从当事人角度讲，到法律诊所寻求帮助的当事人一般是：(1)经济困难的当事人。这些人中，有符合法律援助条件的当事人，也有虽然经济困难但并不符合法律援助条件，或虽然符合法律援助条件但因种种原因未能获得政府提供的法律援助的当事人。(2)经济虽不困难，但案情简单、争议金额较小的案件的当事人。这类当事人不愿支付和争议金额相当甚至高于争议金额的律师费用，因看中法律诊所的免费代理而选择法律诊所。(3)风险较高的案件的当事人。比如行政诉讼案件，案件对方当事人是国家机关或国家机关工作人员的案件。(4)多年缠讼案件的当事人。这类案件的当事人对法院的终审判决不服，或者对司法机关不予立案的决定不服，希望通过各种途径寻求转机，法律诊所就是其中的一种途径。

法律诊所的案件来源和诊所的定位、诊所的宣传以及诊所所处的地理位置都有很大关系，常见的案件多为以下几种。

1. 标的额较小的民事案件。这类案件委托律师的费用可能高于标的额，当事人更愿意向法律诊所咨询和获得帮助。

2. 劳动争议案件。《劳动合同法》与《劳动争议调解仲裁法》的相继颁布施行，劳动仲裁和诉讼门槛的大大降低，特定经济环境下劳动关系矛盾的日趋激烈，使劳动争议案件激增。相当一部分经济困难、处于弱势地位的劳动者在劳动争议案件中往往选择申请法律援助或向法律诊所寻求帮助。

3. 妇女权益保护案件。法律诊所受理的妇女权益保护案件主要是离婚案和家庭暴力案。离婚案的特点是离婚难，这点对于农村妇女尤其明显。农村妇女的离婚自由权保障不足，提出离婚后可能会面临生活没有保障、暴力侵犯、财产权益得不到有效保护等困难。家庭暴力案的特点是举证困难。家庭暴力是对当事人人身权的严重侵犯，但由于发生场所的私密性和暴力主体身份的特殊性，导致当事人举证困难，投诉无门。

4. 超过诉讼时效或缠讼已久的沉年积案。沉年积案的形成既有可能是当事人方面的因素，如对法律的不了解、对事实的不清楚、个性偏执等，也有可能是社会因素，如制度设计不合理、投诉渠道不畅通、司法不当等。这类案件常常已经穷尽当事人力所能及的各种救济渠道，来到法律诊所对有的当事人来说是抱着最后的希望，有的则是带着试一试的侥幸心理。

二、诊所案源的拓展

在开设法律诊所课程的高等院校中，有相当一部分存在案源不足的问题，有些学校的法律诊所因为没有案件，甚至只进行模拟练习，几乎不办理真实案件。案源不足，其中有当事人对法律诊所缺乏了解、对学生办案能力不能充分信任的原因，也有法律诊所自身宣传不够、没有采取多渠道的案源拓展方式的原因。法律诊所案源的拓展可以采取的方式有以下几种。

（一）合作的方式

法律诊所拓展案源，最常见的方式是和相关部门合作，如加强和当地司法机关、法律援助中心的横向联系,借助这些机构的影响和资源,获取案源。同时还可以根据诊所的定位以及社会的需求,积极和当地残疾人联合会、妇女联合会、老龄工作委员会、消费者协会、社区和街道的基层组织、农村基层组织联系,与他们合作,丰富案件的来源和渠道。在法律诊所成立之初,一般需要由学校出面与有关方面达成合作协议,由合作方式获得的案件是法律诊所最为常见和稳定的案件来源。

（二）设点的方式

这是一些小型律师事务所和新律师常采用的一种增加案源的手段,直接有效,也可以作为法律诊所拓展案源的方式之一。所谓设点的方式,是指在纠纷集中呈现的地方（如人民法院立案庭、劳动监察大队、劳动争议仲裁委员会等）设点守候,定期提供法律咨询,进行宣传,从而获得案源的方式。在人民法院立案后,没有律师代理的一般都是经济困难的当事人的案件或标的额较小的案件,这样的案件与法律诊所可以受理的案件条件比较吻合。此外,我国法律规定在处理劳动争议时要先裁后审,所以劳动争议案件都会首先集中在劳动行政部门或仲裁机构,在这些机构外设点能够获得较多的案源。

（三）法律咨询、义务普法的方式

这些也是法律诊所常见的案源拓展方式,同时也是诊所教学内容的组成部分,是自主学习的一种方法。进行法律咨询和义务普法时,最好具有针对性,针对特定的一类对象或一个主题进行咨询和宣传,如未成年人保护、消费者权益保护、劳动纠纷、社区普通民事纠纷等,这有助于学生事先进行充足准备,提高专业水准。通过这些活动,既为当事人提供了法律服务,解决了他们的困扰和纠纷,也促进了群众对于法律诊所的了解,增加了案件的来源,使学生获得了更多的锻炼机会。

（四）自我宣传的方式

这是通过宣传扩大法律诊所影响的方法,包括网络宣传和媒体宣传。网络宣传主要有四种形式:一是建立专门网站予以推广;二是开设微信公众号,撰写文章,记录办案心得,评论热点事件,同时进行法律诊所的推广;三是学生或教师的社交平台推广;四是在相关的网站、微博和论坛积极发言,并留下法律诊所的联系方式。媒体宣传有三种方式:一是诊所教师担任媒体的法律顾问,如担任电视台、电台、报纸、杂志和网站的法律顾问,借助传媒的优势宣传法律诊所;二是诊所师生接受媒体的采访,针对办理的案件发表观点,通过媒体的传播扩大诊所影响;三是诊所师生针对最新立法动态和热点案件进行点评,发表看法,在媒体上发表文章,提高诊所知名度和社会影响力。此外,印制法律诊所名片和发放宣传材料,也是自我宣传的一种方式。

(五)主动发掘案源的方式

除了上述方式,法律诊所还可以采取更为积极的态度,主动发掘案源。比如在网络中,经常会出现关于法律问题的求助贴,诊所可以筛选部分符合受案条件的,主动联系要求代理,尤其对本地高校学生的维权案件予以主动关注。另外对于一些公益诉讼案件,法律诊所也可以发挥积极作用。公益诉讼案件涉及社会公共利益,发生频率高、影响范围大,但同时也因争议标的额小、诉讼投入大、立法缺失、立案困难等原因,一般人并不愿意提起诉讼。诊所学生既可以代理他人提起的公益诉讼,也可以以自己为原告提起诉讼,实现锻炼实务技能、维护社会公共利益的目的。例如,2019年华东政法大学学生起诉上海迪士尼乐园,要求确认上海迪士尼乐园禁止游客携带食品入园的格式条款无效,并赔偿原告损失46.3元(包括原告在迪士尼乐园外购买却因被告不合理规则而被迫丢弃的食品费用),后双方自愿达成调解协议,被告补偿原告人民币50元(当庭给付)。又如,2021年华东政法大学学生起诉小米公司,要求小米公司停止发送广告、赔偿因触碰广告自动下载App而损失的数据流量费用1元,后法院判决赔偿1元。这类案件体现消费者权利意识的觉醒,同时警示商品生产者、销售者、经营者遵守界限、尊重消费者,其司法意义远远高于经济意义。学生通过诉讼的方式,为处于弱势地位的消费者维护合法权益提供了参考路径。

三、案件的初步分流

法律诊所学生面对案件，首先要做的是审查、判断案件的类型与性质，将由人民法院、仲裁机构主管以外的争议排除在外，其次选择和法律诊所主题一致的案件，对案件进行初步分流。需要指出的是，一般的综合型法律诊所在受理案件时都会把刑事案件排除在外，主要原因在于学生介入刑事案件时身份问题无法解决，导致其相关的权利受限制，难以实现刑事法律援助的目的。

法律诊所学生代理最多的是民事案件、行政案件，因此首先要根据《民事诉讼法》《行政诉讼法》《仲裁法》的规定，将不属于民事、行政案件受案范围和条件的案件排除在外，如属于历史遗留的落实政策性质的房地产纠纷，因行政指令而调整划拨、机构撤并分合等引起的房地产纠纷，因单位内部建房、分房等而引起的占房、腾房等房地产纠纷，均不属于人民法院主管工作的范围，当事人为此而提起的诉讼，人民法院应依法不予受理或驳回起诉。[1] 合作化运动中的遗留问题应由政府部门处理，不属于人民法院主管范围。政府主管部门在对企业国有资产进行行政性调整、划转过程中发生的纠纷，当事人向人民法院提起民事诉讼的，人民法院不予受理。[2] 土地所有权和使用权争议，由当事人协商解决；协商不成的，由人民政府处理。当事人未经人民政府处理即提起民事诉讼的，人民法院不予受理。林木、林地所有权和使用权争议，由人民政府依法

---

[1] 最高人民法院《关于房地产案件受理问题的通知》第3条规定："凡不符合民事诉讼法、行政诉讼法有关起诉条件的属于历史遗留的落实政策性质的房地产纠纷，因行政指令而调整划拨、机构撤并分合等引起的房地产纠纷，因单位内部建房、分房等而引起的占房、腾房等房地产纠纷，均不属于人民法院主管工作的范围，当事人为此而提起的诉讼，人民法院应依法不予受理或驳回起诉，可告知其找有关部门申请解决。"

[2] 最高人民法院《关于审理与企业改制相关的民事纠纷案件若干问题的规定》第3条规定："政府主管部门在对企业国有资产进行行政性调整、划转过程中发生的纠纷，当事人向人民法院提起民事诉讼的，人民法院不予受理。"

处理。当事人未经人民政府处理即提起民事诉讼的,人民法院不予受理。[3]

根据《仲裁法》的规定,仲裁必须要有书面的仲裁协议,仲裁协议可以是合同中写明的仲裁条款,也可以是单独书写的仲裁协议书(包括可以确认的其他书面形式)。仲裁协议的内容应当包括请求仲裁的意思表示、约定的仲裁事项,以及选定的仲裁委员会。有两类纠纷不能仲裁:(1)婚姻、收养、监护、扶养、继承纠纷不能仲裁,这类纠纷往往涉及当事人本人不能自由处分的身份关系,需要法院作出判决或由政府机关作出决定,不属仲裁机构的管辖范围。(2)行政争议不能仲裁,这类纠纷应当依法通过行政复议或行政诉讼解决。因此对没有仲裁协议,或没有选定仲裁委员会,或不能仲裁的纠纷约定了仲裁的,都不能进入仲裁程序,只能通过诉讼或其他方式解决。

对没有上述情形的案件,诊所学生还需从形式上和实质上审查以下问题,对案件进一步分流:一是审查当事人的起诉是否违反"一事不再理"原则,《民事诉讼法》第127条第5项规定"对判决、裁定、调解书已经发生法律效力的案件,当事人又起诉的,告知原告申请再审,但人民法院准许撤诉的裁定除外",即对于人民法院已经以生效判决所确定的实体权利义务,当事人不能以相同事由再行起诉。二是审查是否有适格的原告和明确的被告,是否存在原告与案件没有直接利害关系、没有明确被告等情况,在向当事人说明情况后,要把经补救依然如故的案件排除在外。三是排除性审查,审查当事人的起诉是否属于法律诊所规章制度中不允许受理的案件或法律所规定的在一定期限内不得起诉的情形。

---

[3]《土地管理法》第14条规定:"土地所有权和使用权争议,由当事人协商解决;协商不成的,由人民政府处理。单位之间的争议,由县级以上人民政府处理;个人之间、个人与单位之间的争议,由乡级人民政府或者县级以上人民政府处理。当事人对有关人民政府的处理决定不服的,可以自接到处理决定通知之日起三十日内,向人民法院起诉。在土地所有权和使用权争议解决前,任何一方不得改变土地利用现状。"《森林法》第22条规定:"单位之间发生的林木、林地所有权和使用权争议,由县级以上人民政府依法处理。个人之间、个人与单位之间发生的林木所有权和林地使用权争议,由乡镇人民政府或者县级以上人民政府依法处理。当事人对有关人民政府的处理决定不服的,可以自接到处理决定通知之日起三十日内,向人民法院起诉。在林木、林地权属争议解决前,除因森林防火、林业有害生物防治、国家重大基础设施建设等需要外,当事人任何一方不得砍伐有争议的林木或者改变林地现状。"

第二节 诊所案件的受理

一、诊所案件受理的范围

诊所案件受理的范围一般取决于该法律诊所的定位类型和现实情况。在我国开设法律诊所课程的学校中，已成立的法律诊所大体上可以分为四种类型。

第一种是综合型诊所。综合型诊所的特点是，只要有符合案件要求、案件又适合学生进行代理，就都可以被纳入法律诊所承办案件的范围。

第二种是法律援助型诊所。其特点是虽案件类型不受限制，但受援助对象必须符合法律诊所提供法律援助的基本条件。绝大多数学校的法律诊所将开办宗旨表述为对社会弱势群体提供法律援助，故这类诊所数量较多。

第三种是单一主题专业型诊所。其特点是选择一个比较固定的诊所主题并组建专业化的诊所，参加诊所教育课程的所有教师和学生在一个诊所主题下，为当事人代理一种类型的案件。比如未成年人保护诊所、农民工权益保障诊所、消费者权益保障诊所、妇女权益保障诊所、刑事诊所、公益法诊所等。

第四种是多主题专业型诊所。在一个学校中，根据自身的条件，可以开设不同主题的法律诊所课程，故就一个学校的法学院而言，诊所法律教育作为一门总课程，实际上是多主题诊所的综合。比如清华大学的法律诊所包括消费者权益保护诊所、劳动者权益保护诊所、弱者权益保护诊所和公民权利保护诊所，西北政法大学的法律诊所包括民事法诊所、立法诊所、公益法诊所和社区诊所。

在我国诊所法律教育中，法律援助型诊所占绝大多数，在此主要就法律援助型诊所的受案范围作较详尽的介绍。作为司法制度的重要组成部分，法律援助向缺乏能力、经济困难的当事人提供法律帮助，使他们能平等地享受法律保护。法律援助是人类法制文明和法律文化发展到一定阶段的必然产物，是国家经济、社会文明进步和法治观念增强的必然结果。全国人大常委会2021年8月20日通过《法律援助法》，确定了法律援助的范围，即包括对刑事案件的法律援助和非刑事案件的法律援助两大类，法律援助型诊所的受案范围一般据此而定。除刑事案件外，下列事项的当事人，因经济困难没有委托代理人的，可以向法律援助机构申请法律援助，也属于法律援助型诊所的受案范围：（1）依法请求国家赔偿；（2）请求给予社会保险待遇或者社会救助；（3）请求发给抚恤金；（4）请求给付赡养费、抚养费、扶养费；（5）请求确认劳动关系或者支付劳动报酬；（6）请求认定公民无民事行为能力或者限制民事行为能力；（7）请求工伤事故、交通事故、食品药品安全事故、医疗事故人身损害赔偿；（8）请求环境污染、生态破坏损害赔偿；（9）法律、法规、规章规定的其他情形。

二、法律诊所受理案件时需要考虑的因素

选择案件是诊所教师在进行教学组织时面临的首要问题，在法律诊所受理案件时，指导教师必须考虑该种案件的办理是否能够达到诊所教育的目标。让学生掌握律师执业技能、培养学生的职业道德和为社会提供法律服务三者之中，从法学院的角度讲，选择案件最注重的往往是案件的教学功能，侧重的是学生对律师执业技能的掌握，但指导教师必须强化其职业道德教育的目标，避免法律诊所课程工具主义的倾向，因此选择诊所案件时应该考虑以下原则。

1. 案件的道德立场有利于职业道德教育。职业道德学习是一种态度学习，不能单纯靠说教获得，道德学习的成效在于"信"而不在于"知"。选择诊所案件时，应重点关注贫困阶层、弱势群体、社会公益案件，学生在亲身体会、切实了解这些案件中当事人的辛酸、痛苦、无助、绝望之后，与同情心、正义感一同而来的还有强烈的社会责任感，在他们为当事人提供了有效的法律帮助之后，当事人对他们的认同、感激会使他们对自己未来的职业产生使命感和自豪感，只有尊崇自己的职业，才会发自内心地自律，约束自己的行为，形成良好的职业道德。与此同时，指导教师也要适当选择一些在法律上具有应该维护的权益但在社会道德方面处于劣势的案件，这种案件的办理会让学生进一步认识到职业道德和社会道德不是永远处于同步的状态，并深刻理解律师职业道德复杂和丰富的内涵。

2. 案件的难易程度适合教学。影响案件难易程度的既有实体方面的因素，也有程序方面的因素，诊所案件是交给没有任何实务经验的学生去办理的，因此必须考虑到学生的能力。过于疑难复杂的案件会让缺乏经验且专业知识还不娴熟的学生不知如何着手，而且对疑难问题的过分关注甚至会让学生忽视其他问题，反而削弱教学功能，因此接受这样的案件不但对当事人不负责任，还会打击学生自信，不利于教学目标的实现。疑难复杂案件不适合教学，那么案件事实特别清楚、证据确凿充分、法律关系明确的案件是否适合教学呢？答案是肯定的。在这样的案件中学生并非简单的法律文书代书人的角色，他们必须要和当事人会见、和法官交流、整理装订证据、注意举证期限、预测案件结果、和小组其他成员合作、对案件保密、对当事人负责，这些全都是诊所教学中需要学习的技能。

3.案件的时间周期适应教学。法学院校一般都是将法律诊所课程作为一门实践性的选修课开设，时间为一学期。这种学期限制要求诊所接收的案件从受理到审结或到开庭一般在一个学期内，因为不能在这个时间段内结束的案件就要带入下个学期，而下个学期诊所学生会发生更换，如果代理人也随之更换，可能会影响当事人的利益。如果代理人不更换，由原来的学生继续代理，当学生在其他课程较多的情况下，可能力不从心，也会影响当事人利益。所以在受理案件时，应该尽量选择周期较短、容易审结的案件。

4.案件的风险因素能够控制。一般情况下，案件经法院判决后，无论有利或不利后果，都是由当事人来承担的。但如果不利后果的承担和代理人的过错代理行为存在因果关系，那么代理人就必须承担相应的法律责任。法律诊所缺乏化解风险的资金和制度保障，所以必须采取一定措施控制和预防风险。在选择案件时，既要考虑案件本身的风险因素，尽量不要选择发生时间久远的案件、原被告不在同一地方的案件、处于再审或申诉阶段的案件，还要考虑当事人方面的风险因素，尽量避免不讲诚信的当事人、明显隐瞒和歪曲事实的当事人，另外对期望值很高的当事人、过分偏执的当事人也要有所选择。

5.案件的代理成本在诊所的承受范围之内。法律诊所学生代理案件完全是免费代理，而诊所的运行需要资金。诊所资金有来自学校的，也有来自社会资助，无论源于哪个渠道，数额都是非常有限的。案件的代理成本一般包括交通差旅费、通讯函件费、打印复印费、资料材料费、办案学生的误餐补助等，有限的资金和持续不断的成本支出不成正比。因此,对于疑难复杂案件,需要到外地起诉、应诉或调查取证的案件,诊所一般不予受理,代理成本较高是其中一个重要原因。

除了以上原则,在选择诊所案件时,还可以适当考虑案件的社会影响是否有助于法律诊所的运作和宣传,是否对同类型的案件有正面的积极影响,等等;但在选择案件时,不必过多考虑能否胜诉,只要有法律上认可的权益,就能从代理中获得宝贵的经验。

三、法律诊所代理案件的规范和流程

(一)法律诊所指导规范

1. 指导目标与原则

法律诊所的指导目标是加强理论学习与司法实践的联系,提高教学实践活动的质量,以实务操作为载体,培养学生法律职业工作综合能力与服务社会公益相结合,同时要充分体现对人才培养的法律职业伦理的要求和标准,提高学生理论联系实际的能力。诊所教师应遵循当面指导原则、间接指导原则、充分准备原则、平等尊重原则。当面指导原则是指诊所指导应以面对面谈话、模拟练习、小组会议等方式进行,尽量避免纯粹书面的交流和指导。间接指导原则是指通过提示、启发等方式,引导学生思考和研究,促使学生进行独立的分析和判断,切忌直接告诉学生答案。充分准备原则是指教师和学生对指导都应作充分的准备,事先进行材料的阅读分析,考虑各种可能性和方案,实现高效优质的学习效果。平等尊重原则是指诊所法律教育中,教师和学生是互相学习、互相评价的对象,要凸显学生的主体地位,尊重学生的体验和感受。

2. 学生在接受教师指导时应遵循的规范

有下列情形之一的,学生应当寻求教师指导:(1)是否接受委托;(2)需要外出调查;(3)代理当事人参与庭审和听证、谈判、调解、仲裁等重要实践活动;(4)对主要办案环节和案件结果的总结与反馈。办案小组认为有必要时,也可以请求教师指导。

学生要求指导应当遵守下列程序:(1)经过办案小组讨论;(2)提前1天预

约指导时间；(3)提交指导计划书(指导计划书包括案件来源、案情简介、小组讨论意见或代理方案、结果预判、相关法律和案例检索、需要指导的问题等内容)；(4)接受指导时办案小组全体成员参加；(5)对指导进行反馈；(6)学生保留指导记录书面或电子版备查。

(二)学生代理案件的规范和程序

法律诊所学生在代理真实案件的过程中，虽然尚不具备律师的执业资格和能力素养，但必须要先学习执业律师的职业道德和敬业精神，应当自始至终勤勉尽责，必须力戒疏忽懈怠，竭尽全力维护当事人的合法权益。在真实案件中，有些过错一旦形成就很难有挽回的余地，因此必须严格遵守法律的规定，真正理解规定的含义，才能坚守原则和避免出错。

1. 学生代理案件的基本准则

(1)法律诊所学生不是律师，不能以律师的名义办理相关法律事务，必须向当事人表明学生身份，并说明优势和劣势。

(2)法律诊所免费为社会弱势群体提供法律服务，因此不得收取律师费、代理费等，但学生因为代理案件实际产生的资料费、通讯费、差旅费等费用由当事人实报实销，法院收取的诉讼费、财产保全费和鉴定机构收取的鉴定费等由当事人自行承担。

(3)法律诊所学生不得私自接受当事人委托，必须在法律诊所指导教师同意后方可接受委托，并与当事人签订委托代理协议。

(4)法律诊所学生要妥善处理好与当事人的关系，最大限度地维护当事人的合法权益，但不得向当事人就某一案件的判决结果作出不切实际的承诺，更不得为寻找案源作出虚假承诺。诊所学生应当谨慎、诚实、客观地告知当事人委托事项可能出现的法律风险。

(5)当事人提交的证据材料只保留复印件不收原件，如果因为特殊情况必须要当事人提交原件，来往交接均需当事人本人签字确认。

(6)法律诊所学生约见当事人必须是小组成员共同行动，不得个人单独会见；会见场所原则上宜在校内，确实不便的也可以在校外，但应在安全的公共场所，不得在当事人家里、宾馆、酒店等封闭、私密场所。

（7）法律诊所学生要注重保护当事人的个人信息、秘密和隐私，和案件有关的材料要妥善保管，不得使办案小组以外的人接触；在和老师、同学讨论案件时，要对当事人的照片、信息等进行保密处理；代理案件结束后案卷归档时，要再次检查确认书面材料中的保密措施是否到位。秘密信息的泄露很少是故意的，往往是无意和疏忽中所为，因此不确定是否属于秘密的，要作为秘密对待；不在公共场合、其他人有可能听到的情况下讨论案情；秘密材料要随身携带或者上锁。即使没有接受当事人的委托，对咨询中获悉的当事人信息也应该保密。

（8）《律师法》和律师协会关于律师执业纪律和职业道德的规范，法律诊所学生作为准律师应严格遵守、参照执行，在办理相关案件时，诊所学生要依法调查取证，注重庭审仪表规范，谨慎司法评论，遵守法庭纪律，尊重相关工作人员和律师、当事人。

2. 学生代理案件的程序

（1）法律诊所学生通过他人介绍、自我推销、法律咨询、律师事务所和法援中心值班等方式接触案件后，首先需要了解基本案情和当事人诉求，确定案件类型，对案件进行初步分流。对明显不属于法律诊所受案范围的，向当事人说明情况并告知可能的解决方式及受理机构。

（2）对不确定是否属于诊所受理范围，或者具有一定的典型性和挑战性，学生想进行尝试的案件，需要进一步了解案情和已有的证据材料，向指导教师汇报，由指导教师评估决定是否受理。对按照诊所规章制度属于法律诊所受案范围的，由诊所班长进行记录和受案登记，载明接待小组、案由、当事人和时间。

（3）案件首先应在小组内部分析讨论、收集证据，在检索类似案件和法律规定、司法解释之后，小组成员应分工合作写出案情介绍、证据清单、代理方案、后期工作、可能的风险、结果预判，并附上证据复印件、检索的法律和案例，申请教师对小组有争议的问题、困惑的问题进行指导。

（4）经教师指导、修改完善代理方案之后，学生和当事人充分沟通，双方协商一致同意委托代理之后，由当事人出具授权委托书，由法律诊所为学生出具推荐函,双方签订委托代理协议。

(5)对于已立案的案件,由指导教师指定暂时没有案件的小组模拟对方当事人,和接受委托的小组进行模拟练习,包括谈判调解练习、起诉答辩练习、法庭调查和庭审辩论练习等,充分考虑可能发生的各种状况和细节,在开庭前应申请教师再次指导。

(6)课程期末由小组分工撰写法律诊所课程总结,代理的案件结案后学生需会同诊所班长将案件全部材料装订后归档。

第三节 案件代理实例

一、案件来源

学生在海大平正律师事务所值班时当事人前来咨询。

二、案情简介

2020年7月26号,孙某某和臧某签订房屋租赁合同,双方在合同中约定租赁期间为2020年8月1日至2021年7月31日,同时臧某支付了8月的租金1500元和保证金3000元。

臧某于2020年8月5日搬入该房居住,8月8日上班时发现房门被破坏,因感觉不安全,当日下午到派出所报案,但房东拒绝维修房门,并要求臧某承担房门损坏的责任。臧某自行花费150元找人更换损坏的房门猫眼,向孙某某提出解除房屋租赁合同,并要求其退还房租和保证金。孙某某没有正面回应,拒绝退还臧某已交的租金和保证金。在沟通过程中,臧某得知孙某某私自另存该出租屋钥匙一把,认为继续居住没有安全保障,在协商不成的情况下,臧某自行搬离该房,至2020年8月16日搬离完毕,提出交还钥匙。孙某某不在本地,要求臧某将钥匙交给中介公司,臧某坚持当面交付,双方协商未果。2020年8月31日,孙某某明确不退还保证金并要求臧某支付9月的房租,臧某寻求法律诊所的帮助。

三、学生的代理意见和方案

根据双方签订的房屋租赁合同关于合同解除的第2条第2款,在交付的房屋危及乙方安全或健康的情况下,乙方有权单方面解除合同。作为一名独居者,房门被不明人士恶意破坏属于危及租客安全的情形,在沟通无果后,臧某(乙方)据此单方面提出解除合同的行为有效,其享有约定解除权,无须孙某某(甲方)同意,只需要通知即可。因此,2020年8月8日双方的租赁合同已经解除,至2020年8月16日臧某已将所有个人物品搬出,并提出当面交还钥匙,但孙某某提出本人不方便见面,钥匙一直留在臧某手中。但孙某某私自留有出租屋钥匙一把,致使该房屋一直处于其控制之下,且臧某在主张解除合同后已将个人物品全部搬出,明确放弃对该房屋的占有控制,因此即使臧某手中留有钥匙,也并未侵犯到孙某某对房屋实际的控制。因此臧某只需要支付居住期间的房屋占有使用费,应按同期租赁费用计算,孙某某应退还后半个月的房租,即750元。

根据双方签订的房屋租赁合同关于房屋租赁保证金的约定,即"租赁期满或合同解除后,房屋租赁保证金应如数返还乙方",在合同解除的情况下,孙某某应将3000元保证金返还给臧某。

根据双方签订的房屋租赁合同关于房屋及附属设施的维护第1条"租赁期内,甲方应保障房屋及其附属设施处于使用和安全的状态。乙方发现该房屋及其附属设施有损坏或故障时,应及时通知甲方修复。甲方应在接到乙方通知的三日内进行维修,逾期不维修的,乙方可代为维修,费用由甲方承担",以及原《合同法》第221条中"承租人在租赁物需要维修时可以要求出租人在合理期限内维修。出租人未履行维修义务的,承租人可以自行维修,维修费用由出租人负担"的规定,臧某有权要求孙某某自行维修房门,在其拒绝维修的情况下,已支付的150元维修费应由孙某某承担。

本案可以提出以下诉讼请求:

1.请求法院确认臧某与孙某某的房屋租赁合同于2020年8月8日已解除。

2. 请求法院依法判决被告向原告返还保证金 3000 元。

3. 请求法院依法判决被告向原告退还已付房租 750 元。

4. 请求法院依法判决被告向原告支付 150 元维修费用。

5. 请求法院依法判决本案全部诉讼费用由被告承担。

四、证据情况

本案所需证据：

1. 合同复印件（证明双方当事人存在有效的房屋租赁合同以及合同条款的有效）。

2. 房租和保证金转账记录（证明原告已履行所有义务，无违约行为）。

3. 房门损坏照片（证明房门被破坏，房屋安全受到威胁）。

4. 公安派出所受案回执（证明房门被破坏，房屋安全受到威胁，且房屋损坏非原告原因造成）。

5. 更换猫眼的证明和转账记录（证明原告自行负担了维修费）。

6. 原告和被告的聊天记录（部分语音消息可证明该微信账号确实处于孙某某本人控制范围内；证明被告要求原告自行承担维修费用，拒绝退还租金和保证金；证明原告于 2020 年 8 月 8 日提出解除合同，于 2020 年 8 月 16 日搬离完毕并通知被告；证明被告在原告不知情的情况下私自留有出租屋钥匙一把）。

五、法律依据

> **原《合同法》**
>
> 第六十条　当事人应当按照约定全面履行自己的义务。
>
> 　　当事人应当遵循诚实信用原则，根据合同的性质、目的和交易习惯履行通知、协助、保密等义务。
>
> 第九十一条　有下列情形之一的，合同的权利义务终止：
>
> （一）债务已经按照约定履行；
>
> （二）合同解除；
>
> （三）债务相互抵销；
>
> （四）债务人依法将标的物提存；

（五）债权人免除债务；

（六）债权债务同归于一人；

（七）法律规定或者当事人约定终止的其他情形。

第九十二条　合同的权利义务终止后，当事人应当遵循诚实信用原则，根据交易习惯履行通知、协助、保密等义务。

第九十三条　当事人协商一致，可以解除合同。

当事人可以约定一方解除合同的条件。解除合同的条件成就时，解除权人可以解除合同。

第九十六条　当事人一方依照本法第九十三条第二款、第九十四条的规定主张解除合同的，应当通知对方。合同自通知到达对方时解除。对方有异议的，可以请求人民法院或者仲裁机构确认解除合同的效力。

……

第九十七条　合同解除后，尚未履行的，终止履行；已经履行的，根据履行情况和合同性质，当事人可以要求恢复原状、采取其他补救措施，并有权要求赔偿损失。

第九十八条　合同的权利义务终止，不影响合同中结算和清理条款的效力。

第二百一十六条　出租人应当按照约定将租赁物交付承租人，并在租赁期间保持租赁物符合约定的用途。

六、类案检索

赵某某与杨某某房屋租赁合同纠纷一审民事判决书

新疆维吾尔自治区乌鲁木齐市头屯河区人民法院

民　事　判　决　书

（2014）头民一初字第1022号

原告：赵某某，女，汉族，1981年9月28日出生。

被告：杨某某，女，汉族，出生年月日不详。

原告赵某某与被告杨某某房屋租赁合同纠纷一案，本院受理后，依法由代理审判员高某某独任审判，于2013年10月24日公开开庭进行了审理，原告赵某某到庭参加了诉讼，被告杨某某经本院合法传唤拒不到庭参加诉讼，本案现已审理终结。

原告赵某某诉称,2013年6月6日,我与被告杨某某签订协议,由我租住其在乌鲁木齐市青岛路白石桥巷6号自建房的2楼1号房,租金每月600元。签订协议之日,我按照约定向被告交纳了租房押金600元、3个月的房租及两把房门钥匙的押金20元,自此我一直租住此房,房租均是提前一个月交3个月的房租。2014年9月初,我又按约向被告交纳了2014年9月6日至12月6日3个月房租1800元及卫生费30元等费用。2014年9月5日,被告找人将我租的那间房的窗户扒开,房里到处是水泥、沙子,外面新建一个小房,小房安有窗户,但未装玻璃。现在气温下降,无玻璃根本无法住人,我和儿子均因此感冒,我多次找被告协商,要求其尽快安装,但至2014年9月25日也未安玻璃,无奈我只有另找房屋搬了出去。但被告无理不退还我交纳的2个多月的房租及卫生费等费用。我找到社区,多次联系她,她拒不到社区调解,2014年9月26日,社区民警和我一起去被告处协商解决,但被告仍拒不退还。故诉至法院,请求依法判决被告杨某某退还房租1400元(2个月10天×600元/月)、租房押金600元、卫生费23元(2个月10天×10元/月)、钥匙押金20元(2把×10元/把),合计2043元。

被告杨某某经本院合法送达有关应诉材料后,未到庭参加诉讼,在本院送达过程中,其陈述赵某某租赁其房屋属实,交纳房租和卫生费至2014年12月6日,在开始租赁房屋时交纳押金600元;2014年开始在原告租赁房屋北侧加盖一间房屋,用于做厨房及卫生间使用,现原告已搬走,同意退还押金,但不同意退还房租。

经审理查明,2013年6月6日,原告赵某某与被告杨某某签订了一份《住户协议》,约定原告租赁被告位于乌鲁木齐经济技术开发区(头屯河区)白石桥巷6号201室,房租每月600元和卫生费每月10元按季度提前一个月交纳,租赁期限最少一年。后双方履行了达成的协议,原告赵某某向被告杨某某交纳房租1800元及押金600元,被告将房屋交付原告使用。2014年9月初,原告赵某某向被告杨某某交纳2014年9月6日至2014年12月6日的房租1800元、卫生费30元。2014年9月5日,被告杨某某在原告赵某某租住房屋北侧加盖一间房屋用作厨房和卫生间,将原告租住房屋北面墙的窗户拆掉,其承诺9月6日安装玻璃和门,后一直未安装,双方协商未果,故原告于2014年9月25日搬离了租住的房屋,双方因租金及押金等费用的问题协商无果,故诉至法院。

上述事实有原告提供的证明、《住户协议》、收条、照片,当事人的陈述及本院庭审、送达笔录为证。

　　本院认为，原告赵某某与被告杨某某于2013年6月6日在平等自愿、协商一致的基础上签订的《住户协议》，系双方当事人真实意思表示，不违反法律法规强制性规定，本院予以确认，双方均应当依约履行。《中华人民共和国合同法》第二百一十六条规定："出租人应当按照约定将租赁物交付承租人，并在租赁期间保持租赁物符合约定的用途。"第二百三十三条规定："租赁物危及承租人的安全或者健康的，即使承租人订立合同时明知该租赁物质量不合格，承租人仍然可以随时解除合同。"本案中，被告杨某某为在原告赵某某租住房屋北侧加盖房屋，将原告租住房屋的窗户拆除，直至本院向被告送达时尚未将门窗安装完毕，致使该房屋不适合居住，被告的行为违反了双方的约定，并影响了原告及其家人的健康，依法原告可以随时解除租赁合同关系，故原告搬离租住被告的房屋符合法律规定；关于原告要求被告退还租金1400元及卫生费23元的请求，按照每月租金600元及卫生费10元，计算了2个月加10天，本院认为，因被告违约行为原告于2014年9月25日搬离租住房屋，视为双方于当日解除了租赁合同，但原告预交租金及卫生费至2014年12月6日，故被告应当将原告搬离后的租金及卫生费退还，原告请求符合法律规定，本院予以支持；关于原告要求被告退还押金600元的请求，本院认为，现因被告行为违反合同约定，双方租赁合同已经解除，被告应当将押金退还，故原告该项请求符合法律规定，本院予以支持；关于原告要求被告退还钥匙押金20元的请求，本院认为，原告在庭审中未向法庭举证证实该笔押金，故原告该项请求无事实依据，本院不予支持；被告杨某某经本院合法传唤未到庭参加诉讼，视为其放弃答辩权利。综上所述，依照《中华人民共和国合同法》第四十四条、第六十条、第二百一十六条、第二百三十三条，《中华人民共和国民事诉讼法》第一百四十四条之规定，判决如下：

　　一、被告杨某某退还原告赵某某租金1400元；

　　二、被告杨某某退还原告赵某某卫生费23元；

　　三、被告杨某某退还原告赵某某押金600元；

　　四、驳回原告赵某某要求被告杨某某退还钥匙押金20元的诉讼请求。

　　上述被告杨某某给付款项共计2023元，被告必须自本判决书生效之日起十日内付清，如果未按照本判决指定的期间履行给付金钱义务，应当依照《中华人民共和国民事诉讼法》第二百五十三条之规定,加倍支付迟延履行期间的债务利息。

本案诉讼标的2043元,给付标的2023元,案件受理费50元(原告已预交),现减半收取25元,由被告杨某某负担99.1%即24.78元,原告赵某某负担0.9%即0.22元;邮寄费20元(原告已预交),由被告杨某某负担。

毕某某与姚某某房屋租赁合同纠纷一审民事判决书

绥中县人民法院
民 事 判 决 书

(2017)辽1421民初2194号

原告:毕某某。

被告:姚某某。

委托诉讼代理人:孙某某。

原告毕某某诉被告姚某某房屋租赁合同纠纷一案,本院于2017年6月16日立案后,依法由审判员齐某某适用简易程序于2017年8月8日公开开庭进行了审理。原告毕某某和被告姚某某及其委托诉讼代理人孙某某到庭参加了诉讼。本案现已审理终结。

原告毕某某向本院提出诉讼请求:1.请求法院判令解除房屋租赁合同,退回租金,赔偿二次搬家费用。2.由被告承担诉讼费及邮寄送达费。事实与理由:因签房屋租赁合同时,被告姚某某系承租人,在未取得原房主的同意下私自转租,且隐瞒真相和事实,转让给原告毕某某租住,使原告的合法权益得不到保障,故原告诉至法院,要求法院支持原告的诉讼请求。

被告姚某某辩称,答辩人针对原告毕某某签订的房屋租赁合同真实、合法、有效,房屋所有权人张某明确同意答辩人另行转租,并在答辩人与原告人的租赁合同上签字确定,予以追认,答辩人并不存在隐瞒真相和事实的行为。

原告无故要求解除租赁合同,是无理要求,违背事实,违反合同约定,其诉讼请求与事实不符、于法无据,答辩人保留向原告请求违约赔偿的诉讼权利,希望法院驳回原告的诉讼请求。

本院经审理认定事实如下:2017年3月22日,通过中介,原告毕某某与被告姚某某签订房屋租赁合同,被告姚某某将承租张某所有的邮局家属楼1号楼5单元6楼602室租给原告毕某某使用,租期至2018年3月8日,年租金7500元,押金500元,房主当时未在场。原告将房租及押金全部交给被告姚某某后开始使用该房屋。2017年6月12日,原告发现屋内至房顶的门自然脱落(照片为证),原告给被告打电话,被告带房主过来查看,原告要求她们给修门,房主与原告发生争执,并说不认识原告,不同意把房租给原告,让他们自己解决,房主离开,被告也跟着离开。之后原告多次找被告修门,被告总推拖不给修理。因房屋门坏,有安全隐患,2017年7月10日,原告给被告打电话让取该房钥匙,解除房屋租赁合同,被告不取钥匙,原告将钥匙交给中介公司,搬离此房。原告实际租住房屋108天,租期一年差257天未住,租赁费每天20.5元,差5280.8元,抵押金500元。对于以上事实本院予以确认。被告持房主在自己的合同上签字追认原、被告的租赁合同,因未在原告的合同上签字,原告也不认识房主,房屋租赁合同仍以原合同为准。

本院认为,被告姚某某在未经原房主同意的情况下,在房屋租赁中介公司,私自将承租的房屋转租给原告毕某某。在房屋出现房门自然损毁出现安全隐患,与原房主相互推诿不及时予以修复,给原告造成住房的安全隐患,原告主张解除房屋租赁合同,退回房屋未住期间的租金及抵押金,法院予以准许。原告主张的两次搬家损失,未有证据证实,法院不予支持。

综上所述,为保护当事人的合法权利不受侵害,故依据《中华人民共和国合同法》第二百二十四条、第二百三十三条之规定,判决如下:

一、解除原告毕某某和被告姚某某签订的房屋租赁合同;

二、被告姚某某于本判决生效后十日内返还原告毕某某房屋租赁费5280.8元,抵押金500元,合计5780.8元;

三、驳回原告毕某某赔偿损失的请求。

如当事人未按判决书指定的日期履行给付金钱的义务,应当按照《中华人民共和国民事诉讼法》第二百五十三条之规定,加倍支付迟延履行期间的债务利息。

案件受理费100元,减半收取50元,邮寄费80元,由被告负担。

七、教师的指导

采用对谈教学法,启发学生思考提交的材料和案件中的有关问题。

第一，法律职业伦理方面：提交的文字材料和证据中有当事人的个人信息，给指导教师看有没有问题？怎样处理比较稳妥？如果对方当事人也要请法律诊所的同学代理案件，是否属于利益冲突？

第二，法律职业技能方面：诉讼是不是最好的解决途径？该案中还做过什么尝试？代理方案中有没有分析不同解决方法的利弊得失？在几个方案中，是完全让当事人选择还是由代理人进行专业建议？哪种方式更好？假如该案选择了调解的方式，该从哪些方面入手和突破？

第三，诉讼的风险怎样告知当事人效果更好？法律检索的案例是县级法院和市辖区法院的判决，是否具有权威性？有何意义？

第四，如果当事人确定选择了诉讼方式，承办小组需要准备哪些立案材料？如何制作证据目录？起诉状和代理意见主要在哪些方面体现区别？

课后思考

1. 代理实例中的案例，你是否有更好的代理思路？一个好的代理方案，应该包含哪些要素和内容？
2. 面对刚毕业需要租房的大学生群体，怎样才能拟定一个既可以充分防范风险又相对公平的房屋租赁合同模板？

第三章 会 见

先导议题

曾某菊与杨某山登记结婚后感情和睦，但后来杨某山沉迷赌博不可自拔，将其全部收入用于赌博，欠下债款后要求曾某菊偿还赌债，并经常对曾某菊实施家庭暴力，多次暴力曾使曾某菊试图自杀，杨某山却不知悔改，并变本加厉。之后，曾某菊从家中搬出，杨某山以恐吓短信相威胁，致使夫妻二人情感破裂。现曾某菊想让法律诊所学生代理其案件，学生在会见当事人时应该如何进行？需要注意什么问题？

诊所法律教育的突出特点是为学生提供学习法律实务技巧的机会，无论是实战还是模拟演练，其效果都是传统法律教育课堂所不能达到的，其中有些技巧或被传统法律教育课堂所忽视，或虽然有所为但无法实现理想效果。会见当事人是律师业务的起点，也是诊所学生首先要面对的任务，是学生掌握法律实务技巧的一个重要方面。法律诊所学生如何通过会见了解当事人的问题并对症下药？会见中要注意哪些问题？这是本章所要解决的主要问题。

第一节 会见概述

会见一般是指法律诊所学生与当事人、证人以及其他与案件相关的人员之间的会晤与谈话。会见是律师调查取证查清案件事实的重要手段，贯穿律师从接待当事人到查明案件事实的整个过程。本章所讨论的会见仅仅是指诊所学生对当事人的首次接触。

一、会见当事人的意义

会见当事人与提供法律咨询,是律师与当事人交流的基本途径,律师与当事人之间的关系绝大多数是通过会见建立起来的。会见当事人,与当事人进行交流并提供适当的法律咨询,对于学生的诊所学习与实践十分必要且意义重大。其意义主要体现在以下几个方面。

1. 有利于全面、客观地了解案情及当事人的法律诉求。案件信息可以从当事人提供的书面材料中获取,也可以通过与当事人谈话交流的方式获取。如果仅凭当事人提供的书面材料,或者间接的案件介绍,诊所学生了解到的案情往往是不全面、不完整和不完全真实的,由于经验不足,有时学生还会将一些重要线索当作无用信息而忽略,导致对当事人提出的要求难以把握并准确处理。之所以产生这种现象,是因为书面材料是对已经发生的事实的记录,可能不全面,可能有虚假,学生在初次阅读时,可能难以抓住重点,也不能把握全面。会见当事人,通过倾听当事人的陈述,对当事人进行提问,与当事人直接进行交流,既能获得感性认识,还能够全面、客观地了解案情,了解当事人的具体法律要求,并判断当事人的法律诉求与其陈述的事实之间的关系,从而为案件的处理打下基础。

诊所学生只有在确定案情及当事人的法律诉求以后,才能仔细分析案情,并结合法律规定,判断当事人的法律诉求是否合法合理,是通过司法途径解决还是提供一般的咨询意见和建议;如果需要通过司法途径解决,则需判断该案是否属于法律诊所提供法律援助的受案范围,进而决定是否应该提供法律援助。实践中,来法律诊所咨询的当事人的诉求有的仅仅是凭借想象而没有法律依据,有的虽有问题存在却不能通过法律途径解决,有的诉求则不属于法律问题而仅仅是情感或纯粹的道德问题。这就要求诊所学生必须通过与当事人的交流,全面、客观地了解案情后,对案件作出正确的判断,对不能援助的坚决不予受理,这样方可集中有限资源为其他需要帮助的当事人提供服务。

2. 有利于加强与当事人之间的沟通协作。在当事人来到法律诊所并与学生交谈之前,诊所学生与当事人基本上是互不相识的陌生人,彼此缺乏了解,更谈不上信任。通过会见交谈和提问，不仅让学生认识当事人，了解当事人的法律诉求，而且让当事人对诊所和学生有了初步的了解，并乐意向学生倾诉或求助。学生安慰与同情的话语，会使当事人得到些许慰藉，学生的提问与解答可以给当事人以解决问题的希望，也可以帮助当事人解惑排忧。所有这一切无疑都拉近了当事人与学生之间的距离，为案件的处理打下了人际关系的初步基础。

3. 有利于诊所学生学习人际交往的技巧。法律工作者在工作中经常要面对复杂的人性，这就要求法律工作者要有丰富的社会阅历、生活经验和较强的辨别能力，从而使自己能够准确、有效地处理法律事务。

法律诊所学生都是在校大学生，虽然已是大三年级的学生，但他们的社会阅历仍然不足，欠缺辨别能力、与人交流沟通的能力特别是与校园以外的社会上的人交往的能力。而人际关系的沟通技巧对于法律职业来说是至关重要的，对于法科学生来说，训练与人交流的能力，增加自己的社会阅历与社会生活经验，与学习法律知识同样重要。与形形色色的当事人接触交流，一方面可以增加诊所学生的社会阅历，提高诊所学生的辨别判断能力；另一方面还能够使其学会人际关系的沟通技巧，提高与人交往的能力，为以后从事法律工作积累社会经验。

二、会见当事人的目的与目标

（一）会见的目的

诊所学生会见当事人的目的与当事人来访或来电的目的基本上是一致的，这也是实现我们创办法律诊所目的的第一步。

创办法律诊所，学生在诊所中学习，目的是将所学理论与实践相结合，在实案代理或模拟演练中锻炼律师执业的基本技能和技巧。无论是真实案件的代理还是假设案件的模拟，都离不开基本案情，离不开对案情基本要素的掌握，当事人是案件基本要素的首要要素，当事人对案件的陈述又是了解案情的首要途径。因此，会见当事人是法律诊所学生学习、演练或代理案件，启动案件处理程序的基础与前提。同时，会见当事人又是学生取得案源的主要途径，没有与当事人的会见，就不可能有案源；没有案源，诊所学生的律师业务学习与实践则成了空谈。

对于当事人来说,无论是亲自来诊所访问,还是通过电话询问,其目的都是希望诊所学生能为他们解决法律疑虑,维护他们的合法权益。要达到这个目的,当事人必须将自己面临的问题或正在发生的案件事实告诉法律工作者。如同病人到医院看病一样,病人首先要向医生陈述自己的不适或病情,医生只有在了解了基本病情后才能对症下药。同样的道理,诊所学生欲为当事人排忧解难,则首要先了解当事人的法律问题,当事人意欲得到诊所学生的帮助,则必须将自己的问题告诉学生。

当事人有法律问题需要解决,法律诊所学生需要通过解决法律纠纷来训练自己以提高技能,在这一点上,诊所学生与当事人形成了一个结合点,双方的目的与诉求相辅相成,并形成一个共同的目标,即解决法律问题,实现当事人的法律诉求。基于这一点,法律诊所学生必须与当事人会见(包括电话交谈),只有通过会见才能了解案情,只有了解了案情才能着手依法解决。

因此,法律诊所学生与当事人会见的目的就是了解案情,收集足够的信息,为案件的进一步解决奠定基础。具体如图3-1所示。

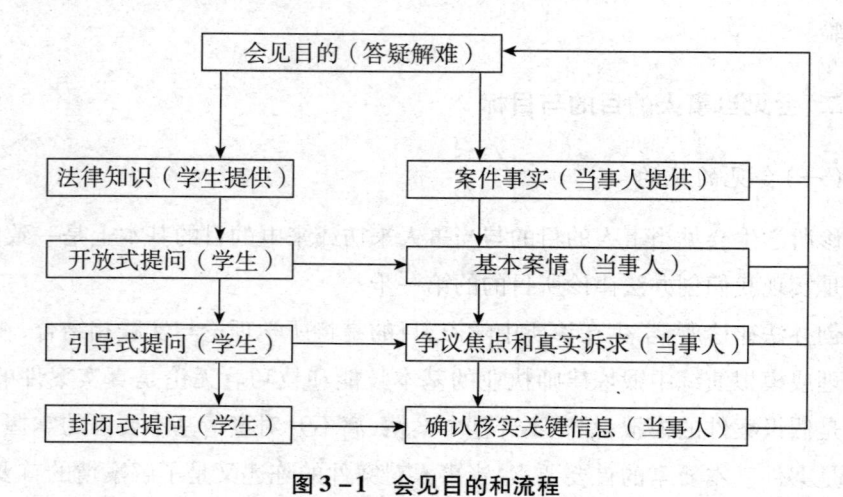

```
                    ┌──────────────────────┐
                    │  会见目的(答疑解难)  │◄─────┐
                    └──────────┬───────────┘      │
                         ┌─────┴─────┐            │
                         ▼           ▼            │
            ┌──────────────────┐  ┌──────────────────────┐
            │ 法律知识(学生提供)│  │ 案件事实(当事人提供) │
            └────────┬─────────┘  └──────────┬───────────┘
                     ▼                       ▼
            ┌──────────────────┐  ┌──────────────────────┐
            │ 开放式提问(学生) │─►│   基本案情(当事人)   │
            └────────┬─────────┘  └──────────┬───────────┘
                     ▼                       ▼
            ┌──────────────────┐  ┌──────────────────────────┐
            │ 引导式提问(学生) │─►│ 争议焦点和真实诉求(当事人)│
            └────────┬─────────┘  └──────────┬───────────────┘
                     ▼                       ▼
            ┌──────────────────┐  ┌──────────────────────────┐
            │ 封闭式提问(学生) │─►│ 确认核实关键信息(当事人) │───┘
            └──────────────────┘  └──────────────────────────┘
```

图3-1 会见目的和流程

(二)会见的目标

会见当事人,旨在为当事人解决法律问题,而解决问题的关键是找出当事人争议的焦点,即所谓对症下药。比如在曾某菊与杨某山的离婚案件中,曾某菊为什么要离婚?导致曾某菊要求离婚的真正原因是什么?这个原因是否可以致使双方感情破裂?焦点的总结归纳,需要建立在全面了解案情的基础上。

为什么要找出问题的焦点?这是因为问题的焦点即双方矛盾、争议的焦点,关系到解决问题的方法与法律依据的选择是否准确、适当。解决问题要以事实为根据,而事实是错综复杂的,特别是当事人的陈述,往往带有很强烈的个人情感因素和个人主观判断,因此需要通过这个焦点来确认当事人所述和案件事实是否客观。

三、会见当事人应遵循的原则

会见当事人,从表面上来看,仅仅是与当事人的一场谈话,甚至表现为很随意的聊天,但是会见的双方都明白这是一场有目的的谈话。因此,要使会见取得实效,实现双方的初步目标,诊所学生在会见当事人时应遵循以下原则。

(一)尊重当事人的原则

人与人之间交流最基本的原则便是尊重他人,诊所学生与当事人交流同样必须遵循这一原则。作为在校大学生,应该体现出应有的素质,不论当事人职业与社会地位怎样,不论当事人的外貌特征如何,也不论当事人的语言表达是否清晰,都应该表现出对其基本的尊重与热情。当事人在发生纠纷后,从心理上来讲往往处于敏感时期,很在意外界对他的评价。当事人来法律诊所寻求帮助,不仅希望诊所学生可以解答疑惑,更希望获得尊重与认可,甚至是同情。当他感觉会见人或咨询人尊重他、愿意帮助他时,他往往很容易接受诊所学生,并将案情全部告知,这样,双方容易建立起良好的互动关系。相反,如果得不到尊重,当事人对诊所学生会心有戒备,不愿详细介绍案情,或敷衍了事准备另谋帮助,这样学生与当事人之间不仅谈不上建立起良好的互动关系,甚至可能很快就结束谈话交流。

(二) 以事实为依据,以法律为准绳原则

法律诊所为当事人提供法律援助是一项法律工作,因此在与当事人的交流中,同样必须遵循"以事实为依据,以法律为准绳"的基本原则。这就要求诊所学生在判定事实时必须重证据,在没有证据证实的情况下不轻易下结论;不偏听、轻信当事人单方叙述的情况;在答询时必须严格按照现行法律规定进行解答,不能用法学领域中有争议的学术观点或者未经权力机关认可的民间传统习惯来解答当事人的具体法律问题,更不能凭感情和义气来评价和判断问题;不能为了获取案源而夸大事实,怂恿当事人诉讼;要时刻牢记自己虽然是在校大学生,但在法律诊所里,在与当事人接触的过程中自己是一名法律工作者,法律工作者必须严格遵循"以事实为依据,以法律为准绳"的原则。

(三) 独立性原则

诊所学生是独立于当事人的主体,可以对案件发表独立的意见,不必为满足当事人利益而发表违背事实的意见。交流中,往往有许多当事人为了争取利益,要求诊所学生增加一些不合理的诉求,诊所学生此时必须仔细分析那些诉求是否有事实及法律依据,对那些既不合法又不合理的诉求应该向当事人表明意见和态度,如果当事人继续坚持,那么可以拒绝法律援助。有时候,诊所学生因为同情当事人而忘了自己法律工作者的身份,被当事人的情感所左右,失去了客观判断是非的能力,当事人往往利用这一点提出各种要求,使诊所学生陷入被动。诊所学生应在与当事人的交流中恪守独立履行职责的原则,客观、理性、冷静,不因迎合当事人或满足当事人的不当要求而丧失客观、公正的立场,或失去独立思考判断的能力。

总之,诊所学生在与不同职业、不同年龄、不同性格的当事人交往时,既要从对方的立场、角度思考问题,明白对方处于何种境况以及需要什么,建立与当事人的互信关系,又要注意自己的身份角色,言行举止要得体适当,要尊重法律、尊重事实,对具体问题进行具体分析,客观谨慎地解答对方的疑问,提供法律建议与意见,建立良好的互助互信的合作关系。

第二节 会见种类与方法

一、会见的种类

诊所学生与当事人的会见,以时间为标准,分为首次会见和再次会见。首次会见即学生与当事人的第一次见面;再次会见则是学生在第一次会见后,就案件的进展情况,与当事人进行的反复会见、交流与讨论。以会见的目的为标准,分为一般咨询的会见和案件代理的会见,一般咨询的会见往往是双方的第一次见面,案件代理的会见则是在首次会见后双方达成了代理的意向,就案件的事实调查、案件处理及其进展进行的多次会见交流。

首次会见通常也是一般咨询的会见,是再次会见和案件代理的会见的基础,因此,首次会见的效果直接决定了诊所学生能否获得案件代理权。

二、会见的方法

本部分所阐述的方法,主要针对首次会见当事人。

每一个诊所学生,在进入法律诊所学习后,都十分期待当事人来访或来电,但同时又忐忑不安。为了避免出现面对当事人时的紧张、局促,沉着应对各种局面,诊所学生在会见当事人前,必须做好一定的会见准备,掌握一定的会见技巧。

(一)会见前的准备

诊所学生在走进法律诊所接待当事人之前,或接听当事人的电话之前,应做好心理准备并具有一定的法律知识储备,对当事人陈述内容基本要素进行设计。

1. 心理准备

在参加法律诊所学习之前,学生基本上生活在一个相对单纯的空间里,面对的是教师和同学,交往的内容相对简单。但当学生走进诊所后,身份发生了变化,在当事人面前,他不再是单纯的学生,而是法律工作者或案件代理人。身份的改变往往会产生心理的变化:当事人会是怎样的人?他的法律问题难不难?我会不会解答?见到当事人我该如何与他交谈?等等。各种猜想接踵而至,导致学生心里忐忑不安。

这种现象是正常的,是法律专业的每一个学生都要经历的过程。对此,学生一方面可以用深呼吸来调整情绪,稳定心态;另一方面可以设想一些能够增强自信心的事,比如,我懂得法律,而当事人是来求助的;他的问题我不懂没有关系,事后我可以找资料来参考,有同学可以商量,还有教师可以提供指导;当事人是当局者,我是旁观者,我会看得更清楚;等等。良好的心理素质是取信于当事人的第一要素。

2. 法律知识的储备

良好的心理素质是建立在扎实的专业知识基础之上的。学生加入法律诊所学习以后,首先要对已经学过的法律知识作适当的回顾整理。其次要根据诊所的性质和案件代理范围,如刑事、侵权、合同、婚姻家庭、一般的民事纠纷、劳动纠纷,或其他类型的纠纷案件等,有重点地准备该方面的法律知识。最后还可以查阅一些典型案例,翻阅已结案件的卷宗档案、以往诊所同学的办案心得与总结,了解案件的处理方法、过程、处理案件要把握的重点等,通过成例和往届诊所同学的经验教训,增强对案件处理的感性认识,发现并总结案件处理的规律和标准。

3. 对当事人陈述内容的要素设计

当事人无论是当面交谈还是通过电话诉说,都希望将自己需要解决的事情告诉学生。当事人的陈述通常有以下特点:一是时间长、枝节多。有的只需三言两语就能说清楚的事,当事人也许需要几小时甚至半天时间来讲述,想到哪讲到哪,枝节繁多。二是情感性强。当事人的陈述往往夹杂着浓厚的个人情感和判断,凭主观意志对事物进行推断、猜想,根据个人利益对事物进行评判。三是目的鲜明。当事人对自己所诉求的权益总认为是合法的、应当的,所做的陈述也基本上是强调自己的要求合理、对方侵犯了自己的权益等,对于不利于自己的事则闪烁其辞或避而不谈。四是为了获得同情,当事人常常强调事态的严重性,甚至夸大其辞。鲜明的目的性必然使当事人在陈述时有所取舍。以上特点决定了当事人的陈述并非都是有用信息,或完全客观真实。对此,初次会见当事人的学生在会见前或接听电话前,应首先确定需从当事人的陈述中了解什么,避免受当事人的情绪感染,被当事人的冗长陈述影响。

一般来说,初次会见当事人,学生要从当事人的陈述中发现两个基本信息,即案件争议和案件基本事实,两者是紧密相关的。对此,学生需围绕这两个基本信息做具体的会见设计,即制定一个会见提纲,将反映案件事实的各个要素罗列出来,并就每个要素拟定几个提问要点,列出每个要素相对应的证据。如此,才能在整个交谈中占据主动地位。

通常提纲内容至少应包括以下几类内容:一是当事人基本信息;二是案情概要;三是证据。

(二) 会见阶段

1. 建立互信,初步了解案情

学生在诊所会见中,意欲达到预期效果,必须尽可能多地收集案件信息,在会见时应做好以下几点:"信",即在会见中要取得当事人的信任;"听",即认真听取当事人的陈述;"读",即要研究、读懂当事人的肢体语言;"阅",即阅读当事人提供的书面材料;"记",即准确记录下基本案情与主要证据线索。

(1) 积极热情,与当事人建立互信关系。一般来说,初次见面,诊所学生给当事人的第一印象将直接影响到今后事态的发展,特别是当事人是否聘请学生为代理人。当事人来咨询之前,总是带有一种矛盾交织的心理。一方面,他们对诊所学生怀有某种期望,期望从诊所学生这里得到法律帮助,解决自己的法律问题。另一方面,他们又对诊所学生有所担心,担心不能遇到一位既热情又有耐心、专业知识比较扎实又能够办事的诊所学生,或可能遭到冷遇、提出的法律问题不被重视,或学生没有能力解决问题,等等。所以,当事人初到法律诊所时,一般都比较拘谨,带有一种观望的态度。诊所学生只有与当事人建立起融洽信任的关系,才能迈开案件代理的第一步,才能初步实现会见与咨询的目的。具体而言,诊所学生应当热情接待当事人,态度和蔼诚恳,努力创造一种和谐轻松的交谈气氛,使当事人的紧张心情得以缓解,同时要表现出自己是一个经过专业训练的法律人,使当事人由观望变为信任,产生愿意交往的心理。这是会见工作能否顺利进行并富有成效的重要保证。对此,学生必须有意识地加强以下训练。

第一,初次见面时的言行举止要礼貌得体。与当事人见面后,要热情地让座,并递上一杯水,等当事人坐稳后,可以询问当事人:"有什么我可以帮您的?"这是待人接物最基本的要求。同时学生还要注意自己的衣着,要给人以稳重大方的感觉。在当事人说明来意以后,学生可以告诉当事人自己的身份、法律诊所的性质与功能,言语中要体现出"我是能帮你的,并且是无偿的"等信息。当事人对此认可后,学生可以说:"请您把具体情况向我说说,我来帮您分析分析"。

第二,语言与动作要简单,透露热情、真诚、自信与尊重。在这里,不需要过多的客套话和寒暄,更不需要兜圈子。在初次接待过程中,学生必须让当事人感觉到自己是非常关心他、尊重他的,而不是将他作为做错事的人进行怪责、耻笑或轻视,对于当事人的问题自己是有能力、法律诊所是有能力帮助解答的,从而让当事人对学生产生信任,认为他们就是专家,并打消来诊所之前的种种顾虑,将自己的法律问题娓娓道来。在谈话过程中,学生还可以不时地给予简单的回应:"哦""这样啊""接着说""然后呢""还有吗"。通过这种方式,让当事人感觉到学生是在认真聆听,对问题感兴趣,从而产生信心。这些回应是学生鼓励当事人陈述有关事实的一种方法。

(2)积极倾听,掌握谈话主导权。在简单地介绍引导之后,谈话就进入了正题,即让当事人介绍案情。在当事人的案情介绍过程中,学生仍然要掌握谈话的主动权。当事人可能会因为种种原因,在陈述案件发生过程和案件事实时,有遗漏、不详、不实、避而不谈甚至虚拟想象、错误之处,也会有不断重复陈述或者离开案情谈其他枝节或无关的事情等现象发生。对此,诊所学生必须牢牢掌握谈话的主导权,既能让当事人说话,又能让当事人说出更多的有用信息。

诊所学生在听的过程中要注意听全、听细、听准。所谓听全,即要求接待的诊所学生耐心地让当事人把话讲完,不要轻易打断对方。只有听完才有可能听全。所谓听细,即要求诊所学生须仔细倾听当事人提出的每一个法律问题和陈述的每一项法律事实。只有听细,才能为今后分析问题打下良好的细节基础。所谓听准,就是要求诊所学生须准确听清当事人的陈述内容,或明白当事人的话语意思,否则就有可能造成误解。

如何引导当事人合理、有效地陈述案情,反映出学生主导双方谈话的能力,也反映出学生驾驭事态发展的能力。直接或武断地打断当事人滔滔不绝的陈述,拉回当事人信马由缰式的思绪,显然是不太礼貌的,如果对当事人无关紧要的陈述表现得漠不关心,也会打击当事人的积极性,挫伤当事人的自信心。学生要掌握谈话的主导权,让当事人在有限的时间内说出更多与案件有关的有用信息,必须用巧妙的问话来实现,通过向当事人提问打断当事人的陈述或拉回当事人的思绪。

要掌握谈话的主导权,让当事人觉得自己是法律专家,学生除了在接待当事人之前要做好必要的准备工作,掌握反映案件事实的基本要素,在聆听当事人陈述时还要用心地去听、去记,并时刻对照事前准备的案件要素;如果发现有当事人没有涉及或没有说明白,或者学生尚有疑问之处,可以及时地插话提问,如"请等一下,这里我有一个不太明白的地方",或"请将什么什么再说一次"等,由此巧妙地打断当事人的陈述,并让当事人按照学生事先设定的谈话思路进行陈述。

要掌握谈话主导权,在有限的时间内尽可能多地获取有用的案件信息,学生必须要熟悉反映案件事实的基本要素,这个基本要素也就是学生听取当事人陈述、分析案件的基本线索。一般来说,这些基本要素主要包括:主体即当事人双方或多方(who)、事件及其性质(what)、事情发生的时间(when)、事情发生的原因(why)、事情发生的地点(where)、事件的程度(how),等等。第一次听取当事人陈述时,学生就应该弄清楚这些基本问题及其相关的事实证据。如果这些问题在当事人陈述中没有解决,或虽有所涉及但不是十分明确,学生可以初步提问。经过提问仍不能解决,或经提示后当事人仍不能给出明确的信息时,这些疑问就是学生下一步要调查或查证的首要问题。

(3)细心观察,读懂当事人的肢体语言。会见、倾听当事人陈述,是学生与当事人进行双向交流的重要渠道。积极倾听,并附以简单的回应,可以使当事人畅所欲言,偶尔的插话与提问可以使当事人的陈述目的性更强,但这都是学生通过当事人的陈述在被动地获取相关案件信息。在与当事人的谈话中,学生还可以主动地获取与案件相关的信息或对当事人的陈述进行判断,即在倾听当事人的陈述时,学生要细心地观察当事人的面部表情、眼神、情感变化、语调语速语气以及其他一些肢体语言,并善于判断这些情感变化所代表或体现的真实意思。

当事人的面部表情、眼神、情感变化、语调语速语气、动作等肢体语言,可以表达愤怒、喜悦、自信、沮丧、逃避、无奈、伤心、侥幸、狡黠等不同的情绪。有时当事人的语言并不真实或完全真实,这从当事人的话语中是很难判断的,而从当事人的言语、表情或动作中却能看出来或判断出来。如果当事人在陈述时从不看对方或几乎不敢看对方,则表明当事人可能在有意识地回避问题,这种回避可能是因为当事人对倾听者不信任而敷衍,或他的话语中有虚假成分。如果当事人在陈述时神情极度紧张,或眼神游移不定,则表明当事人在精神方面或者身体方面可能存在问题,或两者兼而有之。如果当事人在陈述时易于激动,或语言比较粗俗,则表明当事人在性格上可能比较粗暴,不易与他人相处。如果当事人在陈述时十分自负,对事物的判断宛如专家,则说明该当事人对案件、法律等已经有较充分的研究,或已咨询其他的法律人士,到这里只是想再听一听意见,为自己的判断找证据,或想证实自己判断的正确性与准确性,或者是为了吸收更好的意见与建议。因此,当事人在陈述时,学生一定要注意观察当事人的表情、语气语调等肢体语言,根据对当事人肢体语言的观察与研究,对当事人及其陈述作出正确的判断,扩展信息交流的渠道,然后再有针对性地与当事人进行交谈,引导当事人。

特别需要注意的是,学生在倾听当事人的陈述、观察当事人的表情与肢体语言时,不能被当事人的意志或意识所感染,或者为了附和当事人也作出同样的反应。在整个谈话过程中,学生要保持冷静,语言包括肢体语言都要恰当,不能让自己的肢体表达出与言语不一致的信息,以免让当事人产生误解,使谈话气氛过于紧张,或过于松懈,从而使双方的交流产生障碍,对深入谈话造成妨碍。

(4) 认真审阅材料,进一步掌握案件事实。当事人来法律诊所咨询时,一般都带有书面材料,这些书面材料是学生了解案件事实的一个重要渠道。在当事人陈述结束、与当事人作了简单的交谈后,诊所学生要对当事人所提供的资料进行认真审阅。不要在当事人陈述或谈话时审阅材料,一是为了集中精力认真倾听、观察当事人的表情;二是避免给当事人一种错觉,即自己的陈述无关紧要,或律师不重视自己的讲话;三是在倾听当事人陈述后,学生对案情有所了解后再审阅材料,能进一步加深对案情的了解,也可以对当事人的陈述进行核对,此外还可以对案件的证据材料进行初步的了解,判断已掌握哪些证据,还有哪些证据需要通过调查获取。

书面材料是指当事人来咨询时提供的所有书面资料。对书面材料的审阅,内容主要包括核对当事人的陈述、发现当事人陈述时没有涉及的内容和能够证明案件事实的相关证据等。作为当事人陈述之外的另一条了解案情的重要途径,书面材料是比较客观的,有的本身就是证据。它能有助于学生更为客观地了解案情,是学生作出法律意见的重要基础。因此,学生一方面可以根据事先设计的案件基本要素一一查对;另一方面也可以针对当事人陈述中的不清楚之处进行查阅核实,以弥补陈述的缺陷。在案件事实方面,学生要抓住当事人所提问题的症结,认真查阅材料中双方约定或认定的相关事实及其相对应的证据,确定已知事实,拟出未知及待查事实,并据此向当事人进行进一步的提问。

(5) 勤于动手,及时记录相关案件信息。无论是倾听当事人的陈述,还是阅读书面材料,诊所学生都要勤于动手,做好必要的记录工作,不仅直观,易长期保存,而且可以及时地发现问题,并据以开展下一步的工作。学生可以按照自己事先设计的案件基本要素进行填空式的记录,也可以按照当事人的陈述内容做记录,还可以要求当事人按照一定的线索进行陈述,从而便于记录。阅读书面材料时,亦同样要做笔录。为了高效率、准确地阅读案件材料,学生应一边阅读,一边及时地将相关信息记录在适当之处,并做上相应的标识,区别已知或未知,是已确定还是待审查。

引导陈述,便于记录。一般来说,诊所学生的笔录与当事人的语言表达能力是密切相关的,有的当事人表达能力好,能有条理地将事情叙述清楚;也有的当事人表达能力差,叙述无逻辑性。因此,一个好的法律工作者应该能够让当事人按提前设计的模式进行叙述,比如,要求当事人陈述案件的基本信息应包括当事人姓名,案件发生的时间、地点、过程、发生的原因与结果,当事人的基本要求,等等,将这些基本要素记录下来后,可以要求当事人按照时间顺序陈述案情,也可以要求当事人按照事件内容,逐一介绍。对于事件的介绍可以按照记叙文的模式进行,即"什么时间?什么地点?什么人?发生什么事,导致什么后果或结果?"采叙事文体的模式叙述,可让当事人对案情的叙述条理清晰、便于理解。如果当事人按照设定的模式叙述,则既可减少当事人不必要的或重复的赘述,又可使记录的内容更加全面、准确,从而作出高质量的笔录。

抓住要点,整理总结。一份笔录不可能将当事人的每一句话都完整地记录下来,对书面材料也没必要全面摘抄,笔录应该是将当事人叙述的事实及学生阅读的书面材料进行归纳总结后,以要点进行记录。因此,诊所学生在作笔录的过程中,一定要仔细分析双方法律关系,将当事人叙述的内容和书面材料的相关内容认真进行归纳,概括要点进行记录,特别是对于一些重要的事实一定要进行特别标示,如确定涉及诉讼时效、诉讼请求数额的时间及数据等。特别要注意的是,由于文字及理解能力的欠缺、记录速度与当事人陈述速度的差异,诊所学生作的笔录往往会出现遗漏或矛盾的地方,这就要求诊所学生在倾听当事人陈述后审查书面材料时,及时地进行核对更正。审阅完书面材料后,一定要仔细审阅笔录,查缺补漏,对笔录进行整理,并总结案件争议焦点。诊所学生一定要养成及时记录、整理记录、总结记录的习惯,这是培养概括总结能力的重要途径。

及时询问,力求准确。由于受当事人语言表达、记录速度、书面材料有用信息的多寡等因素的影响,学生的笔录可能会出现没有记录下来、记录不准确的现象,也有可能出现当事人陈述与书面材料中均没有涉及但又必须弄清楚的问题。对此,学生应以高度负责的态度,及时地与当事人核对,或向当事人提问,或要求当事人复述,并准确地记录下来。

2. 复述与提问

无论是倾听当事人陈述还是阅读书面材料,学生都是在收集案件信息。在对收集的信息进行初步的审查后,学生应及时地将收集的案件事实向当事人复述。通过复述案情,一方面可以与当事人进一步核对案件事实,另一方面也可取信于当事人。当复述得到当事人的确认与肯定后,学生可以乘机进行下一步的工作,即对当事人进行有目的的提问,以进一步查核案件事实。在会见的这一阶段,学生是以法律工作者的身份在履行职责,这一环节最能体现学生的水平与能力。

(1) 根据记录进行疏理,向当事人复述案情。在听完当事人陈述,快速阅读书面材料并与当事人进行简单的核对后,学生应根据自己的记录,在头脑中梳理、总结与概括案件材料,然后清晰地、有条理地向当事人复述案情,指出案件的要点及实质内容。这种方法在诊所会见工作中,对学生来说是十分实用有效的证明自己的方法。一方面,可以让当事人感觉到自己的诉说被倾听,获得理解,使其愿意继续讨论案情,并对诊所学生产生好感及信任。另一方面,通过回顾案件事实,不仅可以加深学生对案件的理解,同时在对事实的梳理、概括、总结中如出现错误或偏差,还可以让当事人及时地纠正,从而避免因为理解错误或记录错误,而影响到对案件事实的客观认定,并导致最终作出的法律意见不能有效解决问题。

此时的复述案情,主要是回顾当事人对案件的陈述以及书面材料记载的信息,力求客观,不要有评论。复述的基本方法可以是按时间的先后顺序进行,也可以是按事件一一进行。但无论哪种方法,都必须将案件的基本要素说明清楚,即主体,事件及其发生的时间、地点、过程、原因、结果,纠纷的焦点,当事人的诉求与主张,等等。复述结束后,应主动征求当事人的意见,询问自己对事实的记录与理解有无错误或偏差,并及时地进行更正。

(2) 进行有针对性的提问,进一步了解案件事实。在双方对案件事实有了一致的认识以后,学生可以根据需要,对当事人进行有针对性的提问。因为前一阶段只是在初步了解客观案情,不涉及对法律关系的认定和对可能适用的法律的选择。为了正确地判断案件性质,准确地适用法律,学生有必要就案件中的关键性问题,或者尚有疑问的事实部分或具体事件向当事人提问。

学生会见当事人的主要目的是收集全面而准确的信息,或者说是与当事人所提问题有关的案件的准确信息，为了达到这个目的，学生可以向当事人提出问题。如果说在前一阶段学生的提问只是一种对当事人鼓励性质的随意性提问的话，那么，这里的提问则是有针对性和目的性的提问。学生针对一些问题，引导当事人谈及先前没有涉及的信息，或向当事人了解一些特定领域的信息或具体事件。

学生在对当事人进行针对性或目的性的提问时，可以采用引导式、澄清式、限制式的方法进行。引导式发问，即用简洁明快的提示式发问，循序渐进地将当事人的叙述以尽可能快的速度引向法律问题的中心和关键，以省去不必要的周旋和多余的谈话。澄清式发问，即通过环环相扣的重叠式发问，以符合严格逻辑的修辞语句，了解、澄清当事人疏忽、遗漏、存在错误理解和错误认识或避而不谈、密而不宣的情节，使有关案情的客观全貌能够得以还原和保真。限制式发问，即通过铿锵有力、理直气壮、符合法律和政策的提问，明确当事人与诊所学生之间的责任。因为学生的解答是在当事人反映情况属实的情况下作出的，如果当事人故意隐瞒某些重要情况，则解答无效，诊所学生不负任何责任。当事人在陈述时，可能会有意识地回避一些对自己不利的情节，或自己违法、不道德的行为事实，而这些信息对于案件的性质与结果至关重要，如果不掌握，或被对方当事人所利用，则会造成被动或对当事人更不利的后果。因此，为了有效代理案件，学生必须掌握对当事人有利或不利的事实与情节。例如，学生如果觉得当事人可能有意隐瞒或回避某一个问题，而这个问题可能会影响到对案件事实的认定，那么可以向当事人提出，让他就这个问题进行专门的陈述；又如，学生应当知悉对于纠纷的发生，本方当事人的主观表现和客观行为，以及在其中的作用等情况，尽管这些信息可能对当事人不利。

特别要注意的是，对当事人进行有针对性的提问，必须是在与当事人建立相互信任关系的基础上，而且在提问前宜先征求一下当事人的意见，并明确告知如要有效代理案件，必须要全面了解案情，当事人必须要如实提供。在得到当事人的肯定答复后再进行提问。如双方尚没有建立相互信任的关系，或当事人拒绝作进一步的信息提供，则不能进行针对性提问，否则会被视为盘问，或是对当事人的不信任。

(三)解答与反馈

在反复多轮的陈述与提问后,接待学生应给予当事人初步的处理意见,以及下一步的工作设想与安排。

当事人来法律诊所的目的是要得到法律工作者或学生的帮助,获取他们对自己所提问题的解答和处理意见。因此,在当事人陈述结束并回答了学生的相关提问后,学生就应该给当事人进行案件分析与解答,提供法律意见和建议。会见的直接目的是收集案件信息,但最终目的是回答当事人的提问,为他提供解决问题的法律意见与建议。会见阶段以当事人陈述为主,而反馈则以学生的分析解答为主。学生的分析解答,建立在对案件进行法律分析与判断的基础之上,是事实与法律、理论知识与实际情况相结合的重要体现。

1. 归纳案情,分析法理

在给当事人解答之前,学生应根据会见阶段收集的案件信息,对案情进行整理归纳,总结出基本案情、已知的主要事实与证据、双方纠纷的焦点。在此基础上,对案情进行法理分析,确定案件的性质和法律关系,初步判断拟将适用的法律和处理方法,并拟定下一步的工作重点。归纳案情,分析法理,目的是对当事人所咨询的问题进行解答,提出法律救济的建议。学生对案情的归纳总结是否正确、全面,对案件所做的法理分析是否准确、恰当,不仅影响到今后对案件的进一步处理,而且直接决定了是否能取信于当事人,并获得当事人的委托。

对案情进行归纳总结,并进行法理分析,实际上是对学生综合能力的检测。一方面,学生要根据上一个阶段收集的案件信息,对案件进行总结归纳,在脑海中形成案件的全貌:案件主体的基本信息、纠纷的症结表现或纠纷的内容、基本案件事实、已知事实、尚存疑问的事实、未知的事实、当事人的诉求,等等。另一方面,学生要对已初步掌握的案件事实或基本案情,利用所学的法律知识进行法理分析。学生在分析判断时,既要利用既定的事实与法律原理,来寻找解决当事人的诉求、实现当事人所期望的法律救济的途径,同时还要考虑其他可能的法律原理,以及哪一种原理更适合解决当事人的诉求和实现当事人的愿望。为了便于思考,学生应该将各种法律原理罗列出来,然后对这些法律原理逐一加以认定,从而确定哪些是可适用于案件的法律原理,根据这些法律原理还需要掌握哪些事实。学生自身综合能力的强弱、主观努力的程度、对法律原理分析认定的准确度,都直接影响到能否代理以及代理结果的成功率。换言之,学生对案件正确的总结归纳与准确的分析判断,在案件的会见与咨询阶段发挥十分重要的作用。

学生对法律原理的准确分析与判断,是建立在掌握相关实体法的基础之上的。如果学生对相关实体法不掌握或不熟悉,则要考虑调整与当事人的会见计划,如决定不代理本案,则要考虑将当事人介绍给熟悉实体法的律师或其他法律工作者。实事求是,对当事人负责,这是法律工作者最基本的道德要求。

对案件事实的整理归纳、对诉求问题的法理分析,要求在当事人结束陈述、学生结束提问后的较短时间内完成,最好是在倾听与提问过程中进行。在聆听当事人介绍事实的过程中,要开动脑筋,用心去记,对当事人陈述之内容进行整理分析和综合,把握问题实质,分清问题主次,抓住问题要点。在听完当事人陈述、结束发问后,进一步将当事人所述事实结合法律在头脑中进行梳理,并尽快给当事人以回答。这样做可以达到向当事人展示能力,进而取得当事人信任、获得当事人委托的目的。

2. 把握关键,初步解答

诊所学生在对案件事实整理归纳、对案情进行法理分析以后,就要给当事人以适当的分析和解答。

学生在给当事人作解答时,可以分两个步骤进行。

第一步,对案件进行基本分析。学生要在对案件整理归纳和分析的基础上,给当事人介绍本案的基本情况:首先,对案件的基本案情进行有条理的总结概括,给当事人勾勒出案件的全貌;其次,指出案件纠纷的焦点和当事人的诉求;再次,分析案件的法律关系和涉及的相关实体法,进而指出该案的性质;最后,根据当事人诉求和争议焦点,对证明案件事实的证据进行分类介绍,让当事人明白哪些事实已有证据证明、尚有哪些有待证明的事实。此时的分析,要尽可能做到思路清晰,条理明确,语气平缓,表达清楚。

第二步,向当事人介绍处理案件的方法和可能产生的相应后果。在对基本案情分析结束后,诊所学生应向当事人解释处理案件所依据的基本法律原理,并向当事人提出法律救济的建议及其可能产生的相应的法律后果。针对案件事实和当事人诉求,在理论上可能有几种解决方法,如和解、仲裁、诉讼等。学生应分别介绍每一种解决方法及其相应的程序、结果,结合案情,分析每一种解决方法的现有条件、待查事实以及办案方向,指出每一种解决方法的法律依据以及可能出现的法律风险,在分析比较各种可能性后,指出可以适用的解决方法,或者表明倾向性意见。

在对基本案情、法律原理和救济方法分析比较后,学生可适当地征询当事人的意见,了解当事人的看法。如果当事人认同分析和设计的救济方法,学生可向当事人介绍下一步打算或计划,即在受理案件后的行动计划。这一行动计划主要包括对未知案件事实的调查取证、撰写法律文书、向相关部门申请仲裁或向人民法院提起诉讼,或者采取其他的救济方法申请救济;等等。在案件事实进一步调查取证的过程中,如果需要当事人的配合,则需要向当事人说明他在案件查证过程中应承担的责任与义务,指明当事人配合的程度与他的法律诉求能否实现以及实现程度的关系,明确要求当事人应该做的事和应该说明的事实。

三、会见评估

会见评估是学生对自己在会见中的成功与失败的反省。针对会见的三个阶段,分别开展评估。

一是会见前的准备。评估内容包括但不限于以下几点:准备的方案和计划与实际会见情况的契合度;法律知识准备的合适度;心理准备的适合度;团队分工的可行度;等等。

二是会见阶段。评估内容包括但不限于以下几点:会见目的达成度;会见谈话节奏的掌控度;行为举止的合适度;事实了解的程度;记录的全面性与准确度;谈话提纲的可操作性以及需要完善与改进的地方;复述的全面与准确性;补充提问的必要性与目的达成度;首次接待的作用发挥程度;记录员的作用发挥程度;团队成员的配合度;等等。

三是解答与反馈。评估内容包括但不限于以下几点:争议焦点总结的准确度;法律关系判断的准确度;问题解答的准确度;证据判断的准确度;后续工作安排的合理性与可行性;等等。

第三节 会见训练

一、会见训练角色分工

会见训练,是由一组诊所学生扮演前来咨询的当事人,另一组学生在课堂上进行会见模拟的教学实训活动。这是学生在接触真实当事人之前的一次训练,目的有三:一是熟悉会见程序;二是通过模拟会见掌握会见技巧,了解会见时应该注意的事项与细节;三是加强心理建设,为实际会见做好心理准备。

模拟会见角色1:来访当事人。

以小组为单位,设计案情,确定1名主要陈述人,即案件当事人;1—2名陪同者,可以是家人、好友、同事等,作用是配合当事人陈述案情。

模拟会见角色2:接待者。

以小组为单位,接待来访之人。小组成员要有角色分工:第一接待人(主问者)、第二接待人、协助者(信息查询或提示)等。

场景1:当事人来到诊所值班室。

场景2:当事人电话咨询诊所学生。

(要注意两种场景的接待区别)

二、模拟要求

1. 扮演当事人的同学对自己扮演的角色及拟提问题要进行全面的设计,具体包括:所提问题的性质、陈述事件过程的方法、说话的表情动作、对案件事实描述的详细与简略、故意设计的虚假与隐瞒、对接待者思维的干扰信息等。

2. 接待方要做好接待准备,设计接待方案,填写接待登记表。

3. 来访者不能以法律专业人士的思维、语言与表达方法来陈述案情。

4. 在课前的准备过程中,扮演来访者或扮演电话咨询者不得事先与其他同学进行沟通交流。为避免这种情况,每个小组都应做好来访准备,接待的同学在课堂上随机选择。

学生在会见当事人之前,应拟定一份会见方案,在方便记录的同时给自己的会见交谈以及时提醒,提高接待当事人的效率。会见方案如图3-2所示。

一、基本情况
会见时间:
会见地点:
接待成员:
团队分工:

二、准备工作
1.
2.
3.
……

三、接待阶段
第一部分:案件事实的各要素提醒:
1.
2.
3.
……
第二部分:案件特殊要素提醒:
1.
2.
3.
……
第三部分:解答的要素提醒:
1.
2.
3.
……

四、后续工作安排
1. 当事人联系方式
2. 证据材料情况:份数、复印件
……

图3-2 首次会见方案

为了提高会见的规范性,加强会见管理和案件统计,法律诊所应制作会见登记表,记录学生每一次的会见活动。会见登记表格式、内容如表3-1所示。

表3-1 法律诊所会见登记表

当事人	姓名		性别		年龄		民族		职业		联系方式		住址	
咨询事项	民事(劳动○ 侵权○ 婚姻家庭○ 合同○ 其他○) 行政○ 刑事○ 其他○													
咨询内容	案情简介													
	案件焦点													
	请求事项													
	待解决问题													
	证据情况													
处理意见														
接待人员														
备注														

时间: 年 月 日　　地点:　　　　编号:

三、会见评价

会见结束后,学生要对本场模拟会见进行评价。

1. 对双方的来访表现和接待表现进行评价。评价包括:来访者对自己及接待方的评价,接待方对自己的接待行为、来访者的表现进行的评价,其他同学对双方的评价,等等。

2. 围绕案件事实,对接待方的提问进行评价,并提出需要补充提问的问题。

3. 对模拟会见的整个过程及目的的实现程度进行总结归纳,从而得出会见的技巧以及注意事项。

4. 在学生充分发言后,老师对模拟会见活动进行点评,并进一步总结归纳会见、接待的技巧与注意事项。

第四节 会见中的职业道德

在诊所学生会见当事人的过程中,如何处理好与当事人的关系是十分重要的。除了课堂上的模拟会见与咨询,法律诊所学生大多时间接触的是真实的当事人和真实的案件,与当事人初次会见与咨询的效果对于双方今后的进一步合作及行为都会产生深刻的影响。诊所学生与当事人的合作是建立在相互信任的基础上的,为取得当事人的信任,学生的专业知识水平与执业能力固然重要,但学生的人品与职业道德也是重要决定因素。学生的职业道德是由学生在法律诊所中扮演的角色决定的。一般来说,诊所学生在法律诊所接待来访当事人,给予其法律咨询与解答,或签订案件代理协议,都表明在会见与咨询过程中,学生与当事人之间实际上已建立起类似于律师与当事人的关系。既然学生在诊所会见与咨询中扮演的是律师的角色,那么诊所学生应遵循律师的职业道德,以律师的职业道德标准来规范自己的行为。

一、明确双方是一种职业服务关系

当事人来法律诊所寻求法律帮助,向学生陈述案情,接受学生的提问,并获得学生对案件的初步解答或处理意见,在这个过程中,学生是作为一名法律工作者为当事人提供法律服务或帮助的。因此,从当事人走进法律诊所的那一刻起,学生与当事人之间就形成了一种法律职业关系,学生利用自己的专业特长,为当事人提供法律职业服务。在这种法律职业关系中,学生与当事人之间具有平等的法律地位,学生不能因为自己有专业优势而刁难当事人,或因为当事人职业、文化水平低而歧视或轻视他,或嘲笑当事人的法律无知和思维简单,或对当事人的陈述表现得不耐烦。在整个会见与咨询过程中,学生要尊重当事人,耐心倾听当事人的陈述,要在尊重事实和法律的基础上,给当事人最合理的解答与咨询。尊重当事人、关心当事人、为当事人着想,是法律职业中律师获得当事人信任的前提。在当事人决定聘请学生代理案件、学生决定接受当事人的委托代理案件后,就意味着学生与当事人之间建立了职业代理关系,在案件代理过程中,学生始终要遵守律师的职业道德。

二、为当事人提供的信息保密

为当事人的隐私保密是法律工作者的基本职业道德,诊所学生在会见当事人并为之提供法律帮助时必须遵守。在会见当事人的过程中,当事人基于对诊所学生的信任,在陈述案情时,会将自己的隐私向诊所学生陈述,或案情本身就具有隐私性。诊所学生在了解案情的同时,也了解到当事人的隐私,这就要求诊所学生约束自己,为当事人保守秘密。在会见当事人之初,学生应该向当事人承诺,将对他的陈述保守秘密,鼓励当事人说出与案件有关的情况。除了必须向司法机关和仲裁机构提供必要的信息,学生无论是在办理案件的过程中还是案件办结后,都要为当事人的隐私保密,未经当事人允许不得随意披露、散播任何关于当事人隐私的信息。

三、不私自接受当事人的财物

法律诊所作为在校大学生向社会弱势群体提供法律援助的平台或机构,除了必要的打印复印资料、差旅等费用须由当事人承担,所有的法律服务都应当是免费为当事人提供的。法律诊所的性质决定了法律诊所的学生在提供法律援助的过程中不得有任何为己牟利的违法或违反职业道德的行为。之所以必须明确这一点,是因为提供法律服务而私自接受当事人的财物,或主动向当事人索要财物,是严重违背法律诊所宗旨的行为,这不仅关系到诊所的声誉,更是法律人职业道德的沦丧。因此,学生在会见当事人时,一方面应明确告知当事人,法律诊所是免费为社会提供法律服务、为当事人提供法律援助的,不仅咨询不收费,而且即使将来代理了案件也是无偿服务;另一方面要拒绝在会见以后当事人给予的报酬或吃请,学生更不能在会见后向当事人索要报酬或其他形式的财物。实践中,当事人往往在会见后表示事成之后一定会酬谢之类的许诺,学生应及时向其表达或再次强调法律诊所免费提供法律服务的宗旨,打消当事人给予报酬或赠送财物的念头。

四、不夸大事实怂恿诉讼,不因事小而拒绝受理

在会见当事人时,诊所学生必须遵守法律诊所会见当事人的相关规定以及国家的法律法规,在我国现有法律允许的范围内为当事人提供法律援助。诊所学生作为一名法律工作者,首先必须是一名法律信仰者,任何行为都须以法律为行为准则,遵纪守法。在倾听当事人的陈述后,无论案件标的大小,无论案件是否复杂,学生都应当认真地分析案情和法律原理,诚恳地给予当事人客观、合理、合法的解答与咨询,不能因为案件标的小而敷衍,也不能因为案件复杂而糊弄;不能因为希望获得代理而夸大事实,怂恿诉讼,也不能因为事件小、案情简单而拒绝受理。在解答与咨询时,学生不得向当事人提出违反现行法律的意见,或唆使、引导当事人实施不法行为,更不得协助当事人实施不法行为。

五、明确双方的责任,不推辞不包揽

在会见过程中,学生与当事人之间建立了相互信任关系,在倾听与沟通获得信息的基础上,学生应该给当事人提供法律解答与咨询。学生应客观地向当事人介绍各种不同的救济方法及其相应的法律后果,帮助当事人决定所要采取的行动,学生应从当事人的角度,根据当事人的特点,为其提供最佳的救济方

法。听了学生的解答与咨询，当事人如决定聘用学生，委托其代理案件，学生应根据诊所的受案范围及自己的能力来决定是否接受委托，或判断自己能否不带任何偏见地处理案件，学生绝不能因为需要实务练习而不顾当事人的利益，甚至损害当事人的利益而违法代理或盲目代理。如学生决定接受委托，则双方应就下一步工作计划和任务进行协商并达成协议，如明确当事人所期望的目标，实现这一目标的救济方法和工作程序，双方如何分工，谁负责寻找证人，打字、复印、交通费用的支付方法，等等。在签订正式代理合同之前，应明确双方在案件处理过程中的分工与责任，学生既不能推辞，也不能包揽。

课后练习

诊所学生分组扮演双方当事人和代理人，进行会见练习。

1. 曾某菊与杨某山婚姻纠纷案

参见本章先导案例。

2. 民间借贷纠纷案

吕某冰陈述：自2021年1月18日起，谢某南、王某分五次向吕某冰借款，共计237,500元，借款期限为2021年1月18日至2021年8月27日，双方约定的利息为月利2%，借款原因是借款人需要资金周转。为确保履行还款义务，王某用自己的房屋作了抵押，抵押担保的范围包括本金、借期利息、吕某冰为债权实现而支出或应支出的费用。借款期间，谢某南、王某有还款行为，但期限届满后，他们以各种理由推诿，拒绝还款，且自2021年9月5日后已无法联系上两位借款人。听说当初借款时二人出示的证明自己资力的两套房屋均已被法院查封。

会见训练要求：(1)制订会见方案；(2)列出会见重点查明事实要素；(3)案件争议焦点归纳；(4)待查证事实；(5)处理意见；(6)相关法律依据；(7)填写会见登记表；(8)会见笔录及当事人签字确认。

课后思考

1. 会见的目的和目标是什么？如何实现？
2. 作为学生，会见当事人时应特别注意哪些方面？

第四章 法律咨询

先导议题

当进行法律公益活动和开展法律诊所课程时,学生还没有学完法学专业的全部课程,也几乎没有实践经验,对于当事人所咨询的问题,学生在教材里可能找不到答案,在这种情况下,学生有资格和能力进行法律咨询吗?面对这种局面,该怎么解决?

第一节 法律咨询概述

咨询是法律诊所学生针对当事人提出的问题,运用自己的法律专业知识进行分析与解答,提供法律意见和建议等一系列活动的总称。咨询常与会见、普法宣传等活动结合在一起,成为法律诊所学生接受当事人委托、代理相关案件的基础。

一、法律咨询的特点

法律咨询是法律诊所学生向社会免费提供的一类法律服务,具有以下特点。

(一)专业性

当事人来法律诊所的目的是要得到法律工作者或者学生的帮助,获取他们对自己所提问题的解答和处理意见。法律诊所学生进行的法律咨询活动不同于课堂讨论,也不同于通常的聊天,必须显示其专业性。为此,诊所学生必须储备回答常见问题的实体法和程序法知识,而且要像律师那样思考问题。例如,对于遭遇家暴求助法律诊所的当事人,学生提供的服务不能止于倾听和安慰,而要提出维权的相关法律建议。对于一些较简单的问题,应当及时给予较准确的答复或建议;对于一些较复杂或综合性的问题,应当在讨论、求助指导教师,或者必要的调查后,答复当事人或提出相关建议。后一种答复或建议可以制作成书面的法律咨询意见书,经指导老师审核后提交给当事人,这既可以使当事人更明确建议或答复,相关意见书也可以作为法律诊所学生的学习成果及分享的学习资料。专业性是法律诊所学生能取得当事人信任并接受委托、获得案源的基础。

(二)广泛性

法律诊所进行法律咨询的广泛性体现在多方面:首先,向法律诊所寻求法律咨询的主体广泛,既包含消费者、农民工、学生等社会弱势群体,也可能包含普通社会公众、公司、个体经济组织等。其次,当事人求助问题涉及的法律广泛,涉及国家颁布的各项法律、法规,对于法律诊所学生来说,不限于课堂中已经学过的法律知识,还需要针对法律诊所常见的咨询问题提前做好准备。再次,当事人求助的问题涉及的知识面广泛,涉及社会生活的方方面面,解答这些问题或提出建议,不限于法律诊所学生在课堂学到的法律知识,还需要心理学、经济学及其他各项社会科学基本知识与自然科学常识。最后,法律咨询的服务手段广泛,不仅可以在面对面地会见当事人、进行普法活动中提供服务,还可以广泛采用互联网在线提供咨询服务。

(三)无法律约束力

一般而言,法律咨询发生在当事人尚未与法律诊所学生签订委托合同、建立委托代理关系的时候,法律诊所学生针对当事人的问题作出的解答或提出的建议,仅供当事人参考,并不具有法律效力,也无法律约束力。在当事人需要作出决策的情形下,法律诊所学生可以分析影响决策的各种因素和可能的后果,但不能帮助当事人作出决定。

二、法律咨询的类型

按照不同的标准,可以对法律咨询做不同的分类。

(一)有偿法律咨询与无偿法律咨询

按照法律咨询是否收费,可以分为有偿法律咨询和无偿法律咨询。法律诊所提供的都是无偿法律咨询。如果当事人能够信任法律诊所,这也是法律诊所学生能够获取学习机会、获得案源的主要途径之一。但是法律诊所学生并不能因为无偿就减少责任心,要用律师的标准严格要求自己,做好法律咨询工作。

(二)专门法律问题咨询与综合性法律问题咨询

按照前来咨询的当事人提出的问题涉及的法律规范,可以分为专门法律问题咨询与综合性法律问题咨询。

专门法律问题咨询一般只涉及某一部门法的法律问题,甚至可能只涉及某方面的法律规定,如用人单位不与劳动者签订书面劳动合同的法律责任,不涉及其他问题。对于比较简单的专门法律问题,法律诊所学生应当根据自己所学的法律知识当场答复。

综合性法律问题咨询往往涉及不同法律部门,既有实体法的问题又有程序法的问题,既有民法的问题又涉及刑法的问题(如交通肇事),既有民法的问题又有行政法的问题(如征地及房屋拆迁补偿等),既有劳动法的问题又有经济法的问题(如劳动者尚未与原用人单位解除劳动关系就跳槽到新的用人单位,涉及劳动者违法解除劳动合同的责任,也涉及新用人单位对原用人单位的赔偿责任)。综合性法律问题大多比较复杂,需要法律诊所学生经过小组讨论,有的还要向指导老师请教才能答复当事人。有时,当事人来法律诊所求助的问题不仅是法律问题,可能还涉及一些非法律问题,如婚姻家庭纠纷中,除了法律问题,当事人可能还需要倾听者给予一定的心理安抚等。

(三)无调查的咨询与有调查的咨询

根据法律诊所学生对于当事人前来问询的法律问题是否进行了调查,可以分为无调查的咨询与有调查的咨询。

无调查的咨询是法律诊所学生仅仅根据当事人的口述,没有看到相关证据材料,也没有对案件事实进行相关的调查,就作出的咨询意见。在普法宣传活动中,法律诊所学生遇到的大多数是此类咨询,对于这类问题中较简单的、当事人对案件事实叙述清楚的,法律诊所学生可以提供咨询意见,但要说明意见仅仅是根据当事人所述事实作出的。对于较复杂或当事人对案件事实叙述不清楚的问题,学生可以约当事人到法律诊所,待其提交相关证据材料再进一步提供咨询意见。

有调查的咨询是当事人前来问询时提供了相关证据材料,法律诊所学生看过相关证据材料,又对案件事实进行了调查后提出的咨询意见,对于这类咨询,法律诊所学生要对调查后的法律事实进行认真分析,有的还要检索相关案例,经过充分讨论并求教于指导老师后作出法律咨询意见。这类咨询往往有可能成为法律诊所的案源之一。

(四)传统方式咨询与互联网在线方式咨询

根据法律诊所学生提供咨询方式的不同,可以分为传统方式咨询和互联网在线方式咨询。

传统方式咨询主要是诊所学生在与法律诊所合作的律师事务所、法律援助中心值班时接待来访的当事人,或者在普法宣传活动中接待来访的当事人,面对面会见交谈后提供咨询服务。在这类咨询中,尤其是在律师事务所或法律援助中心值班接待当事人来访时,法律诊所学生面对真实当事人,不仅可以锻炼运用法律知识解决实际问题的能力,而且可以锻炼待人接物的社交能力。学生不仅可以读到当事人带来的证据材料,而且可以"读"到当事人的肢体语言,还可以在充分的交流中全面掌握案情,并协助当事人确定诉求及下一步计划。这类咨询极有可能成为法律诊所学生的案源,并为下一步接受委托、代理相关案件打下基础。

互联网在线方式咨询是利用互联网平台进行在线的法律咨询,包括利用微信平台、直播平台、博客平台进行法律咨询服务。在线法律咨询能够突破时空界限,让学生广泛接触各类法律问题,在疫情防控期间一度成为学生提供法律咨询的主要模式,后疫情时代也要重视互联网在线咨询模式的开发利用。

第二节 法律咨询的方法与技巧

一、法律咨询的方法

(一)分析案情、演绎法理

当事人到法律诊所寻求帮助,是为了获得法律诊所学生对自己所提问题的解答和处理意见。在咨询阶段,学生的解答建立在对案件进行法律分析与判断的基础之上,是事实与法律、理论与实际相结合的过程。学生在给当事人做解答时,可以分两个步骤进行。

第一步,归纳总结案情并对案情进行分析。学生的解答基于所掌握的案件事实,因此应当先将案件事实加以梳理,在脑海里形成案件的全貌:纠纷主体的基本信息,双方纠纷产生的时间地点,纠纷的过程,纠纷的现状,已知的主要事实与证据,尚存疑问的事实,未知的事实,当事人的诉求,等等。学生对案件事实的归纳总结、分析与判断是作出正确法律解答的基础,也是对学生综合能力的考验。

第二步,通过演绎推理找法用法。学生提供咨询服务究其实质来讲是通过演绎推理找到解决纠纷应当适用的法律规范,是事实与法律、法律理论与实际相结合的过程。从逻辑上讲,这是一个演绎推理的过程,法律规范是大前提,案件事实是小前提,通过推理才能找到解决当事人纠纷的方法和可能产生的相应后果。在研究法律阶段,学生要全面了解这个案件所能涉及的相关法律法规(包括实体法和程序法),尤其是下一阶段可能进行诉讼的案件,一定要注重研究相关的司法解释和地方性法律规范,这部分内容在课堂教学中较容易忽视。例如,对于有关劳动者劳动合同终止及退休领取养老保险金的问题,不仅要研习《劳动合同法》的相关规定，还要研习《劳动合同法实施条例》的规定，相关司法解释对此也有规定。而社会养老保险方面，一些地方法规作出了规定。法律法规的规定通常较繁杂，在做法律研究的过程中，要重点筛选最适用该案件的法律规范作为法律依据。在法律研究阶段，法律诊所学生还可以收集一些典型的案例，尤其是最高人民法院在民事领域（含劳动争议）发布的指导案例，在咨询答复中作为重要的参考。

（二）把握症结、对症回复

俗话说"对症下药，才能药到病除"。诊所学生进行法律咨询必须把握当事人各方纠纷的关键点，向当事人指出纠纷涉及的法律性质、可以提出的诉求和各方可能存在的争议焦点，对争议的事实要让当事人明白哪些事实已有证据、哪些事实有待进一步收集证据证明。法律诊所学生可以根据前一阶段会见的工作，向当事人提出一份问题和文件清单，请当事人根据前述清单对不清晰的事实作进一步说明或澄清，并指导提供相关证据材料。这样做的好处在于：一方面可以让学生进一步梳理案情，加深对案件事实的理解与把握，也能让当事人纠正诊所学生理解案情的错误之处，避免理解错误或者不能抓住纠纷的关键点而导致最终的法律意见不能有效解决问题；另一方面，当事人看到诊所学生认真准备清单，会感到自己的诉求被理解，会对诊所学生产生好感与信任，为学生下一步接受委托以及制定纠纷解决策略打下基础。在把握纠纷的关键点后，诊所学生就要作出有针对性的答复或提出相关建议。如果针对当事人提出的法律问题有多种解决途径和多种救济方法，学生应当对各种法律途径和救济方法进行分析，指出其法律依据及可能存在的风险，在此基础上提出建议。

二、法律咨询的常用技巧

为了进行有效的法律咨询，法律诊所学生除了提升自己的法律专业水平，强化分析问题解决问题的能力培养，还需要根据实际情况掌握一些法律咨询的常用技巧。

（一）区分对象，恰当答复

来法律诊所问询的当事人是真实的当事人，远比教科书所列举的复杂，也非课堂模拟练习可比。其中虽然大多是消费者、学生、农民工等特定群体，但也不乏形形色色的普罗大众，甚至还有处于优势地位的当事人。当事人的身份、职业、性别、年龄、文化水平、法律知识水平等各不相同，来诊所咨询的期望值也不同，对学生的要求也各不相同。不同的当事人来诊所咨询的目的和心态也有很大的差异：有的是权益确实受到了侵害，自身不懂法或水平有限，来诊所是真心求助的；有的是抱着试试看的心理来法律诊所打探，或寻找一个倾诉对象而已；有的已经对案件的事实和法律做了十分精心的研究，对相关法律也很熟悉，来诊所仅仅是为了求证，或者为了利用诊所学生免费的法律服务；还有的当事人多年缠诉，多次上访，对司法系统和社会存在偏见，来诊所可能是为了发泄不满的情绪；种种情形，难以穷尽。对于不同的当事人，法律诊所学生应采取不同的咨询答复方式，才能取得良好的咨询效果。对于老年咨询者，学生解答时要有耐心，态度要谦和，语速要慢，声调可以略为提高。对于权益受到侵犯的妇女、农民工等弱势群体，一方面要对他们的遭遇表示同情，另一方面要打开他们的心结，对他们的疑虑进行通俗的解答，对于他们某些超出法律规定的期望要耐心开导，使之对自己的诉求有一个基本正确的认识和恰当的期望。对于来诊所只是做试探性咨询的当事人，学生应抓住案件关键点，作出简洁明了的解答，一针见血，切中要害。对于仅来诊所求证的当事人，只要根据提问进行回答即可，不必过多地深入。对于多年缠诉或多次上访的当事人，学生只需要向其说明法律规定的途径，不必过多纠缠。

（二）群策群力，团队合作

诊所法律教育强调团队合作，诊所的课堂模拟教学和课外的实践活动都以小组为单位进行，诊所的班级和指导老师也组成了大的合作团队，因此诊所学生要充分利用团队的力量。向法律诊所学生问询的虽然大多是法律援助案件，以及一些标的额不大的民商事案件和行政诉讼案件，但是也不乏疑难复杂的案件。在法律咨询中遇到简单的问题,学生自然可以利用所学的法律知识妥善答复,而遇到复杂疑难的问题时,学生就可能感到无从下手。这种情况下,应当沉着冷静,一定要充分利用团队的力量,同小组学生要进行充分讨论,上网查询涉及的法律法规,收集相似案例及其处理方法、途径及结果。在充分讨论出初步方案的情况下,可以与指导老师交流,最终给予当事人恰当正确的答复和建议。切忌不进行小组的讨论研习,仅仅作为传声筒将问题抛给老师,这样就达不到法律诊所培养学生自主学习、主动学习的目的。法律诊所学生无论是在法律专业知识掌握水平方面,还是社会经验方面,都无法与专业律师相比,只有利用团队合作,才能在一定程度上弥补短板。

(三)专业服务,赢得信任

当事人来法律诊所咨询,大多数抱着获得法律指点的希望,并根据获得的法律意见处理纠纷,实现诉求,有的当事人甚至会要求学生明确说明"我的官司能否打赢、我的诉求是否能得到支持、能否帮我要到多少钱"之类的问题。此时有的诊所学生可能为了获取代理或者仅仅由于心情紧张就轻易承诺。必须指出,诊所学生在法律咨询当中所掌握的事实并非案件的全部事实,对于对方当事人情况如何、对方当事人有哪些证据等诸多问题,学生并不能掌握。更为关键的是,最终裁决案件的权力在人民法院和仲裁机构,而不在诊所学生手中。作为提供法律援助的法律诊所学生不能作出关于案件结果的承诺,否则可能因为案件无法达到预期效果而陷入尴尬境地,很容易受到当事人的责备。法律诊所学生获取当事人的信任,应该靠严谨的专业法律服务,而不是靠轻易的承诺。对于一些无法全面准确认定的法律事实、不能准确把握的法律原理和法律规范,应该从多角度分析其可能性而不作确定的直接答复。当咨询的是复杂疑难的法律问题时,应该实事求是地向当事人提出此类案件不宜由法律诊所学生办理,不能随便轻易地下结论,特别不能为了获得案件的代理权而夸大其辞,随意许诺。总之,诊所学生在给当事人做法律解答与咨询时,要体现法律人的专业性与严谨性,要客观、真实、适当地进行答复,既能理清法律事实,又能阐明法律原理,能够当场作出准确判断和确定处理方式的,可以给当事人一个较明确简单的答复,反之则应充分利用诊所的资源讨论后择期答复;对于特别疑难复杂的案件,还应当本着实事求是的精神,说明情况并建议当事人到法律援助中心或律师事务所寻求律师专业服务。法律诊所学生只有凭借其严谨的专业服务才能取得当事人信任,从而有可能获得案源。

(四)语言平实,通俗易懂

来法律诊所求助的大多是社会弱势群体,他(她)们的法律知识或严重缺乏,或所知有限,诊所学生与之沟通交流时,一定要注意语言平实,通俗易懂。例如,一个来问询的当事人自称单位的"临时工",而我国《劳动合同法》并没有"临时工"这一概念,学生需要从当事人的叙述中判断出其与用人单位(雇主)的法律关系性质是劳动关系还是劳务关系,并找出应对适用的法律规范。在答复当事人时,不需要用劳务关系、劳动关系等概念来说明,更不需要在了解当事人有哪些证据时,直接用书证、物证等法言法语,而是应该用口语化语言,通俗易懂地对证据进行描述。平实的语言并不影响学生表现其法律专业水平,反而更能与当事人沟通,更能取得当事人的信任。

(五)沉着冷静,灵活应对

法律诊所学生在接待来访来电或者在互联网平台直播咨询时,面对真实的当事人,面对一些复杂疑难的问题,可能因准备不充分而陷于忙乱之中,影响咨询的效果。面对这种情况,诊所学生一定要有自信,参加法律诊所的学生都是高年级的学生,已经修完大部分实体法课程和所有程序法课程,法律知识的储备足以解决一般的法律问题。诊所学生要沉着冷静,理清思路,团队成员之间要协调配合。对于一些没有把握的问题,答复要留有余地或留下进一步联系的方式,之后可以通过查找资料、讨论,并与老师进行交流后再答复当事人或提出建议,总之要根据实际情况采取灵活的方式应对。

三、法律咨询中应注意的问题

1.明确自身地位,具有职业责任心。当事人来法律诊所寻求法律帮助,法律诊所学生是作为一名法律工作者对案件提出咨询意见和建议,而不是作为学生参与课堂讨论。学生在进入诊所前就应当具有相关法律专业的知识储备,在进入诊所后要注意自身职业道德的修炼。学生利用自己的法律专业特长,为当事人提供法律咨询服务是专业性法律服务,学生必须具备强烈的法律职业责任心,认真研讨相关法律问题,提出咨询意见或建议,不能出现明显错误的意见。在此过程中,学生还要处理好与当事人之间的关系,尊重当事人、为当事人着想,这样才能取得当事人的信任。在当事人决定委托学生代理案件后,学生更要以律师的标准严格要求自己,始终遵守律师的职业道德。

2. 为当事人提供的信息保密。为当事人的信息保密是法律工作者的基本职业道德。诊所学生在接待当事人的过程中,会了解当事人的很多信息,有的可能是当事人的隐私信息,必须具有保密意识。即使是在案情汇报及课堂讨论中,学生对当事人的一些隐私信息也必须保密。在互联网高度发达、网上信息传播迅速的当今社会,更要注意不要将当事人的信息上传网络。只有向当事人承诺严格保密,才能取得当事人的信任,了解更多的案情,作出更恰当的咨询意见和建议。

3. 妥善处理当事人的证据材料。诊所学生在接待当事人时,为了掌握案情,往往会阅读当事人的证据材料,也可能指导当事人收集一些证据材料。一定要明确证据对于诉讼的重要性,学生不能接受当事人的证据原件,仅可以收复印件,同时也要提醒当事人保管好相关证据原件。

4. 不夸大事实怂恿诉讼,注意多元化纠纷解决机制的运用。诊所学生在接待当事人时,要根据我国法律规定提供咨询服务,并在法律允许的范围内提供法律援助服务,必须遵纪守法。要认真分析案情和法理,诚恳地给予当事人客观、合理、合法的解答与咨询,不能因为案件标的小而敷衍,更不能因为希望获得代理而夸大事实,怂恿当事人诉讼。一定要注意多元化纠纷解决机制的运用,多建议当事人采取协商和解、调解等非诉讼纠纷解决路径。在解答与咨询时,学生不得向当事人提出违反现行法律的意见,或唆使、引导当事人实施不法不当的行为,更不能协助当事人实施不法不当行为。例如,不能唆使、引导当事人采取上访、挑起群体性事件等方式来解决问题。

第三节 法律咨询训练

诊所法律教育是"在做中学"的教育模式,为了取得良好的法律咨询效果,可以采取多种方式进行训练,常见的方式有以下几种。

一、课堂模拟

课堂模拟往往是将会见与咨询结合在一起的,教师可以在课堂教学中安排学生模拟一次会见与咨询活动。

模拟场景1:接待来访当事人。

模拟场景2:接听当事人来电咨询。

课程模拟的常规程序如下:

1. 扮演当事人的学生对自己模拟的角色及案情进行设计,学生的设计应当尽可能地接近真实当事人,包括提出问题的性质,陈述事件的方法,各来访者相互之间的关系,说话的表情动作,案情设计的埋伏与隐瞒,对接待者思维的干扰信息,等等。需要指出的是,如果有真实的当事人愿意参加法律诊所的教学活动,也可以将真实的当事人请进课堂,但是真实当事人参与时,尤其是处于纠纷中的当事人参与,要注意有关信息在课堂内外的保密。

2. 随机抽取接待的法律诊所学生,进行模拟接待咨询。为了使模拟接待更接近真实案件,模拟接待来访和接听来电的诊所学生应当随机抽取,由于诊所的教学活动和课外的实践活动都是以小组为单位开展的,可以随机抽取一个小组当此重任。模拟来访来电的学生和接待的学生事前不能就案情等进行交流。

3. 互评与评价阶段。模拟接待结束后,要组织来访来电的学生与接待的学生互评,其余学生也要参与评价。此时要运用头脑风暴的训练方法,对评价不设限制。

4. 学生可以就案情进行补充提问。

5. 引导学生对接待咨询的整个过程进行归纳总结，从而总结接待咨询的技能技巧及应当注意的事项。

6. 在学生充分发言后，指导教师应当对会见与咨询活动进行点评，肯定学生总结的技能技巧，补充遗漏事项，修正明显不当之处，并再次总结应当注意的事项。

二、案情研讨活动

这是将案情汇报和咨询答复训练结合在一起。为了让学生更好地汇报案情，可以安排传话游戏，方法是将学生分成若干组，每组同学人数相等，人数要达到一定数量，可以根据具体情况而定，写一段话给每组的第一个同学看，然后第一个同学转述给第二个同学，第二个同学转述给第三个同学……各组最后一个同学复述内容。这样可以非常直观地显示转述时容易出错的内容，然后引导学生总结出案情汇报的要点，训练表达能力和相关技能技巧。

法律诊所学生的案情研讨活动应当多采用学生在律师事务所、法律援助中心等地值班时遇到的案件，研讨活动的规模可大可小。在教师参与的研讨活动或者课堂教学中，需要注意自身的角色定位，要区别于传统的法律教育，尤其不要直接告诉学生相关法律问题的答案。要以学生为研习的主角，以学生为中心展开，要多利用头脑风暴的方式，让学生穷尽各种可能的答复，并在研讨中找到恰当的答复与建议。

三、成案复盘法

成案复盘法是将法律诊所同学以往办理的案件加以复盘分析，这些案件有的当时止于咨询答复阶段，有的可能接受了委托并代理了相关案件，有的还经历了两审再审等程序。对于经过审判已经结案的案件，提供给诊所学生训练时，可以隐藏法院的判决，仅复盘到归纳认定案情并提供咨询意见的阶段，再在训练结束时公布判决书，引导诊所学生将复盘的咨询答复意见与法院的判决进行比较，从而思考咨询答复中应当掌握的法律职业技能技巧以及应注意的问题。法律诊所学生自己代理的案件材料丰富，容易引起法律诊所学生的兴趣。同时，教师选择的案件应当具有典型性，有益于咨询训练。

例如，法律诊所学生曾代理一起工伤认定的案件，当事人赵某是海南某农业有限责任公司(以下简称公司)的管理人员，公司的主要业务是培育农业生产用良种。赵某来诊所求助是因为他有一天爬到一棵树上监督员工为玉米抽雄(玉米育种的一个步骤)，不慎从树上摔下来，导致腰部骨折，花费医疗费若干，并且出院后对劳动能力仍有影响。赵某认为其受伤应当认定为工伤，赵某所在公司认为赵某摔伤是在树上睡觉，不属于工伤。诊所学生接待赵某时，建议赵某自己去向人力资源和社会保障局申请工伤认定。某市人力资源和社会保障局受理申请后作出了不予认定工伤决定书。赵某再次求助法律诊所，诊所学生接受委托，代理进行了两审行政诉讼。一审判决维持了某市人力资源和社会保障局的决定，二审法院认为当劳动者与用人单位在工伤认定时有不同意见的，应当由用人单位承担举证责任，而该案中用人单位并不能举证证明赵某在树上睡觉，二审判决撤销了某市人力资源和社会保障局不予认定工伤的决定。某市人力资源和社会保障局重新作出赵某工伤认定书后，由于公司没有给赵某投包括工伤保险在内的社会保险，赵某又与公司关于工伤赔偿问题发生劳动争议，先后经历劳动争议仲裁、一审、二审等程序。这一案件既有实体法问题，又有程序法问题，用于复盘练习可以取得较好的效果。

四、模拟接待当事人竞赛

目前高校法科学生常有机会参与各类模拟法庭比赛，但是这类比赛大多限于庭审阶段，着重体现双方代理人的辩论或辩护技能。而模拟接待当事人比赛将律师与当事人关系中的接待咨询阶段独立出来，制定相应的比赛规则，通过比赛的对抗性和竞争性，培养学生在掌握案情、咨询答复阶段应该掌握的技能技巧。比赛的规模可大可小，可以在同一期法律诊所内进行，也可以在同一学校进行，还可以在不同学校进行。在条件许可的情况下，可以与律师事务所联合举办，共同培养律师事务所的实习律师以及法律诊所学生。

第四节 法律咨询实例

一、法律咨询实例案情及涉及法律问题

这是一个法律诊所学生提供法律咨询的案件。

郭某（女，时年51岁）是海南A有限责任公司（简称A公司）的财务人员，来法律诊所求助时叙述的主要案情如下：郭某38岁时从某国有企业下岗来到A公司工作，一直是A公司会计。A公司两年后才与其签订三年期限的劳动合同，同时为她办理社保。之后分别在她43岁、46岁时签订了两份期限为三年的劳动合同，在她49岁时公司又与她签订了一份一年期限的劳动合同，几份劳动合同中工作岗位均为"财务管理"。在她年满50岁前，A公司向她发出书面通知，鉴于她已到退休年龄，A公司不再与她续订劳动合同。

在了解以上案情后，诊所学生归纳出郭某有以下法律问题：

1. 郭某是公司管理人员还是生产岗位人员？应当50岁退休还是55岁退休？A公司是否违法终止劳动合同？
2. A公司在郭某入职两年后才与她签订书面劳动合同，郭某能否向A公司主张不签书面合同的二倍工资？
3. A公司是否应当支付不签订无固定期限劳动合同的二倍工资？
4. A公司没有足额为郭某缴纳社会保险费，郭某能否要求A公司赔偿？
5. 打官司有哪些程序？

二、解答与咨询时应注意的要点

在接受郭某的咨询前，诊所学生应当先具备劳动法的知识以分析案情，答复当事人。在解答与咨询时要注意以下要点。

1. 掌握我国相关法律法规关于劳动合同终止法定情形的规定以及女性退休的法规及政策规定。对于女性不同的岗位，终止劳动合同并办理退休手续的

时间是不一样的。退休前是生产岗位的,退休年龄是 50 周岁;管理岗位的,退休年龄是 55 周岁。阅读郭某与 A 公司签订的书面劳动合同,工作岗位写明是"财务管理",因此应初步判断郭某的退休年龄为 55 周岁,A 公司终止劳动合同可能是违法终止劳动合同。依照《劳动合同法》第 87 条的规定,对于用人单位违法解除或终止劳动合同的,郭某可以主张恢复劳动关系,也可以主张二倍经济补偿金的赔偿金。诊所学生要协助引导郭某确定诉求,而不能代替郭某作出决定。

2. 根据《劳动合同法》第 82 条第 1 款的规定,用人单位自用工之日起超过一个月不满一年未与劳动者订立书面劳动合同的,应当向劳动者每月支付二倍的工资。郭某入职两年后 A 公司才与她签订固定期限劳动合同,郭某可以主张 11 个月的二倍工资。但是,应当考虑劳动争议仲裁时效的问题,这里的二倍工资不是劳动报酬,而是对用人单位不签书面劳动合同的惩罚性责任,仲裁时效应当是一年,从当事人知道或应当知道权益受侵害之日起计算。郭某已经在 A 公司工作十几年了,早已过了劳动争议仲裁时效,如果提出这一诉求,可能会被劳动争议仲裁机构及人民法院驳回。

3. 对于郭某主张用人单位应当签订而不签订无固定期限劳动合同的二倍工资诉求,按照郭某叙述的案情可以主张第三份劳动合同期间的二倍工资。因为《劳动合同法》第 14 条第 2 款规定连续订立两次固定期限劳动合同的,除劳动者提出订立固定期限劳动合同外,用人单位应当与之订立无固定期限劳动合同。对于这一诉求,诊所学生不能作出包打赢的承诺。因为在劳动争议仲裁或诉讼中,用人单位有可能拿出是劳动者提出订立固定期限劳动合同的证据。

4. 对于补缴社会保险的问题,诊所学生要研读有关社会保险的法律法规、司法解释及政策规定。由于职工基本社会保险是强制性缴纳的,有社会保险的征收机构,不缴或少缴社保可以向劳动保障监察机构投诉,一般来讲人民法院不处理这类纠纷。根据相关司法解释,人民法院只受理"劳动者以用人单位未为其办理社会保险手续,且社会保险经办机构不能补办导致其无法享受社会保险待遇为由,要求用人单位赔偿损失的纠纷"。就郭某叙述的案情,用人单位是为其办理了社会保险手续的,不属于人民法院受理劳动争议的范围。

5.关于纠纷的解决程序,学生应向郭某说明劳动争议的各种解决方式以及各方式之间的关系。劳动争议的解决方式有:协商和解、调解、仲裁和诉讼。需要注意的是仲裁是诉讼的必经程序,只有对劳动争议仲裁不服的才能在法定期限内向人民法院提起诉讼。

课后练习

吴某某于2023年4月至2023年6月在黄某负责的某中通驿站担任店长,工作期间黄某多次从吴某某处通过微信和支付宝转账借款合计30,000元;黄某和吴某某并未签订劳动合同,黄某拖欠吴某某工资(4月4700元、5月4000元、6月15天工资2200元)合计10,900元。现吴某某向诊所同学咨询,这种情况是否要分别通过诉讼和劳动仲裁要回自己的借款和工资?

第五章 法律检索

先导议题

案例1：程某与李某系夫妻关系。程某与冯某于2019年11月开始婚外同居，当月程某给冯某35万元现金购买轿车，冯某用该款购买轿车一辆且登记在自己名下。2019年6月，程某购买住房一套，向开发商支付530,500元购房款。2020年4月，程某以合同更名的方式将该套房屋赠与冯某。房屋产权登记在冯某名下。2020年10月至2021年，冯某以办公司需要注册资金为由向程某索要资金，程某共给付冯某3,049,928元。现李某发现二人不正当关系，认为程某所处分的财产是夫妻共同财产，属于无权处分。诉请：确认程某赠与冯某财产的行为无效，要求冯某返还304.90万元、轿车一辆、住房一套。

案例2：2018年7月，张某与甲生物公司签订了为期3年的劳动合同。2020年6月，甲生物公司送张某去某大学培训半年。双方为此签订补充协议，协议约定：甲生物公司负担2万元培训费，张某学习期间工资照常支付，但学成回公司后，张某要为甲生物公司服务至少2年。2021年6月，张某培训结束后即离开甲生物公司，并受聘于乙公司。为此，2021年8月，甲生物公司将张某和乙公司作为被诉人向市劳动仲裁委员会申诉，提出张某的合同期未满，不同意与张某解除劳动合同，要求张某继续履行劳动合同及补充协议，同时要求乙公司承担相应的法律责任。

随着信息化的发展，法律规范、裁判文书、指导案例以及法律观点等逐步与互联网融合，各类法律信息检索数据库平台也不断涌现和完善，无论是法学教学还是法律实务，都与互联网紧密相关。法律信息的数据化、信息化是法律实务的必然趋势，所以了解和应用互联网法律数据库是法律实务人才的一项必备技能。

与传统的法学教学模式相比,法律诊所具有更强的实践性和操作性。本章通过介绍法律检索的概念、检索方法,结合实训锻炼学生分析检索对象,明确检索目的,选择正确检索工具,筛选检索结果从而得出检索结论,培养学生的实践技能。

第一节　法律检索概述

一、法律检索的概念

法律检索,由英文 legal research 翻译而来,概念上有广义与狭义之分。广义上,legal research 译为法律研究,主要指对法律问题以及与法律相关的问题进行系统的探索与研究,研究过程中会运用到法律检索来整理信息,通常以法律著作、期刊等文献的形式呈现研究结果。法律研究以研究法律适用、解决法律问题为起点,一般不直接用于解决实务问题。狭义上,legal research 译为法律检索,即法律信息检索,是指以规范的、科学的、系统的方法查找、收集法律资料的过程,以解决法律问题。

我国现代法学教育旨在培养应用型、复合型法律人才,本科法学教学内容一般包括基础法学理论知识、法律逻辑思维、法律职业伦理以及法律实践技能等内容。我国法学教育的教学模式在从传统的课堂教学模式向培养学生实践应用能力转变,理论和实践并重。以法律诊所课程为例,教学内容包括会见当事人、法律咨询、诉讼、非诉调解与仲裁以及文书写作等,这些法律实务的操作都需要扎实的专业法律知识以及敏锐的信息提取能力,而法律信息检索是上述法律业务技能的前提和基础。

本章所讲述的法律检索更加侧重后者,即接触一个新的实务案件时,如何科学地分析检索目标、选择检索工具、筛选并整理检索结果,获取需要的法律信息,充分做好前期准备工作,以解决实务问题。

二、法律检索的特点

法律检索是法律文书写作、法律辩论、法律调解等法律业务的基础,与其他法律技能相比,法律检索主要有以下特点。

(一)途径多样性

法律信息的发布途径是多样化的,检索的途径也是多样的。传统的法律检索途径主要是纸质资料的检索,如全国及各级人大常务委员会公报、国务院公报、各级人民政府公报、最高人民法院公报以及一些商业出版社出版的法律条文等。纸质形态的法律信息检索不便,效率较低。随着信息化的发展,我国法律信息平台日益多样化,现在提起法律检索,一般指的是在法律信息数据库中检索。

(二)结果权威性

法律检索的结果是法律规范以及类案裁判等。法是由国家制定或认可,并由国家强制力保证实施的行为规范。法条是人们的行为准则,是诉讼中支撑己方观点和反驳对方主张的重要依据,也是法官在裁判过程中必须遵守的准绳,具有极大的权威性。类案检索是统一法律适用的重要工具。2020年7月31日,最高人民法院《关于统一法律适用加强类案检索的指导意见(试行)》(以下简称《类案检索意见》)开始试行。《类案检索意见》第9条阐述了类案的重要性,即"检索到的类案为指导性案例的,人民法院应当参照作出裁判,但与新的法律、行政法规、司法解释相冲突或者为新的指导性案例所取代的除外。检索到其他类案的,人民法院可以作为作出裁判的参考"。类案裁判的影响主要表现为法官在处理与已作出生效裁判的案件相同或者相类似的案件时,受到前案法律依据的约束,要在法律规范的运用上参考或者与前案保持一致,不能作出相悖的裁判。

(三)注重时效性

法律具有时间效力。法律检索出的法律信息要注意采纳最新的类案裁判、最新出台以及现行有效的法律条文,这些信息对于解决实际问题具有更高的参考性。

因此，检索者在进行检索之前，要充分了解法律检索的特点，结合自己的需求，选择正确的检索途径，合理筛选检索结果，当检索中遇到困难的时候，及时调整检索的方法策略，最终得出恰当的检索结论。

第二节 法律检索的内容

一、法律法规检索

正确适用法律规范是解决纠纷的前提，法律法规的检索是法律检索最基础的内容。我国的法律体系庞大而复杂，检索者在检索法条的过程中，会遇到大量的法律规范，这些不同的法律规范之间难免存在法条竞合或者效力冲突的情形，所以需要检索者把握各法律规范之间的效力层级，运用冲突规范选择最恰当的法律规范。根据《立法法》，我国法律规范的效力层级如下：宪法具有最高的法律效力，一切法律、行政法规、地方性法规、自治条例和单行条例、规章都不得同宪法相抵触；法律的效力高于行政法规、地方性法规、规章；行政法规的效力高于地方性法规、规章；地方性法规的效力高于本级和下级地方政府规章；省、自治区的人民政府制定的规章的效力高于本行政区域内的设区的市、自治州的人民政府制定的规章；自治条例和单行条例依法对法律、行政法规、地方性法规作变通规定的，在本自治地方适用自治条例和单行条例的规定；经济特区法规根据授权对法律、行政法规、地方性法规作变通规定的，在本经济特区适用经济特区法规的规定；部门规章之间、部门规章与地方政府规章之间具有同等效力，在各自的权限范围内施行。

法律纠纷一般分为民事纠纷、刑事纠纷和行政纠纷三大类。相较于民事诉讼和刑事诉讼，行政诉讼所需要解决的法律规范冲突更加复杂。上述法律规范之间难免会存在的适用冲突主要有四种类型：一是不同位阶的法律规范之间的纵向冲突，如法律与行政法规之间存在冲突；二是同一位阶法律规范之间存在横向冲突，如法律与法律之间或者行政法规之间存在冲突；三是新法与旧法之间的冲突；四是特别法与一般法之间的冲突。所以检索者在检索以及适用法律规范时,需要掌握冲突规范。法律冲突规范的一般规则是上位法优于下位法,特别法优于一般法,新法优于旧法。当一般规则无法解决冲突时,比如地方性法规与部门规章之间的冲突,二者的法律效力位阶相同,无法通过一般规则解决冲突,适用特殊规则。根据最高人民法院印发的《关于审理行政案件适用法律规范问题的座谈会纪要》,特殊规则表现在以下三个方面。

1. 地方性法规与部门规章之间对同一事项的规定不一致的,一般可以按照下列情形适用:(1)法律或者行政法规授权部门规章作出实施性规定的,其规定优先适用;(2)尚未制定法律、行政法规的,部门规章对于国务院决定、命令授权的事项,或者对于中央宏观调控的事项、需要全国统一的市场活动规则及对外贸易和外商投资等需要全国统一规定的事项作出的规定,应当优先适用;(3)地方性法规根据法律或者行政法规的授权,根据本行政区域的实际情况作出的具体规定,应当优先适用;(4)地方性法规对属于地方性事务的事项作出的规定,应当优先适用;(5)尚未制定法律、行政法规的,地方性法规根据本行政区域的具体情况,对需要全国统一规定以外的事项作出的规定,应当优先适用。

2. 部门规章与地方政府规章之间对相同事项的规定不一致的,一般可以按照下列情形适用:(1)法律或者行政法规授权部门规章作出实施性规定的,其规定优先适用;(2)尚未制定法律、行政法规的,部门规章对于国务院决定、命令授权的事项,或者对属于中央宏观调控的事项、需要全国统一的市场活动规则及对外贸易和外商投资等事项作出的规定,应当优先适用;(3)地方政府规章根据法律或者行政法规的授权,根据本行政区域的实际情况作出的具体规定,应当优先适用;(4)地方政府规章对属于本行政区域的具体行政管理事项作出的规定,应当优先适用。

3. 国务院部门制定的规章之间的冲突按照下列情形选择适用:(1)适用与上位法不相抵触的部门规章规定;(2)与上位法均不抵触的,优先适用根据专属职权制定的规章规定;(3)两个以上的国务院部门就涉及其职权范围的事项联合制定的规章规定,优先于其中一个部门单独作出的规定。

虽然上述规范是为了约束人民法院在裁判行政案件时准确适用法律规范,

但是对检索者筛选法律规范的检索结果也具有指导意义,因为只有检索并引用正确的法律规范作为诉讼过程中支持己方主张、反对对方观点的依据,才能被裁判者所采纳。

二、类案检索

类案,是指与待决案件在基本事实、争议焦点、法律适用等方面具有相似性,且已经人民法院裁判生效的案件。我国是成文法国家,案例在审理过程中不具有法律强制效力,但是随着司法责任制综合配套改革,"努力让人民群众在每一个司法案件中感受到公平正义"成为司法机关追求的方向,类案裁判逐渐为我国司法实践所重视,成为法院在处理争议案件时的重要参考。充分认识类案裁判的地位和作用,对于统一法律适用、维护司法权威具有重要意义。

法律规范无法穷尽一切纠纷出现的可能性。在没有法律规范的情况下,先行生效的裁判对未决类案的解决思路具有重要的参考作用,类案裁判起到了填补法律空白的作用。实际上,我国司法实践中有参考判例的习惯,借助先例来约束和统一不同法官对同类案件的价值判断、帮助法官正确适用法律,也是保障法律连贯性与稳定性的有效手段。[1] 让审理者裁判,让裁判者负责,是司法责任制的核心要求,在司法责任制的要求下,法官裁判会更加谨慎,类案裁判的存在会给法官的裁判理由和裁判依据提供支撑,保证裁判结果的合理性。同时,类案裁判还能在一定程度上限制法官的自由裁量权。法官通常在法律规定存在弹性空间的情况下行使自由裁量权,如果法律规范明确清晰,法官必须按照法律规范进行裁判。自由裁量权的行使程度受法官主观影响较大,因为法官要确保裁判标准是统一的。基本案情和法律适用类似的已决案件,在一定程度上可以为法官对自由裁量权的行使程度提供参考,尤其是最高人民法院发布的指导性案例,具有一定的权威性,与其在基本事实、争议焦点、法律适用方面类似的待决案件需要参照适用指导性案例,这就制约了法官的自由裁量权,保持

---

[1] 高尚:《论司法判例在成文法国家的适用空间——以德国对判例的演绎推理"二重需求"为例》,载《社会科学战线》2020 年第 5 期。

了裁判标准的均衡。

需要注意的是,类案与西方的判例有本质上的区别。案例指导制度不是创设一种新的法律渊源,典型案例对后案的裁判并不具有普遍意义上的法律约束力,也就是说不是以"力"来规制,而是要以"理"来服人。"理"就体现在典型案例所承载的裁判思路、裁判规则、法律逻辑和自由裁量的尺度上,通过典型案例的甄别、争辩、定型和沉淀,内化为法官的认知,汇聚成业界更为广泛的共识,引导法律适用规则进一步细化,为社会提供更好的法律预期,也为司法解释的起草奠定基础。[2]

第三节 法律检索方法

想要找到准确的法律规范和适当的类案裁判,需要了解检索途径。通过浏览器搜索没有权威来源的法律文章或者是法律新闻,真假莫辨,信息不全,可能会事倍功半,所以需要以严谨的态度在法律数据库中进行检索。法律检索的途径是多样化的,本节选取了几个主要的法律信息数据库,介绍其基本功能、特点以及使用方法。

一、中国裁判文书网

中国裁判文书网(https://wenshu.court.gov.cn/)是全国法院公布裁判文书的官方统一平台。截止到 2022 年 6 月 7 日,中国裁判文书网公布各类文书共计 132,571,563 篇,是裁判文书最权威、最全面的法律信息数据库,也是其他法律信息数据库的裁判文书来源。中国裁判文书网数据库的功能见表 5-1。

---

[2] 宿迟主编:《知识产权案例指导新探索》,人民法院出版社 2018 年版,第 42 页。

表5－1　中国裁判文书网数据库功能

项目	内容
检索栏支持内容	支持高级检索,包括16个方面:全文、案由、案件名称、案号、法院名称、法院层级、案件类型、审判程序、文书类型、裁判日期、案例等级、公开类型、审判人员、当事人、律所、法律依据
检索范围	支持高级检索,包括16个方面:全文、案由、案件名称、案号、法院名称、法院层级、案件类型、审判程序、文书类型、裁判日期、案例等级、公开类型、审判人员、当事人、律所、法律依据
支持文书类型	判决书、裁定书、调解书、决定书、通知书、令、其他
是否支持二次检索	支持在一次检索的范围内继续检索
法律法规联想	不支持
类案联想	不支持
模糊检索	不支持
收费情况	免费检索、下载
批量下载	支持

中国裁判文书网支持的法律文书有判决书、裁定书、调解书、决定书、通知书和令等。根据最高人民法院《关于人民法院在互联网公布裁判文书的规定》第3条的规定,中国裁判文书网上的文书材料主要包括:判决书;裁定书;支付令;驳回申诉通知书;国家赔偿决定书;强制医疗决定书或者驳回强制医疗申请的决定书;刑罚执行与变更决定书;对妨害诉讼行为、执行行为作出的拘留、罚款决定书,提前解除拘留决定书,因对不服拘留、罚款等制裁决定申请复议而作出的复议决定书;行政调解书、民事公益诉讼调解书;其他有中止、终结诉讼程序作用或者对当事人实体权益有影响、对当事人程序权益有重大影响的裁判文书。随着司法公开的全面推进,中国裁判文书网基本实现了符合条件的法院生效裁判文书全上网,其也成为其他数据库案例文书的来源。

中国裁判文书网的首页支持快捷检索,直接在检索栏中输入关键词即可,输入后搜索框会根据输入内容自动联想案件关键词,可根据自动联想的结果进行二次筛选(见图5－1),也可以直接就搜索框内的关键词进行检索。检索栏也支持高级检索(见图5－2),点击搜索栏左侧"高级检索",输入文书关键词、案由、案件名称、案号、法院名称、法院层级、案件类型、审判程序、文书类型、裁判日期、案例等级、公开类型、审判人员、当事人、律所、法律依据等，进行高级检索。

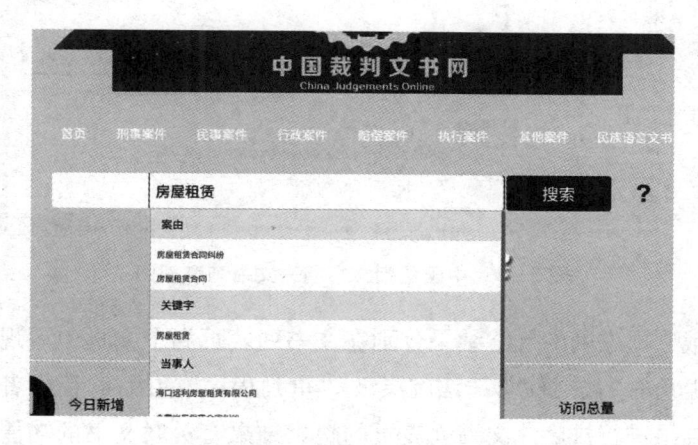

图 5-1　中国裁判文书网首页—快捷检索截图

图 5-2　中国裁判文书网首页—高级检索截图

首页输入关键词检索后，可以在检索结果中继续输入关键词进行检索。文书列表页的左侧是联想文书筛选条件（见图 5-3），包括关键词、案由、法院层级、地域及法院等，点击关键词即可进行二次筛选，也可以直接在文书列表页的搜索框中输入自定义关键词，在检索结果的基础上检索裁判文书。在输入完检索关键词之后，点击列表页中的"收藏检索条件"选项，可以收藏当前检索条件，在个人中心—我的收藏—查询模版中查询、修改、删除。

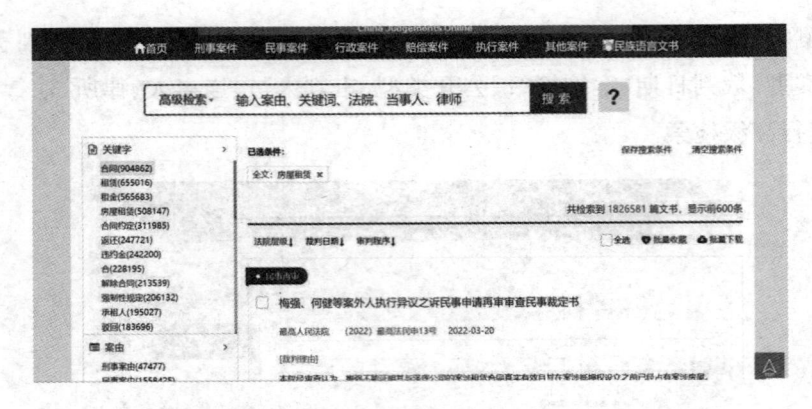

图 5-3　中国裁判文书网—文书列表截图

中国裁判文书网的检索结果分别在文书列表页和全文页中展现。文书列表页的左上角有"裁判日期""法院层级""审判程序"的图标，检索者可根据需求对检索结果进行排序。文书列表页的检索结果有关联文书的功能。关联文书会显示文书的审理程序、审理法院、案号、裁判日期、结案方式五项信息。在检索到目标文书之后，点击文书列表中的文书，即可查看文书全文。全文页的左侧有目录按钮，点击后会展开当前文书的目录，包括首部、当事人、理由、判决结果、尾部，检索者可点击目录中的选项，直接浏览对应部分。

同时，在登录状态下，中国裁判文书网还支持免费收藏、免费批量下载的服务，点击文书列表页右上角的"收藏"或者"批量收藏"选项（见图 5-3），在弹出的窗口中选择或新增案例包，即可进行文书收藏，收藏的文书可在个人中心—我的收藏—案例包中查看以及删除。下载以及批量下载的选项也在文书列表页的右上角，勾选文书后，点击"下载"或者"批量下载"即可单篇或者批量下载文书。

二、法信

法信（https://www.faxin.cn/），全称为"法信——中国法律应用数字网络服务平台"，是中国首家深度融合法律知识服务与案例大数据服务的数字化网络平台。2018 年 12 月 12 日，由人民法院出版社联合中国司法大数据研究院、北京国双科技有限公司研发的"法信（智答版）"在最高人民法院上线。相对于中国裁判文书网直接展示裁判文书的内容,法信更加偏向法律信息整合,支持检索的种类包括:法信大纲、法律、裁判规则、法律观点、图书、期刊论文、法条释义、法律文书、公报、类案检索、同案智推等。法信数据库功能见表5-2。

表5-2 法信数据库功能

项目	内容
检索栏支持内容(类案检索)	全文内容、案由、标题、案情特征、争议焦点、法律依据、裁判理由、裁判结果、事实认定、诉辩意见
检索栏支持内容(法律)	全部,包括8个方面:国家法律、地方法规、立法资料、司法资料、香港特别行政区法规、澳门特别行政区法规、台湾地区法规、国际法
检索范围(类案)	支持高级检索,包括7个方面:文本检索(全文内容、裁判理由、事实认定、裁判结果、审理经过、诉辩意见)、案由、法院级别、标题、法律依据、案件类型、审理程序
是否支持二次检索	支持在一次检索的范围内继续检索
法律法规联想	支持
类案联想	支持
模糊检索	支持
是否需要付费	需要付费订阅
批量下载	支持
检索报告(类案)	支持
图标呈现(类案)	支持

法信搜索框支持不同类型的搜索模式,在搜索框下方有"标题和全文"、"标题"、"全文"以及"精确查询"、"模糊查询"的选项,检索者可以根据自己对检索对象的了解,勾选不同的搜索模式,如"标题和全文+精确查询"或者"标题+模糊查询"等。法信支持全库检索,检索者可以直接在首页输入检索关键词,法信可根据关键词的内容呈现检索结果,检索结果页包含法律、裁判规则、案例、观点、图书、期刊、释义等内容,检索者再根据自己的需求进行筛选。这种检索方式比较适合实务新手,当遇到一个法律问题不知道如何下手,从哪个角

度进行法律检索的时候,可以先在首页输入检索关键词,然后从检索结果中获取灵感,及时调整检索策略。

除了首页直接输入检索关键词,检索者也可以对类案以及法律规范进行专门的检索。关于类案检索,截至 2023 年 3 月 14 日,法信平台收录案例共计 11,113 万个。法信平台类案检索页面支持快捷检索与高级检索,检索方式与中国裁判文书网一致,不再赘述。在案例列表页,检索者可按照列表右上角的"相关性""裁判日期""字数"对检索结果进行排序(见图 5-4)。针对检索结果,法信将案例结果整理为五个方面:裁判结果、裁判理由、事实认定、引用法条、历审案件,检索者可根据需求直接点击文书列表页的按钮,查看对应的内容(见图 5-4)。在文书内容页面,裁判文书的全文被划分为六个部分:案情特征、争议焦点、前审经过、事实认定、裁判理由、裁判结果,检索者可直接点击文书右侧的导航,浏览相应的部分(见图 5-5)。此外,法信支持类案检索报告的自动生成。点击文书列表页的"加入检索报告",就可以将目标文书加入检索报告中。类案选取完毕之后,点击文书列表页左侧的"生成报告",即可查看自动生成的检索报告。检索报告包含的信息有:基本信息信息、检索目的、检索条件、检索结果及结论、图标分析。检索者可以直接选择下载法信生成的检索报告,提高检索的效率。文书的下载和批量下载的选项在文书列表页,方式与上文的中国裁判文书网相同,不再赘述。

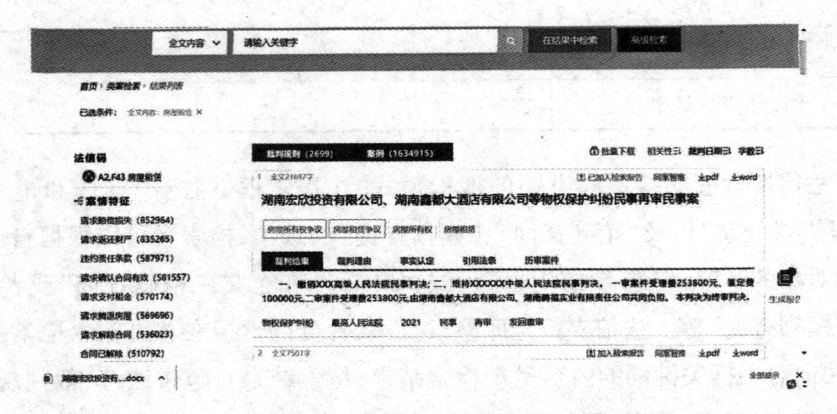

图 5-4 法信—类案检索搜索页截图

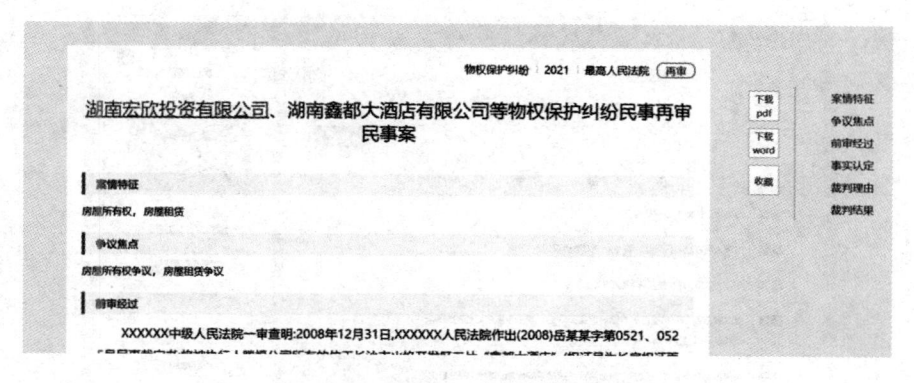

图 5-5　法信—文书内容页截图

在法律规范检索方面，值得一提的是，法信支持国家法律和地方法规的检索结果在同一页面中展示，无须在中央和地方各个库之间来回跳转。检索法律规范，可以直接在首页搜索框中输入所检索的法律规范的关键词，也可以点击首页上方的"法律"选项，进入法律检索页进行检索。法律规范检索结果页包含国家法律、地方法规、立法资料、司法资料、港澳台法规以及国际条约，检索者可以直接在检索结果页切换法律规范库。当检索到具体的法条时，法条下方有关联法条、法条释义、裁判规则、案例以及期刊，检索者可以直接点击查看。法信这个功能链接了法律规范和案例，可以极大地提高检索者的检索效率。

此外，法信平台还有智能问答的功能，其功能类似于法律人的"百度"。当需要检索的内容无法准确表达时，检索者只需要在搜索框中输入检索关键词，法信就可根据关键词的内容，智能预判检索者想要检索的内容，向检索者提供法律法规、类案、裁判规则等内容。比如在智能问答页的搜索栏输入"对赌协议"的关键词（见图 5-6），法信会自动推荐与对赌协议相关的常见法律问题列表，如"对赌协议的效力如何认定？""当事人可以在股份转让协议中约定对赌协议吗？""对赌协议效力裁判规则的突破是什么？"等。同时，检索结果页右侧有引导选项，可以帮助检索者快速缩小检索范围，检索者直接点击页面右侧的引导选项，可以直接检索相关的法律法规、裁判规则、类案、期刊等，更精确地找到检索结果。

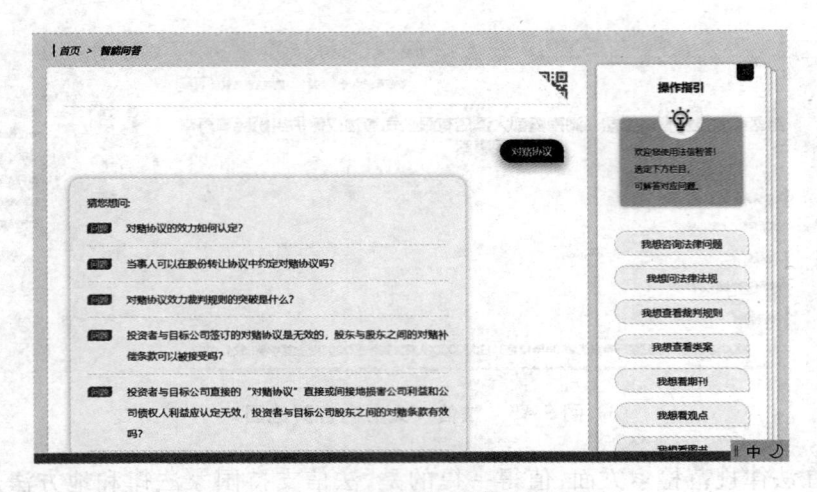

图 5-6　法信智能问答检索结果页截图

三、北大法宝

北大法宝（https://www.pkulaw.com/）是由北京大学法制信息中心与北大英华科技有限公司联合推出的智能型法律信息一站式检索平台，也是国内最早的收费法律数据库之一。北大法宝包含的数据库种类繁多，有法律法规数据库、司法案例数据库、法学期刊数据库、律所实务数据库、检察文书数据库、行政处罚数据库、类案检索数据库等。不同于法信的全库检索，北大法宝在首页需要先选择检索的子库，再进行检索。北大法宝数据库功能见表 5-3。

表 5-3　北大法宝数据库功能

项目	内容
检索范围（法律规范）	中央法规、地方法规、立法资料、立法计划、中外条约、外国法法规、香港特别行政区法规、澳门特别行政区法规、台湾地区法规、法律动态、合同范本、法律文书、境外法律信息资源指引
检索范围（类案）	支持高级检索，包括 18 个方面：标题、全文内容、案由、文本构造、案号、文书类型、类案层级、审理程序、法院级别、审理法院、审判人员、当事人、代理律所、代理律师、裁判规则、法律依据、终审结果、审结时间

续表

项目	内容
是否支持二次检索	支持在一次检索的范围内继续检索
法律法规联想	支持
类案联想	支持
模糊检索	支持
是否需要付费	需要付费订阅
批量收藏、下载	支持
检索报告(类案)	支持
图标呈现(类案)	支持

北大法宝的特色在于"法宝之窗"以及"法宝联想"功能。法宝之窗功能是当光标停留在被引用的法规或者法条上时，法宝之窗即可显示法规标题、发布部门、时效性、法规类别等基本信息，或者显示法条的详细内容，以及与法条相关联的其他法律信息。比如图5-7是北大法宝收录的一篇最高人民法院发布的指导性案例的判决书，将光标放到"第三十八条第二款"上，法宝之窗就会显示《行政处罚法》第38条第2款的内容。法宝联想在各子库之间创建立体化的知识体系，一次检索可以获得与检索结果相关的其他法律信息。比如法律法规数据库除整篇关联之外，还支持具体条款的关联，如在法律规范检索首页输入"行政处罚"，在结果列表页会出现"本法变迁""相关案例""相关论文"等内容，检索《行政处罚法》第19条的相关信息(见图5-8)，不仅可以找到该条文的法条释义，还可以链接到与该法条相关的中央法规26篇、地方法规154篇、法律动态1篇、司法案例708篇、期刊36篇等信息。

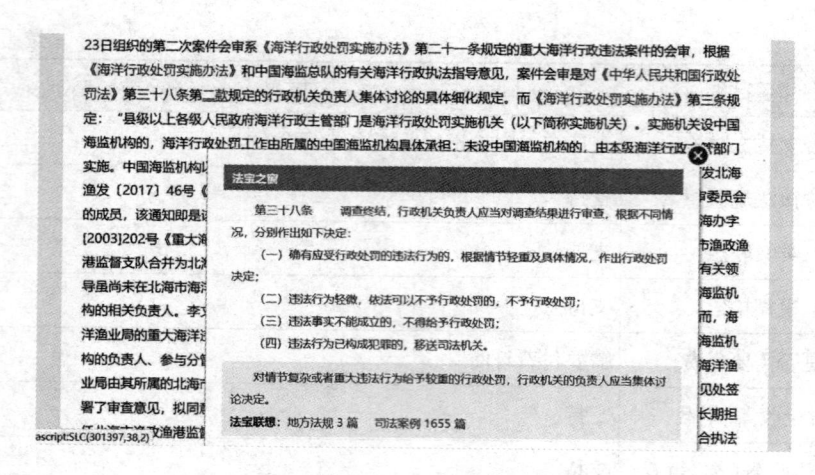

23日组织的第二次案件会审系《海洋行政处罚实施办法》第二十一条规定的重大海洋行政违法案件的会审,根据《海洋行政处罚实施办法》和中国海监总队的有关海洋行政执法指导意见,案件会审是对《中华人民共和国行政处罚法》第三十八条第二款规定的行政机关负责人集体讨论的具体细化规定。而《海洋行政处罚实施办法》第三条规定:"县级以上各级人民政府海洋行政主管部门是海洋行政处罚实施机关(以下简称实施机关)。实施机关设中国海监机构的,海洋行政处罚工作由所属的中国海监机构具体承担;未设中国海监机构的,由本级海洋行政主管部门实施。……"

图 5-7 北大法宝—法宝之窗截图

第十九条 法律、法规授权的具有管理公共事务职能的组织可以在法定授权范围内实施行政处罚。

法宝联想: 中央法规 26 篇 地方法规 154 篇 法律动态 1 篇 司法案例 708 篇 期刊 36 篇 专题参考 8 篇 本条变迁 智能发现

图 5-8 北大法宝—法宝联想截图

北大法宝的司法案例数据库收录了我国各级人民法院裁判的案例,主要包括裁判规则、指导性案例实证应用、仲裁案例等,并对这些案例内容进行了加工,将案例整理成关键词、裁判要点、相关法条、基本案情、裁判结果、裁判理由几个部分,检索者可以直接查看相应的部分。同时,北大法宝的司法案例数据库还可以根据关键词分析案例大数据,提供可视化图表。点击司法案例数据库搜索框下方的"案例可视化"选项,即可进入北大法宝案例大数据的检索页面(见图 5-9),在搜索框中输入关键词,如案由、法院、法官、律师等,即可进行大数据搜索。比如在检索框中输入"行政处罚"案由关键词,在检索结果页就可看到行政处罚裁判的基本概况,如各级人民法院审理案件的数量以及案件总数(见图 5-10),点击进入后,即可查看可视化的检索结果(见图 5-11),包含案例年度趋势、法院、法院层级、文书类型、审理程序、涉案当事人、相关律所、相关律师。此外,北大法宝的案例可视化支持自定义检索报告的生成,点击首页下方的"自定义报告",进行筛选案例、选择报表形式(见图 5-12)后,即可生成案例报告,报告生成后可以选择下载 PDF 版本。

图 5-9　北大法宝—案例可视化检索页截图

检索"行政处罚"共找到 1 个案由

行政处罚

行政 > 行政行为种类 > 行政处罚
最高人民法院(343) 高级人民法院(15629) 中级人民法院(67177) 基层人民法院(339067) 专门人民法院(6903)
案件总数：442730

首页　上一页　**1**　下一页　尾页

图 5-10　北大法宝—案例可视化检索结果列表页截图

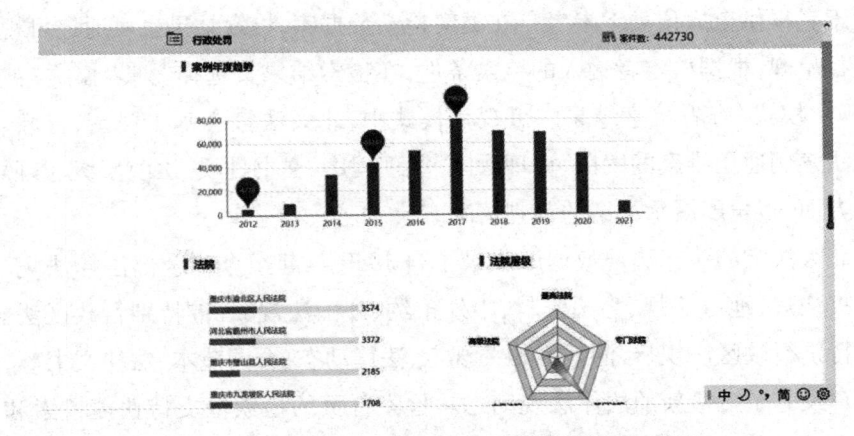

图 5-11　北大法宝—案例可视化检索结果页截图

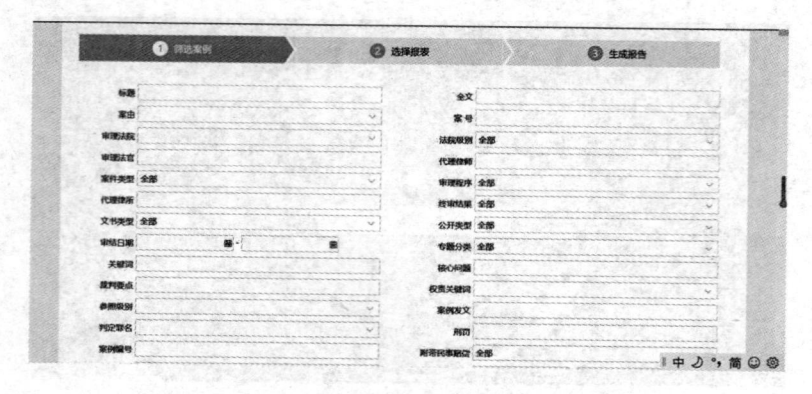

图 5-12 北大法宝—案例可视化自定义报告截图

  北大法宝的司法案例数据库与类案检索数据库是两个独立的数据库。类案检索数据库的检索方式与上述法信的类案检索基本类似，不再赘述具体的检索方法。不过需要注意的是，法信的类案检索范围是全库，即在检索框中输入关键词，检索结果包括民事、刑事、行政三种类型的裁判，检索者可以进一步选择不同类型的类案裁判，而北大法宝的类案检索则是需要先选择类案的类型，即民事、行政、刑事中的某一类，再进行检索。北大法宝类案检索数据库有类案智能检索的功能，用户输入案例文书、基本案情，数据库就会自动推送与待决事实相似的案例，并提供案例基本事实、争议焦点、法律适用精细化相似度计算，为检索者提供全方位类案参考。在类案检索数据库，检索结果也可通过可视化的途径呈现，根据检索者输入的检索条件，在检索结果页选择"列表模式"或者"可视化模式"查看检索结果。可视化模式中，北大法宝会基于民事、行政、刑事司法案例通用维度的案由、审理法院、审理程序、文书性质、法院层级、参照级别等方面，多角度展示类案的裁判情况。

  北大法宝的法律法规数据库收录了自 1949 年起至今的全部法律法规，包括中央法规、地方法规、立法资料、中外条约、外国法规、香港特别行政区法规、澳门特别行政区法规、台湾地区相关规定、法律动态、合同范本、法律文书等，帮助用户及时了解最新的法律法规动态。检索首页的检索框支持快捷检索和高级检索（见图 5-13），检索方式较为简单，不再赘述。法律规范的检索结果有列表和全文两种呈现方式，列表页左侧有法律规范的效力级别、专题分类、发布部门、时效性等导航,检索者可以直接点击导航栏中的选项,缩小检索范围。在检索到目标法律规范之后,检索者可以通过法律规范全文页上方的工具栏,实现页内查找、标亮、聚焦命中、法宝之窗、法宝联想等功能。此外,北大法宝的法律规范可以下载或者批量下载(见图5-14),可选择的下载格式有多种,比如纯文本(TXT)、Word、超文本、PDF等,检索者还可以自定义选择所下载规范中的附加字段,如时效性、效力级别等。

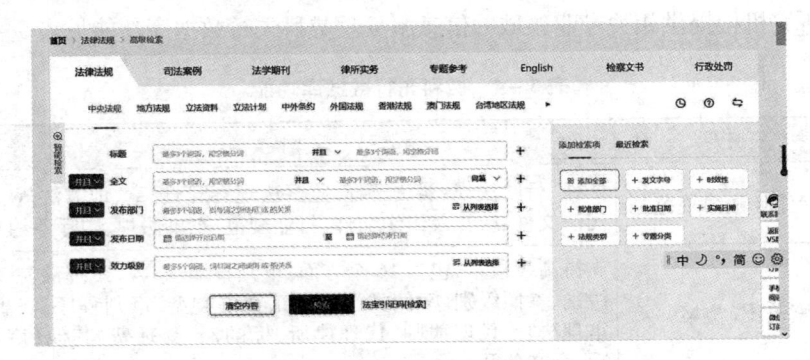

图 5-13 北大法宝—法规高级检索截图

图 5-14 北大法宝—法律规范下载截图

四、其他

随着法律实务与互联网、大数据技术的融合不断深入,各类法律检索的官方平台与非官方平台不断升级和完善,功能逐渐完善。除上述三个数据库之外,其他常用的法律检索数据库还有威科先行、无讼案例、北大法意、聚法案例等,这些法律检索数据库的功能都比较完善,可以参考以上三个数据库的使用方法,不再一一详细介绍,检索者可以通过对比以下几个数据库的功能,选择自己所需要的数据库进行法律检索。

（一）威科先行

威科先行（https://www.wkinfo.com.cn/login/index）由威科集团于1836年成立于荷兰，是全球知名的法律与法规、财税与会计、管理、风险与合规和医疗专业信息服务机构之一。为法律、财税、商务委、投资等领域的专业人士和政府与研究机构提供相关专业领域的信息服务。威科先行数据库功能见表5-4。

表5-4 威科先行数据库功能

项目	内容
检索范围（法律规范）	法律、行政法规、司法解释、监察法规、部门规章、地方法规、地方司法文件、政党及组织文件、行业规范、军事法规、国际条约
检索范围（类案）	支持高级检索，包括16个方面：审判日期、案号、审理法院、法院级别、参照级别、案例类型、案由、文书类型、审判程序、当事人、审理法官、代理律师、代理律所、标的额、受理费、其他（庭审视频、全文公开）
是否支持同句、同段、间隔搜索	支持
是否支持二次检索	支持在一次检索的范围内继续检索
法律法规联想	支持
类案联想	支持
模糊检索	支持
是否需要付费	需要付费订阅
批量下载	支持
检索报告（类案）	支持
图标呈现（类案）	不支持

（二）无讼案例

无讼案例（https://www.itslaw.com/home），孵化于我国天同律师事务所，天同律所的专业服务经验是无讼法律基因的来源。无讼还有独立的手机App，检索者可以在手机应用商店下载。无讼案例数据库功能见表 5-5。

表 5-5 无讼案例数据库功能

项目	内容
检索范围(类案)	不支持高级检索,包括 12 个方面:标题、法院观点、裁判结果、争议焦点、审理经过、原告诉称、辩方观点、引用法规、当事人、律师、律所、法官
是否支持二次检索	支持在一次检索的范围内继续检索
法律法规联想	支持
类案联想	支持
模糊检索	支持
是否需要付费	免费
批量收藏、下载	支持
检索报告(类案)	支持
图标呈现(类案)	支持

(三)聚法案例

聚法案例(https://www.jufaanli.com/)是一个拥有丰富法律资源的数据库,隶属于聚法科技(长春)有限公司,是一个法律大数据搜索服务平台,致力于解决法律大数据海量信息"查找难、统计繁"的问题,提供案例检索,法规检索和可视化检索等服务。聚法案例数据库功能见表 5-6。

表 5-6 聚法案例数据库功能

项目	内容
检索范围(法律规范)	法律、行政法规、司法解释、部门规章、地方性法规、地方政府规章、地方规范性文件、行业规范、地方工作文件
检索范围(类案)	全部内容,包含本院认为、案件事实、裁判结果、争议焦点、标题、当事人、原告诉称、辩方观点、诉讼请求、裁判要旨、基本事实、本院查明
是否支持同句、同段检索	支持

续表

项目	内容
是否支持二次检索	支持在一次检索的范围内继续检索
法律法规联想	支持
类案联想	支持
模糊检索	支持
是否需要付费	部分功能需要付费订阅
批量收藏、下载	支持
检索报告（类案）	支持
图标呈现（类案）	支持

除上文所介绍的法律检索途径之外，还有一些其他的检索途径。比如手机微信，实际上相较于上述法律检索的数据库，微信检索效率是很方便快捷的。微信所检索出来的法律信息内容涵盖较为广泛，包括但不限于对法律规范、案例、法官观点的解读和看法，从实务出发，又落脚于实务。微信检索虽然方便快捷，但检索结果也存在不规范的风险，检索质量无法得到保证，检索者通过微信检索的时候，要注意甄别筛选搜索结果，筛选质量较高的微信文章。

第四节 法律检索实训

实践是检验认识真理性的唯一标准，法律数据库的学习重在实践。在实务中，一次完整的法律信息检索的流程为：了解检索对象、明确检索目的、提炼检索关键词、选择检索工具、整理检索结果、得出检索结论。本节将以本章先导案例1为例，按照法律检索的步骤呈现一次完整的法律检索。

一、争议问题

根据《民法典》婚姻家庭编的规定，夫妻在婚姻关系存续期间所得的财产为夫妻的共同财产,归夫妻共同所有。先导案例1中程某赠与冯某财产的行为是否属于处分夫妻共同财产,赠与是否有效。

二、检索平台

法信。

三、检索关键词

1. 案由:赠与合同纠纷。
2. 案情关键词:夫妻共同财产、擅自赠与。
3. 争议焦点:无权处分、赠与效力。

四、检索范围

法院范围:最高人民法院、各地高级人民法院。
时间范围:2018—2022年。

五、检索结果

在法信的类案检索页输入"夫妻共同财产""擅自赠与"的案情关键词,检索结果共包括案例599篇,进一步根据法院层级筛选,检索结果包含最高人民法院0篇、高级人民法院5篇。

(一)最高人民法院典型案例

无。

(二)各地高级人民法院典型案例

1. 陕西省高级人民法院:黄某、熊某等确认合同无效纠纷案[(2021)陕民申2196号,案例1]

法院经审查认为,该案审查的焦点是申请人唐某的再审申请是否符合《民事诉讼法》第 200 条[3]规定的应当再审的情形。根据原《婚姻法》第 17 条和第 19 条的规定[4],熊某与黄某无关于婚内财产分别所有之约定,故对其婚内财产应认定为夫妻共同财产,并由双方共同行使处分权。熊某将夫妻共同财产擅自赠与唐某,构成无权处分,黄某有权追回。虽然熊某与黄某的离婚协议约定各自名下存款保持不变,应理解为对"协议离婚时"各自名下存款的分割,但案涉财产系熊某在离婚前赠与唐某,不属于离婚协议所处置之财产范围,不能因此认定为黄某自愿放弃了对该财产的所有权,二审法院判令唐某向黄某返还扣除其生活费后之差额,认定事实及适用法律并无错误。因各方当事人在二审中未提交新证据,二审法院仅由法官助理和书记员组织各方当事人进行询问谈话,而未由合议庭开庭审理该案,符合《民事诉讼法》第 169 条[5]之规定。综上,唐某的再审申请不符合《民事诉讼法》第 200 条规定的情形。

2. 湖南省高级人民法院:王某、陈某赠与合同纠纷案[(2020)湘民申 1061 号,案例 2]

该案的审查焦点是二审判决陈某返还王某 684,250 元是否正确。湖南省高级人民法院认为,夫妻财产共有的法律基础为婚姻关系,婚姻关系结束后,夫妻财产共有的基础消灭。在夫妻双方对婚姻存续期间共有财产没有明确约定的前提下,可按照按份共有的原则处理。该案中,各方对于李某向陈某支付的款项金额为 1,327,823 元无争议。陈某用该赠与款项购入车辆,现已将车辆退还李某,故李某向陈某支付的赠与款应扣除购车款,还有 1,140,417 元(1327823 - 187406 元)。李某向陈某支付的上述赠与款 1,140,417 元,为李某与王某在婚姻存续期间的夫妻共同财产,现双方婚姻关系已经解除,夫妻财产共有的基础消灭,王某仅能主张属于自己的财产份额,在双方对该笔款项未作出明确约定的情况下,原审对该笔款项予以分割并无不当。李某作为已婚人士,为了与陈某同居生活而赠与钱款,其行为有违公序良俗原则,自身存在较大过错,原审据此认定上述赠与款项,李某可分得 456,167 元(1140417 元×40%),王某分得

---

[3] 现为《民事诉讼法》第 211 条。
[4] 现为《民法典》第 1062 条和 1065 条。
[5] 现为《民事诉讼法》第 176 条。

684,250元(1140417元×60%),并无不妥。李某已将其财产份额456,167元无偿赠与陈某,视为其对自身权利的处分,陈某可不予返还。因李某无权处分王某的财产份额,故其将王某的财产份额赠与陈某的行为无效,陈某应将该部分款项返还王某。综上,二审判决陈某返还王某684,250元正确。

3. 江西省高级人民法院:李某1、张某赠与合同纠纷案[(2020)赣民申1321号,案例3]

江西省高级人民法院认为:李某2与张某未对婚内财产作出特别约定,根据原《婚姻法》第17条[6]的规定,李某2作为经商老板,其经营收入应当认定为夫妻共同财产。李某1认为其有理由相信被赠与的钱款系李某2个人财产,但未提供充足的证据证明,应承担举证不能的后果;张某在原审主张李某1与李某2存在不正当男女关系,因此,李某1认为李某2赠与其钱款系经过张某同意,不符合情理,也缺乏证据支持。案涉钱款系李某2对李某1在较长时间内连续赠与的,尽管有些次数赠与的数目较小,但整体而言属于大额财产。尽管李某2向李某1的赠与行为不存在原《合同法》第52条及原《民法总则》规定的无效情形[7],但根据最高人民法院《关于适用〈中华人民共和国婚姻法〉若干问题的解释(一)》第17条第2项[8]的规定,对夫妻财产的重要处理,夫妻应当平等协商并取得一致意见,张某不同意李某2的赠与行为,李某2对李某1的赠与即属于无权处分,其赠与合同应属无效合同。李某1没有证据证明张某同意李某2的赠与行为,在处理夫妻共同财产的问题上,夫妻双方不存在代理关系,必须协商一致,故李某1以最高人民法院《关于适用〈中华人民共和国婚姻法〉若干问题的解释(一)》第17条第2项后段的规定以及原《合同法》第49条[9]的规定主张赠与合同有效,缺乏事实依据和证据支持。根据共同共有的一般原理,在婚姻关系存续期间,夫妻共同财产应作为一个不可分割的整体,夫妻对全部共同财产不分份额地享有共同所有权,因此,李某2不能主张在

---

[6] 现为《民法典》第1062条。
[7] 合同无效的法定情形现规定于《民法典》第144、146、153、154条。
[8] 现为《民法典》第1062条第2款。
[9] 现为《民法典》第172条。

婚姻期间分割共同财产进而处分自己所分得的"一半",其与李某1的赠与合同也不可能部分有效,李某1提供的案例与该案无关。张某系李某2的妻子,李某2赠与李某1的钱款系其夫妻共同财产,其赠与合同损害了张某的合法利益,张某与该案有直接的利害关系,原审法院认定张某系该案适格原告不存在突破合同相对性的问题。李某2在原审中未主张撤销赠与行为,可以认为其在该案中没有诉请,但案涉赠与钱款系李某2与张某的夫妻共同财产,二审法院判决李某1返还全部钱款系处理张某的诉请,没有超出当事人的诉请,也没有剥夺当事人的辩论权利。

(三)部分中级人民法院典型案例

因为无法检索到最高人民法院的相关类案,高级人民法院的案例篇数也比较少,所以可以再检索几篇中级人民法院的类案,综合对比法院的观点。

1. 河南省安阳市中级人民法院:耿某、王某1等赠与合同纠纷案[(2022)豫05民终608号,案例4]

安阳市中级人民法院认为,有配偶者擅自将夫妻共同财产赠与他人,超出了日常生活需要的范围,侵犯了夫妻另一方的财产权利,赠与行为无效,且赠与行为全部无效,而非部分无效,夫妻中的另一方有权以侵犯共有财产为由请求他人予以返还。该案中,王某2转给耿某62,800元的行为发生在王某1与王某2夫妻关系存续期间,该钱款属于夫妻共同财产。王某2对耿某的赠与行为既损害了王某1的财产权利,又违背了公序良俗,应当认定为无效,一审法院判决耿某向王某1全额返还受赠财产正确。关于耿某主张涉案款项系王某2对其同情、帮助发生的赠与,因作为赠与人的王某2不予认可,耿某也未提供充分的证据予以证明,法院不予采信。综上,上诉人耿某的上诉请求不能成立,不予支持;一审判决认定事实清楚,适用法律正确,应予维持,即耿某从王某2处获得的钱款62,800元没有合法依据,而且造成原告王某1财产损失,应当返还。

2. 安徽省淮南市中级人民法院:王某、周某等赠与合同纠纷案[(2021)皖04民终2181号,案例5]

淮南市中级人民法院认为,该案系赠与合同纠纷,赠与人在赠与财产时,需对赠与的财产享有所有权或处分权。该案中,周某与安某系夫妻关系,在夫妻关系存续期间,安某通过周某的银行账户将案涉 150,000 元转给王某,该转款行为未取得周某的同意,周某对此亦不知情。王某二审上诉认为,案涉 150,000 元转款系安某偿还之前的借款,且在一审中安某也对此予以自认,但是一、二审审理过程中,王某并未提交证据证明案涉 150,000 元系其出借款。安某虽然在一审庭审时陈述是偿还借款,但综合在案证据,不能证明安某转款是偿还其向王某的借款。综上,安某的转款系对夫妻共同财产的无权处分,周某有权要求返还,一审法院判决王某返还周某 150,000 元正确,法院依法予以确认。综上所述,王某的上诉请求不能成立,依法不予支持。一审判决认定事实清楚,适用法律正确,应予维持。

六、分析检索结果

（一）基本案情对比

上述 5 个案例,均是在婚姻存续期间,夫妻一方将夫妻共同财产擅自赠与第三人。

（二）裁判理由对比

案例 1 中,法院认为,虽然黄某和熊某已经离婚,离婚协议中约定各自名下存款保持不变,应理解为对"协议离婚时"各自名下存款的分割,但是案涉财产系熊某在离婚前赠与唐某,不属于离婚协议所处置之财产范围。婚内财产应认定为夫妻共同财产,并由双方共同行使处分权。熊某将夫妻共同财产擅自赠与唐某,构成无权处分,黄某有权追回。

案例 2 中,法院认为,李某赠与陈某的财产系其与王某在婚姻存续期间的夫妻共同财产,现双方婚姻关系已经解除,夫妻财产共有的基础消灭,王某仅能主张属于自己的财产份额。因李某无权处分王某的财产份额,故其将王某的财产份额赠与陈某的行为无效,陈某应将该部分款项返还王某。

案例 3 中,法院认为,李某 2 作为经商老板,其经营收入应当认定为夫妻共同财产。对夫妻财产的重要处理,夫妻应当平等协商并取得一致意见,张某不同意李某 2 的赠与行为，李某 2 对李某 1 的赠与即属于无权处分，其赠与合同应属无效合同。

案例 4 中，法院认为，王某 2 转给耿某 62,800 元的行为发生在王某 1 与王某 2 夫妻关系存续期间，该钱款属于夫妻共同财产。王某 2 对耿某的赠与行为既损害了王某 1 的财产权利，又违背了公序良俗，应当认定为无效。

案例 5 中，法院认为，安某的转款系对夫妻共同财产的无权处分，周某有权要求返还。

（三）裁判结果对比

上述 5 个案例，案例 1、2、3 按照再审程序审理，案例 4、5 按照二审程序审理，均是终审判决或者裁定。5 份案例的判决结果均认定夫妻一方的赠与行为属于无权处分，赠与合同无效，支持一审法院或者二审法院判决被赠与人返还财产。

七、检索结论

（一）关于夫妻共同财产的认定

《民法典》第 1062 条第 1 款规定："夫妻在婚姻关系存续期间所得的下列财产，为夫妻的共同财产，归夫妻共同所有：（一）工资、奖金、劳务报酬；（二）生产、经营、投资的收益；（三）知识产权的收益；（四）继承或者受赠的财产，但是本法第一千零六十三条第三项规定的除外；（五）其他应当归共同所有的财产。"根据这条规定，要先认定案涉争议财产的性质，即是否属于夫妻共同财产，因为只有确定案涉争议财产是夫妻共同财产，才能够继续讨论赠与人的赠与行为是否为无权处分。

（二）关于合同效力的认定

《民法典》第 153 条第 2 款规定："违背公序良俗的民事法律行为无效。"公序良俗是民事主体在行为过程中应当遵循的公共秩序和善良风俗，不违反社会的一般道德。婚姻期间与他人发生不正当关系并将夫妻共同财产赠与第三人，有违公序良俗，赠与行为无效。

(三)关于无权处分的认定

《民法典》第311条规定:"无处分权人将不动产或者动产转让给受让人的,所有权人有权追回;除法律另有规定外,符合下列情形的,受让人取得该不动产或者动产的所有权:(一)受让人受让该不动产或者动产时是善意;(二)以合理的价格转让;(三)转让的不动产或者动产依照法律规定应当登记的已经登记,不需要登记的已经交付给受让人。受让人依据前款规定取得不动产或者动产的所有权的,原所有权人有权向无处分权人请求损害赔偿。当事人善意取得其他物权的,参照适用前两款规定。"无权处分他人财产的,如果不符合善意取得的构成要件,则权利人有权追回财产。无权处分的赠与合同中无价款往来,所以受赠人不能以善意取得对抗权利人要求返还财产的请求。

综上,在本章先导案例1中,程某与李某系夫妻关系。程某在婚姻存续期间,先后给冯某购买了汽车、住房,并给付资金,应先分析购车款、购房款、程某给付的资金是否属于夫妻共同财产,若属于夫妻共同财产,则程某的赠与行为属于无权处分,李某有权要求冯某返还财产。

课后练习

以本章先导案例2为事实基础进行一次完整的法律检索。

第六章 法律思维

先导议题

2021年9月,乐东县某村村民林某与外省户籍的唐某签订了一份宅基地合作建房合同,约定唐某出资100万元与林某在其宅基地上合作建设面积为400平方米的房屋,林某提供相关建房所需手续,建成后唐某拥有其中280平方米房屋的所有权。后因双方合作不顺,唐某找到法律诊所要求解除该合作建房合同。如果你是代理律师,你认为应当怎么办?法律思维在具体案件的代理中有什么作用?法律思维如何形成?

法律条文不是墨守成规的,会随着时间的变化而修改或废止,会随着时代价值的变迁而更迭,法律人只有掌握法律思维能力,提高在变动的事实和环境中思考、分析与解决问题的能力,才能在日益变化的时代中受益终生。

第一节 法律思维概述

一、法律思维的定义

法律思维包括广义和狭义两个层面的内涵。从广义上来说,法律思维即法治原则、法律概念、法学原理、法律方法以及一些法律技术性规定等在思维中具有约束力的表现形式,[1]即法治原则、法律概念、法学原理等法律及其基本原则在实际生活中对人们的生活方式、思考方式的影响。例如,行人闯红灯导致

---

[1] 陈金钊:《对"法治思维和法治方式"的诠释》,载《国家检察官学院学报》2013年第2期。

的交通事故,一般社会人都能得出不能完全归责于肇事司机的结论,即便他们并不知道法律条文的规定,这就是法律原则中的公平原则和过错原则在人们思维中的体现。而狭义上的法律思维更类似于法律人的法律职业思维,是指运用法律的规定、逻辑和理论,思考、分析并解决当事人实际问题的一种思维模式。[2] 例如,法官审判和律师提供法律服务时为追求个案正义所运用的法律条文、法律方法和法律技术性规定等。

法律思维贯穿会见、咨询、检索、诉讼、调解、仲裁、法律审查等法律事务服务的各个环节,不仅是诊所学生办理诊所案件所应当掌握的思维方式,更是其在整个法律职业生涯中应当掌握并不断深化的思维。可以说,法律思维应当是法律人所必备的职业技能。

法律思维根植于社会治理需要,一方面,法律人运用法律思维寻找支撑问题解决的理由并获取处理法律问题的结论;另一方面,法律思维隐含维护人类社会正常秩序、维护大众共同价值取向、维护正当的社会秩序规则的目的,用以指引规范大众的日常生活。法律思维绝不仅仅是完美的逻辑推理,更重要的是法律的价值,即法律的意义、精神、原则、价值追求、实施效果等内化性在具体案件中的体现,即在"当下"关注追求具体个案中的公平与正义,同时又"向后"看到法律的社会效果。

二、法律思维的特点

结合法律思维的内涵与核心,其应当具备以下几个方面的特点。

(一)法律思维以法律为思维的标尺

从"法律思维"的文义上来看,法律是这一思维领域的特殊涵摄范围,思维的每一步都应当以法律为根基,每一个主张、每一次论证、每一项行动都应当具备法律上的根据。以法律为标尺具体表现在以下两个方面。

一方面,法律思维以权利义务为线索。归根结底,一切法律问题都是权利

---

[2] 阮国平:《论法律思维的基点及其思维层面》,载《行政与法》2015年第10期。

与义务的问题,当一方具有法律所赋予的某一项权利,即表明法律认可其为实现这一项权利所采取的行动或期待,并在发生权利侵害时予以保护;而义务则是一项被动的法律约束,需受到与权利方相对应的约束与支配,并按照约束与支配去为或不为一定的行为。实践中的权利义务复杂多变,且一个法律关系中具备多重权利义务,如合同之债关系中的收货权利、给付义务、合同解除权利、违约责任、先履行抗辩权等。可见,任何一项行为均是多项权利义务交织、共存或相互冲突,法律意义上的权利义务关系是牵引一切法律问题的逻辑线索,在充分理清双方甚至多方权利义务关系的基础上,寻找每一种权利义务中对应的不同事实和不同次序的权利义务的地位,最终达成提出问题、分析问题并解决问题的逻辑进路。

另一方面,法律思维以合法性为指导。这一特点是将法律思维与其他思维(如道德思维)相比较而得出来的。道德思维以社会公认的社会伦理为依托,注重人们用对于某一事件的内心感受来判断善与恶、对与错,不需要规则、程序甚至理由。而法律思维注重合法性根据,围绕某一行为的合法性与非法性进行价值判断,使之接受法律的约束。例如,对于未查明的客观事实或无证据证明的案件情况,只能认定该客观事实不存在;对于已查明的客观事实,若证明该客观事实的证据存在合法性瑕疵,那么该证据被法律规定的证据规则所排斥而丧失证明力,因此得出的法律事实将与客观事实相悖;等等。这些特殊情形下的认定均与普通人对于客观事实的认定不相符,却是法律规范出于更好地保护"正义"的目的而作出的程序性规定,如果能够理解法律思维的合法性,就能够接受部分法律结论与事实相悖的现实与正当。法律人的法律思维应当以尊重并遵守法律为第一性原则。

(二)法律思维以社会性为思维的出发点

法律作为一门社会学科,以一般社会人对于价值取向的通常可接受程度为标尺制定法律规范,又用可见的法律规范来保护个案中的公平与正义。人们会根据自己的价值取向,对具体个案中的司法程序、法律理由、裁判结论等内容予以评价,进而决定自己是否认同法律的公平正义。如果这些内容都符合自己的价值取向,那么他们就得出法律对于纠纷或问题的处理符合公平正义的结论并自愿遵守或服从法律的规制;但如果具体个案的裁判理由或结论明显背离社会大众对于公平正义的价值认可,如彭宇案中法官作出的赔偿理由与结论,将会严重损害公众的价值情感并受到社会公众的质疑。因此,法律思维应当在合法性的基础上遵从社会一般价值取向的指引,这样得出的法律结论才能够为社会公众所认可,并得到社会公众的遵守。

(三)法律思维以理由正当为思维的依据

法律思维的任务不仅是获得处理法律问题的结论,更重要的是提供一个能够支持所获结论的理由。[3] 一个法律问题的解决可能存在两种甚至两种以上的结论,尤其是一些复杂疑难的案件,法官对于同一案件的不同理解导致最终的裁判结论可能南辕北辙,这就是诸多案件"同案不同判"的原因。正当的理由必将导致正当的结论,但正当的结论未必源于正当的理由。正当的理由应当是一个在法律上能够成立的理由,同时是符合法律规则逻辑的,能够从法律的角度说服案件当事人和旁观者的理由,从这个角度来说,最终的裁判结论是哪一个,完全取决于最正当的理由是哪一个。就此而论,法律思维的首要任务与其说是寻求解决问题的结论,不如说是寻求据此作出结论的理由——那些认同法律并依赖于法律的人们能够接受的理由,那种只提供结论而不提供理由的思维方式,是不符合法律思维方式的本质特征的。[4]

第二节 法律思维的方法

法律思维能力作为一种职业能力的表现形式,在一定程度上决定着职业能力和职业水平的高低,如何将法律思维的应然转化为客观现实,是法律思

---

[3] 郑成良:《论法治理念与法律思维》,载《吉林大学社会科学学报》2000 年第 4 期。
[4] 郑成良:《论法治理念与法律思维》,载《吉林大学社会科学学报》2000 年第 4 期。

维方法所需要达成的目标。本节所陈述的法律思维的方法系以法律诊所课程为基础,以为当事人解决问题为视角的法律思维方法,该等法律思维方法包含法律人共有的、共性的法律思维方法,同时亦有法律服务提供者的特殊视角。

一、厘清当事人的真实诉求

厘清当事人的真实诉求,是法律服务提供者特殊的法律思维视角。作为法律服务提供者,要做的不是根据当事人所陈述的字面意思协助其达到目的,而是通过其陈述找到当事人的真实诉求、真正需要解决的问题,并为其提供完整的解决方案。

学生在书本上接触的案例基本都是筛选后排除了客观干扰的、有效的案件信息,事实简单明了,且通常是中立的审判者视角,如案例1。

案例1:2021年甲公司与乙公司签订了一份买卖合同,约定甲公司于2021年11月31日前向乙公司交付一批价值为100万元的货物,定金为10万元,剩余货款待乙公司收到货物后3个工作日内支付。甲公司如约交付货物但乙公司逾期未支付货款,甲公司委托代理人找到法律诊所请求帮助。

这个例子中无任何干扰事项,不难看出是一起买卖合同纠纷案件,当事人的诉求很明确,就是请法律诊所帮助追讨货款及追究对方当事人的违约责任。

但是现实生活中的案件并不会如此简单明了,诊所学生所面对的将不再仅是基础事实,当事人的陈述往往掺杂有用和无用的信息,在未筛选且无筛选能力的情况下传达给诊所学生,甚至可能隐瞒一些信息,因此筛选信息并厘清当事人的真实法律诉求是法律思维的第一步,也是关键的一步,倘若诊所学生不能够厘清当事人诉求,则极可能在最初环节就误判方向并导致最终的法律意见或服务方案的错误。

案例2:2021年,A公司向B公司发包了某大厦建筑工程,后B公司将其中的门窗安装工程转包给C劳务公司,C劳务公司经人介绍找到包工头王某承包了其中部分劳务。王某承包部分完工后,C劳务公司未能向其支付报酬5

万元且失去联系,于是王某找到 A 公司、B 公司,要求两家公司向自己支付报酬 5 万元。A 公司、B 公司提出,只要王某能够得到法院的确认,确认 C 劳务公司拖欠王某的工程款项 5 万元,A 公司、B 公司就可以根据法院的确认向王某支付工程款。王某来到法律诊所,要求协助其取得法院的确认。

该案例中,王某提出的诉求是"协助其取得法院的确认,确认 C 劳务公司拖欠王某的工程款项 5 万元"。经过系统的法律学习,我们知道,取得法院确认的方式一般是取得一份具有法律效力的判决书,要取得判决书便需要提起诉讼。根据王某的诉求的字面意思,似乎只要向法院提起一个确认之诉,请求法院确认 C 劳务公司拖欠王某工程款项 5 万元即可。但是这一路径能够实现吗?是行之有效的解决方案吗?

我们不妨思考,王某真正要解决的问题是什么?是获得一份判决书吗?很明显不是。王某真正要解决的问题是获得 5 万元的报酬。那么,根据我国的法律法规,能够为王某解决这个问题的途径有多少种呢?具体又应如何操作呢?按照这个逻辑,我们不难发现,要解决这个问题可以通过调解或诉讼(仲裁)的方式,该案例中,王某已经自行协商调解过,调解的结果即是 A 公司与 B 公司表态只要王某能够取得法院的确认即支付款项。为进一步推动事情的解决,作为王某的代理律师,我们设置诉讼请求,首先必然是要求 C 劳务公司支付拖欠王某的工程款项 5 万元,其次从实现当事人利益最大化的角度,需要把更具有偿付能力的 A 公司、B 公司也作为案件被告。

再如本章先导案例,唐某提出的诉求是解除合作建房合同,但解除合同是唐某真正的诉求吗?唐某系因合作不顺希望解除合同,因为其认为只有解除了合同才能把自己投入的成本收回来,把自己从这个不顺利的合作关系中解脱出来。因此,唐某真正的诉求与目的是把自己投入的成本收回来,把自己从这个不顺利的合作关系中解脱出来。在理清了当事人的这一诉求后,在法律服务提供者的角度,我们的思考不应再局限于合作建房合同能否解除这一问题上,而应思考在法律上有多少种途径能够达到唐某的上述诉求?显然,解除合同是一种途径,申请撤销合同和确认合同无效也是一种途径,哪一种途径才是符合该案事实、行之有效的途径呢?学生可通过寻找并梳理出案件的法律事实、分析法律关系查找适用的法律规范、适用法律规范形成法律结论等一系列逻辑步骤来逐步论证,找出最适合的方案。

二、寻找并梳理出案件的法律事实

(一)寻找案件的法律事实的原因

事实通常包括生活事实、法律事实。生活事实是指已然存在的客观状态,如张三驾驶机动车以120公里/小时的速度行驶,李四从道路中间跨越防护栏横穿马路,王某全家共14口人,林某拥有一块位于乐东县某村的宅基地。这些事实客观上已然发生且不可改变,但并非都具有法律上的意义。法律事实应当是与具体案件的法律判断有关的事实,如张三驾驶机动车以120公里/小时的速度行驶,只有在交通法规限制了行驶速度的情形下才能得出张某超速的结论,林某拥有宅基地,只有在其进行宅基地交易时才考虑宅基地转让是否合法的问题。可见,并非所有的事实都与法律判断有关,只有可以进行法律评价的事实才是法律事实,只有与当事人真实法律诉求相关的法律事实才是解决问题所需要的法律事实。

如前所述,学生在书本上接触的案例都是筛选后排除了客观干扰的、有效的案件信息,事实简单明了,学生可以快速地对事实进行判断,判断这一事实是否具有法律意义、符合什么法律规范等。但不同于过往的学习,在提供法律服务时,法律服务提供者最初了解到的案件所涉的生活事实通常源于当事人的陈述,大多时候较为散乱且具有倾向性、情绪性的内容。因此,法律服务提供者在处理真实法律问题时,需要完成生活事实与法律事实的转化,寻找并梳理出案件需要的法律事实。

(二)法律服务提供者视角的案件的法律事实

在审判逻辑中,如果无法证实一个法律事实存在,那么判断该法律事实的步骤就到此为止了,下一步是就不存在这一事实依据法律规范作出相应的法律判断。对于法律服务提供者来说,不仅要以审判者的角度去审视案件中是否存在相关法律事实,而且要协助当事人通过各种方式收集证据,寻找案件的法律事实。

因此,寻找并梳理案件的法律事实的核心工作就是证明已知的生活事实的真实存在,审视其是否具有法律意义,进而判断其是否为与当事人真实法律诉求相关的法律事实。

证明某一事实存在涉及证据法领域的问题。作为法律服务提供者,除了应熟悉各类证据规则,更应熟悉如何收集证据,这需要一定的常识与积累。以要证明"张三驾驶机动车以 120 公里/小时的速度行驶"为例,由于交通工具的速度必须依赖专业设备的检测,这一事实可能仅在交警部门的专业道路监控中才能得以显示、证明;而"李四从道路中间跨越防护栏横穿马路"这一事实则不同,这个事实在交警部门的专业道路监控中可能也存在,但由于这样的事实不需要专业的设备测试,只要能够记录、反映即可,所以路人的证言、路边不具备测速的监控,甚至往来车辆的行车记录仪都可能成为证明这一事实的证据。

法律人在利用法律思维进行法律判断时,通常在寻找法律事实与查找适用的法律规范之间循环往复、不断审视。实际操作中,两者通常互相关联、不可分割。在成文法国家,生活事实只有符合法律规定的事实构成要件才有可能具有法律意义,成为法律事实。因此,要审视生活事实是否具有法律意义,实际需要依据生活事实的特征在法律制度上找到有关的法律规范。可以说,审视生活事实是否具有法律意义,有赖于法律人对法律规范的熟悉与了解。仍然以要对"张三驾驶机动车以 120 公里/小时的速度行驶"这一生活事实进行法律判断为例,如果目前我国相关法律规范中不存在"机动车在道路上行驶不得超过限速标志、标线标明的速度"的规定,则这一事实便不具有法律意义,相同地,如要能够快速判断这一事实是否具有法律意义,前提当然是了解我国机动车行驶速度方面的法律规范。

三、分析法律关系查找适用的法律规范

法律思维的特点之一是以法律为思维的标尺,以合法性为指导,因此解答法律问题的依据必然是法律规范。寻找适用的法律规范看起来是寻找回答某个问题需要的标准、适合某个生活事实的法律规范,但实际上是从一个法律体系中准确定位某一适用法律的问题,必须从全局出发。因此,在寻找适用法律规范时不可忽视法源(法律依据)的问题,根据实务经验总结,法律依据需要做

扩大化解释，不仅包括宪法、法律、法规、规章以及最高人民法院司法解释、规范性文件等依据，还包括社会习俗、社会道德、公共规则、一般常识等依据。

法律规范浩瀚如烟且变化不断，如何能够快速准确地在法律规范中检索到能够适用某个具体案件的规则和信息是每个法律人需要面临的重大问题，查找适用的法律规范体现的是法律人的法律检索能力。当然，查找适用法律规范的过程，就是确定法律主体之间的法律关系的过程，法律规范必然指向一个具体法律关系，而明确法律关系将有助于我们快速查找到适用的法律规范。

例如前文案例2，根据当事人的陈述，可以得知这个案件可能涉及建设工程施工合同关系，也可能涉及劳动或劳务关系，学生可以据此检索相关的法律法规。这是一个合乎逻辑的方法，但对于刚接触实务案件处理的学生来说也许不是最行之有效的方法。刚开始接触实务案件处理的学生通常缺乏实务经验，往往对案件和法律规范的认识都不够全面，甚至可能难以辨别一些事实属于什么法律关系，在这种情况下难以通过常规的方法检索出相关的法律规范，对此应当通过检索案例中的相似事实定位案例，以此为线索寻找相关法律规范。

王泽鉴先生说过，读案例是法律人的日课。学习案例和判决是法律人、法学生快速进步的一大捷径。作为新手，在接触一个案件时，如果不了解法律规范，手里唯一的线索便是案件事实。相似的案件事实是相同的法律关系或类似的法律关系中共同的特点，通过检索相似事实，可以找到具有相近事实的裁判案例，再通过研读判例去找到可能涉及的法律规范，达到查找适用法律规范的目的。通常，如果可以通过某一事实定位到相近的裁判案例，那么便能够完成审视生活事实是否具有法律意义的寻找案件的法律事实的工作。随着经验的累积，诊所学生将来在查找到适用的法律规范前，就能够快速判断可能涉及的法律关系，此时便无须再用检索事实的方法查找适用的法律规范，通过法律关系的定位即可找到相关的法律规范。

四、适用法律规范形成法律结论

（一）"三段论"的论证过程

法律规范由事实行为与法律后果构成，适用法律的过程就是将个案的法律事实置于法律规范的规定之下，进行对比判断，如果事实行为是符合法律规范规定的事实行为，即适用对应的法律规范，得出相应的法律后果。至此，法律判断得以完成。

进行法律判断并形成结论，实际上是一个"大前提—小前提—结论"的"三段论"论证过程。因为法律规范条文有特定的表达习惯，所以多数时候不能直接与作为"小前提"的案件事实相对应，这时我们需要在"大前提"和"小前提"之间加入"对大前提的解读"，为"大前提"和"小前提"搭建一个桥梁。

例如，"大前提"根据《公司法》第23条第3款的规定，只有一个股东的公司，股东不能证明公司财产独立于股东自己的财产的，应当对公司债务承担连带责任。"对大前提的解读"当公司只有一个股东，且股东不能提供证据证明公司财产独立于股东自己的财产，那么该股东需要对公司债务承担连带责任。"小前提"该案中，被告作为一人有限责任公司的股东，没有提供证据证明公司财产独立于自己的财产。"结论"被告应当对公司欠原告的债务承担连带清偿责任。

（二）寻找法律规范

适用法律规范的难点在于，在我国的法律体系中，事实构成与法律后果并非都在一个条文中，而可能散见于一部法律规范甚至横跨多部法律规范。我们通过一个简单的案例感受一下。

案例3：2021年12月31日，为庆祝跨年，张三驾驶自己的奔驰轿车以120公里/小时的速度行驶在春天路上。春天路位于春天城的城中心，张三与诊所同学再次回到春天路查看，发现春天路有限速标识，限速为50公里/小时。

该案事实非常简单，根据"张三驾驶机动车以120公里/小时的速度行驶在限速为50公里/小时的路上"这一事实，结合我国法律对在道路上行驶的机动车的车速有限制，可推定这一事实具有法律意义。据此，进一步检索后，我们发现与机动车行驶速度有关的法律规范主要如下。

《道路交通安全法》

第四十二条 机动车上道路行驶,不得超过限速标志标明的最高时速。在没有限速标志的路段,应当保持安全车速。

夜间行驶或者在容易发生危险的路段行驶,以及遇有沙尘、冰雹、雨、雪、雾、结冰等气象条件时,应当降低行驶速度。

第六十七条 行人、非机动车、拖拉机、轮式专用机械车、铰接式客车、全挂拖斗车以及其他设计最高时速低于七十公里的机动车,不得进入高速公路。高速公路限速标志标明的最高时速不得超过一百二十公里。

第九十九条 有下列行为之一的,由公安机关交通管理部门处二百元以上二千元以下罚款:

(一)未取得机动车驾驶证、机动车驾驶证被吊销或者机动车驾驶证被暂扣期间驾驶机动车的;

(二)将机动车交由未取得机动车驾驶证或者机动车驾驶证被吊销、暂扣的人驾驶的;

(三)造成交通事故后逃逸,尚不构成犯罪的;

(四)机动车行驶超过规定时速百分之五十的;

(五)强迫机动车驾驶人违反道路交通安全法律、法规和机动车安全驾驶要求驾驶机动车,造成交通事故,尚不构成犯罪的;

(六)违反交通管制的规定强行通行,不听劝阻的;

(七)故意损毁、移动、涂改交通设施,造成危害后果,尚不构成犯罪的;

(八)非法拦截、扣留机动车辆,不听劝阻,造成交通严重阻塞或者较大财产损失的。

行为人有前款第二项、第四项情形之一的,可以并处吊销机动车驾驶证;有第一项、第三项、第五项至第八项情形之一的,可以并处十五日以下拘留。

《道路交通安全法实施条例》

第四十五条 机动车在道路上行驶不得超过限速标志、标线标明的速度。在没有限速标志、标线的道路上,机动车不得超过下列最高行驶速度:

(一)没有道路中心线的道路,城市道路为每小时30公里,公路为每小时40公里;

(二)同方向只有1条机动车道的道路,城市道路为每小时50公里,公路为每小时70公里。

第四十六条　机动车行驶中遇有下列情形之一的，最高行驶速度不得超过每小时30公里，其中拖拉机、电瓶车、轮式专用机械车不得超过每小时15公里：

（一）进出非机动车道，通过铁路道口、急弯路、窄路、窄桥时；

（二）掉头、转弯、下陡坡时；

（三）遇雾、雨、雪、沙尘、冰雹，能见度在50米以内时；

（四）在冰雪、泥泞的道路上行驶时；

（五）牵引发生故障的机动车时。

第七十八条　高速公路应当标明车道的行驶速度，最高车速不得超过每小时120公里，最低车速不得低于每小时60公里。

在高速公路上行驶的小型载客汽车最高车速不得超过每小时120公里，其他机动车不得超过每小时100公里，摩托车不得超过每小时80公里。

同方向有2条车道的，左侧车道的最低车速为每小时100公里；同方向有3条以上车道的，最左侧车道的最低车速为每小时110公里，中间车道的最低车速为每小时90公里。道路限速标志标明的车速与上述车道行驶车速的规定不一致的，按照道路限速标志标明的车速行驶。

第一百零九条　对道路交通安全违法行为人处以罚款或者暂扣驾驶证处罚的，由违法行为发生地的县级以上人民政府公安机关交通管理部门或者相当于同级的公安机关交通管理部门作出决定；对处以吊销机动车驾驶证处罚的，由设区的市人民政府公安机关交通管理部门或者相当于同级的公安机关交通管理部门作出决定。

公安机关交通管理部门对非本辖区机动车的道路交通安全违法行为没有当场处罚的，可以由机动车登记地的公安机关交通管理部门处罚。

第一百一十条　当事人对公安机关交通管理部门及其交通警察的处罚有权进行陈述和申辩，交通警察应当充分听取当事人的陈述和申辩，不得因当事人陈述、申辩而加重其处罚。

通过以上法律规范可以发现，仅仅就这一事实简单的案件可能涉及的事实行为的规定分别体现在《道路交通安全法》《道路交通安全法实施条例》的多个条文中，可以将张三的行为对应至《道路交通安全法》第42条第1款"机动车上道路行驶，不得超过限速标志标明的最高时速"中，张三的行为明显违反了这一禁止性规定。这一禁止性规定的法律后果在《道路交通安全法》第99条中有规定，而有权处理的公安机关交通管理部门则规定在《道路交通安全法实施条例》第 109 条中。可见,尽可能寻找全部相关的法律规范是准确适用法律规范的前提。

(三)在事实与规范之间检视

适用法律需要将具体个案的事实不断代入法律规范中,提炼个案事实的重点元素,看其是否存在规范构成的要素并排除与规范无关的事实;同时,将可能适用的规范延至个案事实中,看其能否达到解释个案判断的要求,使事实与规范不断靠近。因此,整个法律思维就是在分析—论证—再分析—再论证中不断完善,通过厘清当事人的真实法律诉求、寻找并梳理案件的法律事实、分析法律关系查找适用的法律规范、适用法律规范形成法律结论四个逻辑步骤,不断排除掉无关事实、关系和规范,最终得出严谨准确的法律判断(见图 6-1)。

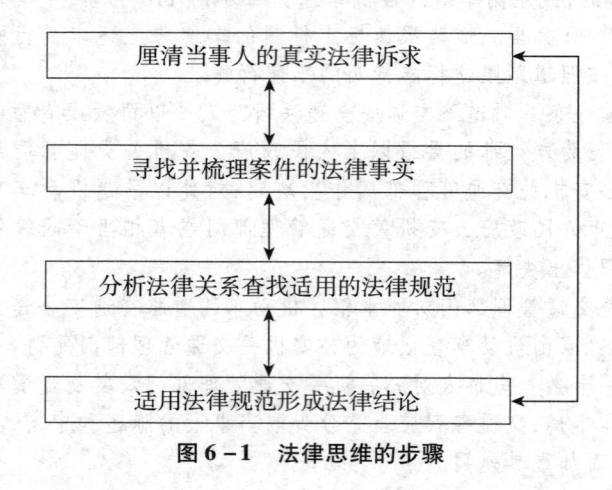

```
厘清当事人的真实法律诉求
        ↓↑
寻找并梳理案件的法律事实
        ↓↑
分析法律关系查找适用的法律规范
        ↓↑
适用法律规范形成法律结论
```

图 6-1　法律思维的步骤

第三节　法律思维的综合训练

法学基础教育中的教育重点应在于怎样培养法律思维。因为法律条文会随着时间的发展变化而更新或废除,只有在实践中具备一定法律思维能力,才能在日益变化发展的社会时代中受益终身。

课后练习

1. 方某甲非国家工作人员受贿案[5]

被告人方某甲系义乌市后宅街道金城高尔夫二期业主委员会主任。2016年10月,被告人方某甲以业主委员会主任的身份与大合公司合作金城高尔夫房屋违章阳台的检测业务,向每户业主收取2000元的检测费用,并以业主委员会的名义分三笔将检测费用700,000元、754,000元、534,000元汇入大合公司后,向大合公司索取每户800元的回扣,从中非法获利795,200元,其中581,600元由被告人方某甲分别以"王某1"、"王某2"的名义从大合公司现金领取,余款213,600元转入被告人方某甲指定的陈某1账户106,800元、陈某2账户106,800元。

业主委员会是否属于《刑法》第163条、第164条规定的"其他单位"?被告人方某甲作为业主委员会主任,利用职务便利索取他人财物或者非法收受他人财物,为他人谋取利益,是否构成非国家工作人员受贿罪?

2. 陈某某开设赌场案[6]

2017年8月至2018年12月15日期间,陈某某以营利为目的,租用旬阳县城区邮政家属楼1单元302室,购置麻将桌等赌具开设麻将馆,招聘服务员为参赌人员提供餐饮等服务。在经营过程中,被告人陈某某通过抽取台费等方式营利,共计获利7万元。

陈某某是否构成赌博罪?如果你是陈某某的辩护律师,怎么进行辩护?

---

[5] 参见浙江省金华市中级人民法院刑事判决书,(2020)浙07刑终161号。
[6] 参见陕西省安康市中级人民法院刑事判决书,(2020)陕09刑终105号。

第七章 证据收集与审查

先导议题

甲多次向乙装饰公司供应水泥、沙石等装修材料，2020年1月15日双方结算货款，乙装饰公司向甲出具"押金条"。后甲不慎将"押金条"毁坏，自称被自家狗咬掉了"押金条"一角，"押金条"仅余部分如图7-1所示。

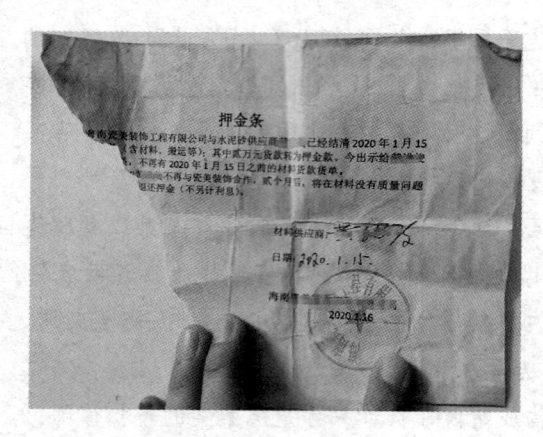

图7-1 甲提交的押金条

被告乙装饰公司尚欠原告甲货款20,000元，为此，原告与被告达成协议立下押金条一张，称："被告之前拖欠原告的两万元货款转化为质量保证金，在两个月后若材料没有质量问题，被告将返还原告质量保证金两万元。"

2020年8月22日，被告向原告退还质量保证金10,000元，双方立下"水泥沙11—12月账单"并由原告确认签字，注明被告尚欠原告质量保证金10,000元。

至此，被告共欠原告10,000元质量保证金未退还。原告认为，原告已经按约定交付了货物，履行了全部合同义务，并且供应的货物不存在质量缺陷的情况，被告应按双方约定和诚实信用的原则退还质量保证金，但被告以各种理由拒绝退还,已经构成合同违约,严重侵害了原告的合法权益。

现甲声称乙装饰公司尚拖欠其1万元,了解到法律诊所可免费维权,遂找到陈同学、方同学所组成的小组,要求帮他追回1万元。

审查这张"押金条"后,你认为这1万元是什么款?仅凭这张"押金条"能否追回欠款?还需要收集哪些证据?[1]

第一节　证据收集与事实调查

就大多数诉讼案件而言,当事人争议的主要是事实问题。根据证据裁判主义,对事实问题的裁判必须依靠证据。同时,作为认定案件事实的证据必须具有证据能力,裁判所依据的必须是经过法庭调查和质证的证据。俗话说"打官司就是打证据",指的就是裁判必须建立在诉讼证据的基础上,且该证据有证据能力并经过法定程序的调查。因此,如何收集证据,进而在诉讼中运用证据查明事实、认定事实,就成了诉讼的必修课。

一、证据收集

法院的裁判是建立在一定的案件事实和法律规则的基础上的,这就是我们通常所说的要"以事实为根据,以法律为准绳"。这里的"事实"并不是通常意义上的事实,它既不能等同于实际发生的事实(实际发生的事实可能很多,有些与案件无关,有些虽然有关但未能得到证明),也不能等同于原告主张的事实或被告主张的事实(当事人主张的事实可能不真实或者虽然真实但未得到证明),而是认为对解决案件有意义的并且被证明的事实或者其他可以依法确认的事实。[2] 要正确查明、认定案件事实,必须全面收集证据。没有证据或者证据不足,就不能查明案件事实,无法正确认定案件事实。

---

[1] 2021年第34期法律诊所代理案件。
[2] 李浩主编:《证据法学》(第2版),高等教育出版社2014年版,第15页。

二、事实调查

(一)事实调查的分类

1. 正式调查。对于案件事实,当事人及其代理人应当进行调查。调查的事实是法律所要求的,调查后取得的证据可以证明案件事实,经过法院的审查就可以作为证明案件事实的依据。

2. 非正式调查。若作为当事人的代理人,则除了基本的、法律所规定的必须进行的事实调查,还应当主动出击,在程序合法的情况下,深入全面分析案件,全面调查与案件相关的事实,广泛收集证据,这样才能在庭审中准备充分,更好地应对对方当事人所提出的证据。

(二)事实调查的范围

事实调查的范围即双方当事人所争议的、需要证据予以证明的事实。事实复杂的案件中,只有明确需要证明的事实,证明自己的主张,才能够在诉讼活动中获得有利地位,若调查的事实虽与当事人之间的纠纷有联系,但无法予以证明,那么该事实的调查对纠纷的解决没有意义,不符合证据所要求的关联性。事实调查要明确当事人的诉求,分析案件的性质,针对相应的待证事实,直接指向具有争议性的事实,收集的证据也应当是明确的,能够达到证明其主张的目的。比如甲与乙装饰公司欠款纠纷案中,原告主张的 10,000 元保证金是被告尚未归还的货款。该案中,押金条虽然损毁,但部分内容仍然可以辨认,这部分可辨认的内容具有法律效力。20,000 元的货款数额、原告与被告之间将货款转化为押金款的约定、时间、被告签字、印章等关键信息未缺失,证明被告应当退回原告 20,000 元质量保证金。原告主张被告仍有 10,000 元质量保证金未退还,应当提供以下证据:(1)被告已经归还的 10,000 元的转账记录,证明被告只履行了一部分义务,还有 10,000 元质量保证金未退还;(2)关于货物数量、规格、质量及价款数额等的情况说明,证明原告已经按约定完全履行义务;(3)微信聊天记录、短信记录、通话录音等,证明被告允诺将拖欠原告的 20,000 元货款转化为质量保证金,同时和押金条相互印证,增强押金条的证明力。

（三）事实调查的方式和要求

1. 询问当事人。当事人是案件最直接的利害关系人，对案件情况最为熟悉。代理人应当先与当事人交谈，确定证据收集的具体方式和内容。

2. 收集证据的内容有效。最高人民法院《关于民事诉讼证据的若干规定》对不能作为案件事实认定的依据作了规定。第 87 条规定："审判人员对单一证据可以从下列方面进行审核认定：（一）证据是否为原件、原物，复制件、复制品与原件、原物是否相符；（二）证据与本案事实是否相关；（三）证据的形式、来源是否符合法律规定；（四）证据的内容是否真实；（五）证人或者提供证据的人与当事人有无利害关系。"第 67 条规定："在诉讼中，当事人为达成调解协议或者和解的目的作出妥协所涉及的对案件事实的认可，不得在其后的诉讼中作为对其不利的证据。"第 68 条规定："以侵害他人合法权益或者违反法律禁止性规定的方法取得的证据，不能作为认定案件事实的依据。"第 90 条规定："下列证据不能单独作为认定案件事实的根据：（一）当事人的陈述；（二）无民事行为能力人或者限制民事行为能力人所作的与其年龄、智力状况或者精神健康状况不相当的证言；（三）与一方当事人或者其代理人有利害关系的证人陈述的证言；（四）存有疑点的视听资料、电子数据；（五）无法与原件、原物核对的复制件、复制品。"

3. 收集的证据要有联系。最高人民法院《关于民事诉讼证据的若干规定》第 88 条规定："审判人员对案件的全部证据，应当从各证据与案件事实的关联程度、各证据之间的联系等方面进行综合审查判断。"在对案件事实进行认定时，若没有直接证据，则需要有其他证据相互印证，这样当事人主张的事实才更有可能被采信。对于有疑点的证据更应提出其他证据予以佐证，否则该证据不足以证明案件事实。作为律师在帮助当事人收集证据时，应注意避免收集不必要的证据，确保每个证据之间相关联，从而能够印证案件事实的存在，不需要无关的证据。

三、证明对象

调查案件事实，就是收集相关证据，通过完整的证据链条提取案件事实，正确适用法律,以解决纠纷,维护当事人的合法权益。证明对象就是需要查明的案件事实,这需要有证据支持,且和证明责任相关。《民事诉讼法》第67条第1款规定:"当事人对自己提出的主张,有责任提供证据。"最高人民法院《关于适用〈中华人民共和国民事诉讼法〉的解释》第91条规定:"人民法院应当依照下列原则确定举证证明责任的承担,但法律另有规定的除外:(一)主张法律关系存在的当事人,应当对产生该法律关系的基本事实承担举证证明责任;(二)主张法律关系变更、消灭或者权利受到妨害的当事人,应当对该法律关系变更、消灭或者权利受到妨害的基本事实承担举证证明责任。"第93条规定:"下列事实,当事人无须举证证明:(一)自然规律以及定理、定律;(二)众所周知的事实;(三)根据法律规定推定的事实;(四)根据已知的事实和日常生活经验法则推定出的另一事实;(五)已为人民法院发生法律效力的裁判所确认的事实;(六)已为仲裁机构生效裁决所确认的事实;(七)已为有效公证文书所证明的事实。前款第二项至第四项规定的事实,当事人有相反证据足以反驳的除外;第五项至第七项规定的事实,当事人有相反证据足以推翻的除外。"

合同纠纷中,主张合同成立并生效的一方当事人对合同成立并生效的事实承担证明责任;主张合同关系变更、解除、终止、撤销的一方当事人对合同关系变更、解除、终止、撤销的事实承担证明责任;对合同是否履行发生争议,由主张合同已经履行的一方当事人承担证明责任;对是否存在代理权发生争议,由主张代理权存在的一方当事人承担证明责任。侵权纠纷中,由受害方对侵权责任的侵权行为、因果关系、损害后果、加害人过错的构成要件承担证明责任。此外,还存在证明责任倒置的情况。因污染环境、破坏生态发生纠纷,行为人应当就其行为与损害后果之间不存在因果关系承担举证责任。无民事行为能力人在幼儿园、学校或者其他教育机构学习、生活期间受到人身伤害,幼儿园、学校或者其他教育机构应当承担赔偿责任;但能够证明尽到教育、管理职责的,不承担责任。医疗纠纷中,患者在诊疗活动中受到损害,有下列情形之一的,推定医疗机构有过错:违反法律、行政法规、规章以及其他有关诊疗规范的规定;隐匿或者拒绝提供与纠纷有关的医疗资料;遗失、伪造、篡改或者违法销毁病历资料。动物园的动物造成他人损害的,动物园应当承担侵权责任；但是能够证明尽到管理职责的不承担侵权责任。建筑物、构筑物或者其他设施及其搁置物、悬挂物发生脱落、坠落造成他人损害，所有人、管理人或者使用人不能证明自己没有过错的，应当承担侵权责任。堆放物倒塌、滚落或者滑落造成他人损害，堆放人不能证明自己没有过错的，应当承担侵权责任。

四、证明标准

证明标准，是为了获得法院的支持，在查明事实时证明自己的主张所要达到的程度。通过确定证明标准，负有举证责任的一方履行自己的举证义务，达到一定证明程度，法院以此查明案件事实，根据庭上证据，在保证程序合法的情况下作出公平的判决。对于程序方面的事实，相关证据表明该事实存在可能性较大的，可以认定该事实存在。对于实体方面的事实，有一般标准和特殊标准，当事人对自己的主张提供证据，经当事人质证和法院审查后，认为该事实是高度可能存在的，应当认定该事实存在。比如买卖合同中，一方当事人主张自己已将货物运送给另一方，要求另一方支付货物款项，出示的证据中，运货单、快递单中要有货物和对方收货人的信息，若货物品种、数量或收获地址与合同约定不一致，就难以认定已交付货物的事实是高度可能存在的。对于欺诈、胁迫、恶意串通、口头遗嘱以及赠与事实，法院只要能对该事实存在的可能性排除合理怀疑，那么便认定该事实存在。承担证明责任的一方应当提供证据证明自己的主张，并达到相应标准，若达不到，则要承担不利后果。不承担证明责任的一方无须提供证据证明自己主张的事实，但有出示证据的权利，可以反驳对方所主张的事实，若该证据的出示能够让对方主张的事实存在不明确的情况，那么便认定对方主张的事实不存在。

当事人的举证是否达到证明标准，该证据是否起到相应的证明作用，也看该证据的证明力大小如何。对此，最高人民法院《关于民事诉讼证据的若干规定》已作出相关规定，可参照适用。

第二节 证据收集

先导议题

2022年1月4日,甲向乙出具了一张借条,借条主要内容载明,借款人甲向乙借款110万元,借款方式为银行转账(转至借款人银行账户),借款期限为3个月,于2022年4月4日归还,如借款人不能按时归还,愿承担所产生的一切法律责任和提起诉讼产生的诉讼费用、律师费、鉴定费、评估费、财产担保等所有费用,借条一式两份,双方各执一份。甲在借款人处签名并按指印,丙在担保人处签名并按指印。同日,乙通过自己名下银行账户向甲银行账户转账110万元,转账回执附言:借款。2022月5月21日,乙与某律所签订《法律事务委托合同》,合同约定乙委托律师事务所的丁律师作为该案的委托代理人。律师费为20,000元,乙提供的增值税发票显示,乙已支付律师费用20,000元。乙向法院申请诉前财产保全,并提供保险公司的《保单保函》作为担保。法院作出民事裁定,冻结甲的银行存款621,190元,冻结期限为1年,查封丙的房子,查封期限为2年。

乙若想诉请判令甲偿还拖欠借款以及支付利息、律师费、保险费、保全费等相关费用,需要收集哪些相应的证据以支持自己的主张?

一、证据收集的概念

证据收集,是指为了证明自己的主张,司法人员、律师、当事人或其他诉讼代理人等,通过合法程序发现和收集证据的活动。只有收集了证据,才能在诉讼活动中让法院审查证据,以审理案件,解决纠纷,维护当事人的合法权益。

二、收集证据的主体

收集证据的主体有公安机关、人民检察院、人民法院等国家专门机关,还有公民、法人、其他组织以及诉讼代理人,如律师或其他公民等。《民事诉讼法》对举证责任进行了规定。第67条第1款和第2款规定:"当事人对自己提出的主张,有责任提供证据。当事人及其诉讼代理人因客观原因不能自行收集的证据,或者人民法院认为审理案件需要的证据,人民法院应当调查收集。"第 52 条第 1 款和第 2 款规定:"当事人有权委托代理人,提出回避申请,收集、提供证据,进行辩论,请求调解,提起上诉,申请执行。当事人可以查阅本案有关材料,并可以复制本案有关材料和法律文书。查阅、复制本案有关材料的范围和办法由最高人民法院规定。"第 64 条规定:"代理诉讼的律师和其他诉讼代理人有权调查收集证据,可以查阅本案有关材料。查阅本案有关材料的范围和办法由最高人民法院规定。"《民事诉讼法》规定了当事人和诉讼代理人调查收集证据和查阅案件有关材料的权利,当事人可以通过举证证明自己的主张,但当事人不一定能够准确收集证据,这就需要专业律师帮助当事人收集证据,以更好地进行诉讼。有其他原因使当事人或诉讼代理人无法自行收集证据的,可以申请人民法院进行证据的调查收集。

三、证据的种类

1. 物证,是存在于某种物质载体中,以其自身客观存在的形状、大小、数量或其具有的重量、所处的空间等,证明案件事实的物品和痕迹。物证是实体存在的,相对于其他种类的证据而言,具有稳定性。在对物证进行收集时,只要固定证据并保存完好,就能将其作为案件证据出示。但是物证的具体形式有很多种,如易腐烂、变质的水产品,对于不易保存的物证,需要用别的方式及时将证据固定收集下来,这样才能对案件起到证明作用。

2. 书证,是能够直接证明案件事实的书面文件或资料,采用文字、符号、图案的方式记载下来。在民事案件的合同纠纷中,最常见的书证就是合同书,根据合同中记载的内容即可得知当事人的权利义务,再结合案件事实,能够顺利审理案件解决纠纷。借款纠纷中,载有明确借款信息的借据是查明案件事实的关键。在收集书证时,要注意保存原件,根据《民事诉讼法》第 73 条第 1 款的规定,"书证应当提交原件。物证应当提交原物。提交原件或者原物确有困难的,可以提交复制品、照片、副本、节录本"。因此,只有在书证原件提供不了的情况下,才能出示复制件。在收集证据时,可以对书证原件进行复印,以免原件丢失后书证内容无法得到反映。

3. 证人证言,是证人对自己所了解到的案件有关事实向法庭所提供的陈述。《民事诉讼法》对此作了相关规定。第 75 条规定:"凡是知道案件情况的单位和个人,都有义务出庭作证。有关单位的负责人应当支持证人作证。不能正确表达意思的人,不能作证。"第 76 条规定:"经人民法院通知,证人应当出庭作证。有下列情形之一的,经人民法院许可,可以通过书面证言、视听传输技术或者视听资料等方式作证:(一)因健康原因不能出庭的;(二)因路途遥远,交通不便不能出庭的;(三)因自然灾害等不可抗力不能出庭的;(四)其他有正当理由不能出庭的。"第 77 条规定:"证人因履行出庭作证义务而支出的交通、住宿、就餐等必要费用以及误工损失,由败诉一方当事人负担。当事人申请证人作证的,由该当事人先行垫付;当事人没有申请,人民法院通知证人作证的,由人民法院先行垫付。"第 78 条规定:"人民法院对当事人的陈述,应当结合本案的其他证据,审查确定能否作为认定事实的根据。当事人拒绝陈述的,不影响人民法院根据证据认定案件事实。"在与案件有关的书证或物证难以收集时,证人证言就对查明案件事实有很大帮助。想要提供证言以证明案件事实时,要注意保障证人合法的诉讼权利,并告知证人应尽的诉讼义务。

4. 当事人陈述,是案件当事人对案件有关事实对法庭所作出的真实陈述,当事人陈述可以采取书面或口头的形式。当事人可以说案件事实的有关情况,可以说明自己的诉讼请求和事实理由,可以说庭上证据采用与否的意见。但当事人的主张如果只有当事人陈述,是不能够得到支持的。由于当事人是案件的利害关系人,对案情最为了解,当事人陈述诉讼请求和案件事实,有利于法庭查明案件事实,或向法院提供收集证据的信息线索。

5. 鉴定意见,是鉴定人运用专门的知识和技能,对与案件有关的专业问题进行的分析、判断。《民事诉讼法》对此作了规定。第 79 条规定:"当事人可以就查明事实的专门性问题向人民法院申请鉴定。当事人申请鉴定的,由双方当事人协商确定具备资格的鉴定人;协商不成的,由人民法院指定。当事人未申请鉴定,人民法院对专门性问题认为需要鉴定的,应当委托具备资格的鉴定人进行鉴定。"第 80 条规定:"鉴定人有权了解进行鉴定所需要的案件材料,必要时可以询问当事人、证人。鉴定人应当提出书面鉴定意见,在鉴定书上签名或者盖章。"第 81 条规定:"当事人对鉴定意见有异议或者人民法院认为鉴定人有必要出庭的,鉴定人应当出庭作证。经人民法院通知,鉴定人拒不出庭作证的,鉴定意见不得作为认定事实的根据;支付鉴定费用的当事人可以要求返还鉴定费用。"第 82 条规定:"当事人可以申请人民法院通知有专门知识的人出庭,就鉴定人作出的鉴定意见或者专业问题提出意见。"对于能够影响案件相关事实的专门性问题,需要鉴定的,要委托相关部门进行鉴定,这样才不会使当事人承担举证不能的后果。鉴定程序可以由当事人提出申请,也可以是人民法院认为审理案件需要而依职权启动鉴定程序,委托具有资质的鉴定人员进行鉴定。

6. 视听资料,是用录音、影像的方式进行数据和资料的储存,来证明案件事实。《民事诉讼法》第 74 条规定:"人民法院对视听资料,应当辨别真伪,并结合本案的其他证据,审查确定能否作为认定事实的根据。"对于视听资料的收集,其内容要与案件具有客观联系,还要注意证据收集程序的合法性。对于一些未经对方同意私自录音的视听资料,涉及当事人之间的谈话能证明案件事实的,在不侵犯他人隐私或其他合法权益的情况下,综合案件其他证据加以分析,可以作为认定案件事实的依据。

7. 电子数据,是指通过电子邮件、电子数据交换、网上聊天记录、博客、微博客、手机短信、电子签名、域名等形成或者存储在电子介质中的信息。最高人民法院《关于适用〈中华人民共和国民事诉讼法〉的解释》第 116 条第 3 款规定:"存储在电子介质中的录音资料和影像资料,适用电子数据的规定。"电子证据可以无限地快速传递,同时具有极强的稳定性和安全性。电子数据被称为"新一代的实话血清",大多数电子数据难以被篡改或删除,即使经过改动,这些改动痕迹也很容易被技术手段侦破。[3]

8. 勘验笔录,是对与案件事实有联系的现场或物品等,人民法院审判人员为了查明案件事实,到现场进行勘验检查后所制作成的笔录。《民事诉讼法》第 83 条规定:"勘验物证或者现场,勘验人必须出示人民法院的证件,并邀请当地基层组织或者当事人所在单位派人参加。当事人或者当事人的成年家属应当到场,拒

---

[3] 何家弘、刘品新:《证据法学》,法律出版社 2019 年版,第 173-175 页。

不到场的,不影响勘验的进行。有关单位和个人根据人民法院的通知,有义务保护现场,协助勘验工作。勘验人应当将勘验情况和结果制作笔录,由勘验人、当事人和被邀参加人签名或者盖章。"勘验笔录是对案件现场或物品的客观反映,当事人认为需要勘验检查以查清事实的,可以申请,也可由人民法院依职权启动勘验程序,当事人应到勘验现场,以便了解勘验情况,维护自己的合法权益。

四、证据收集的方式和要求

证据的种类不同,收集证据的方式也不相同。可以通过提取原物、询问、讯问、搜查、扣押、勘验、检查、录音、录像、复制、调取、鉴定、侦查实验、辨认、公证的方法收集证据。提取原物后,要保存好原物,以免毁损灭失,影响案件事实的查明。可以通过可信时间戳的方式固定证据,也可以对原物或原件进行复印,以保全证据。刑事案件中对犯罪嫌疑人和被告人进行的是讯问,在一般的民事案件和行政案件中对当事人或证人等则用的是询问。在询问、讯问结束后,应当如实制作笔录,并由相关人员进行签名。当事人及其代理人、律师可以对纠纷发生中所产生的情况进行拍照和录音录像,或申请司法机关对案件现场和相关物品进行勘验检查,以收集证据。一些案件中,会出现当事人或代理人不能自行收集证据的情况,这些证据与案件事实有紧密联系的,可以申请法院代为调取证据。

当事人及其代理人必须从案件事实出发,不能随意编造证据,要客观、全面、及时地收集证据。收集证据要及时,负有举证责任的当事人若没有及时将证据收集固定,无法向法院提交相应证据,就难以查明案件事实。比如借款纠纷中,若当事人没有保存好借条,也没有微信聊天记录或其他证据加以证明,人民法院就无法判断当事人之间是否存在借贷关系,不能维护当事人的合法权益。可信时间戳取证具有固定证据快、取证成本低、证明效力强的特点。可信时间戳是由可信时间戳服务中心签发的一个能证明数据电文(电子文件)在一个时间点是已经存在的、完整的、可验证的电子凭证,主要用于电子文件防篡改和防事后抵赖,确定电子文件产生的准确时间。凡是发生在网络上的,需要对某时某刻的网上信息固定证据,从而作为以后主张权利、提起诉讼之用的,都可以使用可信时间戳来取证。比如微信朋友圈、微信公众号、抖音、快手、小红书、电子邮件、网站内容等都可以进行证据固定。

可信时间戳有电脑端(tsa.cn)和手机端(权利卫士 App)两个端口,如图 7-2 和图 7-3 所示。

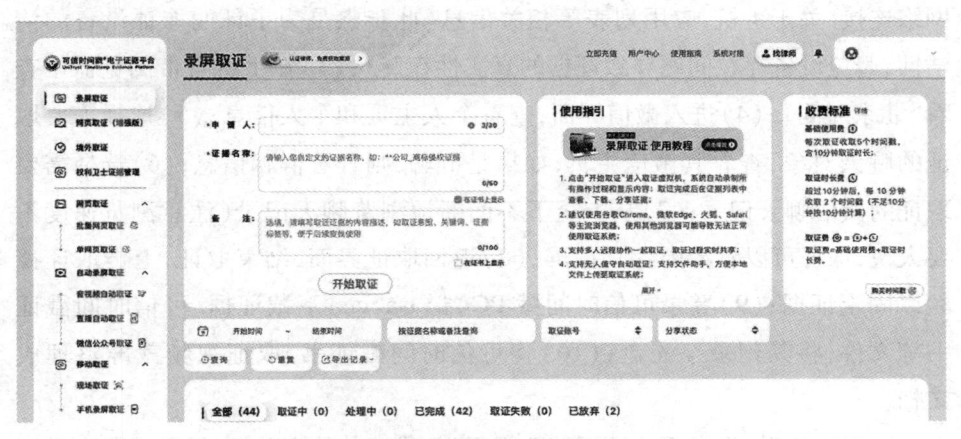

图 7-2 可信时间戳电脑端

图 7-3 可信时间戳手机端

可信时间戳常见的使用场景如电商打假、视频侵权、固定聊天记录等。以固定手机中的微信聊天记录为例，可信时间戳主要有以下步骤：(1)打开权利卫士App，点击录屏取证，进入取证界面；(2)清洁性检查：在手机设置中查看网络连接、关于手机、应用列表等相关信息（此步骤是为了证明取证设备的清洁性，避免设备存在问题导致证据的真实性存疑）；(3)在手机自带浏览器中查看"北京时间"；(4)进入微信界面，查看个人主页和个人信息；(5)选择需要取证的聊天对象，查看其微信主页，如果是群聊，则查看群聊信息；(6)选择需要取证的微信聊天记录；(7)从上至下不间断地浏览聊天记录（注意浏览速度不要太快，保证可以看清内容），截屏；(8)返回取证界面，结束取证，上传取证视频以固定证据；(9)登录可信时间戳PC端(tsa.cn)下载证据、可信时间戳证书等文件，将其刻录至光盘；(10)将可信时间戳证书、取证视频截屏整理成文档。

证据收集后，为了不让证据有毁损灭失，或被其他人破坏，导致难以出示证据的情况，由当事人向司法机关提出申请或由司法机关依职权采取一定的措施，将证据加以固定和保存。《民事诉讼法》对证据保全的主体、范围和方法作了规定。《民事诉讼法》第84条第1款和第2款规定："在证据可能灭失或者以后难以取得的情况下，当事人可以在诉讼过程中向人民法院申请保全证据，人民法院也可以主动采取保全措施。因情况紧急，在证据可能灭失或者以后难以取得的情况下，利害关系人可以在提起诉讼或者申请仲裁前向证据所在地、被申请人住所地或者对案件有管辖权的人民法院申请保全证据。"第103条规定："人民法院对于可能因当事人一方的行为或者其他原因，使判决难以执行或者造成当事人其他损害的案件，根据对方当事人的申请，可以裁定对其财产进行保全、责令其作出一定行为或者禁止其作出一定行为；当事人没有提出申请的，人民法院在必要时也可以裁定采取保全措施。人民法院采取保全措施，可以责令申请人提供担保，申请人不提供担保的，裁定驳回申请。人民法院接受申请后，对情况紧急的，必须在四十八小时内作出裁定；裁定采取保全措施的，应当立即开始执行。"第104条规定："利害关系人因情况紧急，不立即申请保全将会使其合法权益受到难以弥补的损害的，可以在提起诉讼或者申请仲裁前向被保全财产所在地、被申请人住所地或者对案件有管辖权的人民法院申请采取保全措施。申请人应当提供担保，不提供担保的，裁定驳回申请。人民法院接受申请后，必须在四十八小时内作出裁定；裁定采取保全措施的，应当立即开始执行。申请人在人民法院采取保全措施后三十日内不依法提起诉讼或者申请仲裁的，人民法院应当解除保全。"第 105 条规定："保全限于请求的范围，或者与本案有关的财物。"诉讼活动中，案件的审理离不开证据，当事人无法证明自己的主张，应当承担举证不能的后果。当事人及其代理人在纠纷发生后，从发现证据到收集证据，并将证据加以固定和保存，使证据能够客观、真实地反映案件的情况。

本节先导案例中，乙若想诉请判令甲偿还拖欠借款以及支付利息、律师费、保险费、保全费等相关费用，就需要收集相应的证据以支持自己的主张。乙应收集的证据如下：(1) 借条，证明甲和乙签订借条，借条约定借款期限为 3 个月，甲应该按时归还借款，如不能按时归还，愿承担所产生的一切法律责任和提起诉讼产生的诉讼费用、律师费、鉴定费、评估费、财产担保等所有费用。该借条能够证明借款合同法律关系的存在。(2) 中国银行柜台客户回执，证明乙于 2022 年 1 月 4 日通过银行转账的方式向甲名下的借记卡汇入款项人民币 110 万元，该回执能够证明乙已经履行出借 110 万元的义务。(3)《法律事务委托合同》、增值税普通发票，证明乙与律师事务所就甲和乙借款纠纷一案签订《法律事务委托合同》，约定律师服务费为 20,000 元，乙已经依约缴纳律师服务费。(4) 增值税电子普通发票，证明乙为了维权，防止甲转移财产进行诉前保全支出的保险费为 6000 元。(5) 非税收入统一票据（电子），证明乙为了维权，防止甲转移财产进行诉前保全支出的保全申请费为 9500 元。

依法成立的合同对当事人具有法律约束力，当事人应当按照约定全面履行自己的义务。当事人乙及其代理人需收集的以上证据能够证明甲、乙双方签订了借条，乙通过银行转账向甲提供了借款 110 万元，甲和乙之间的借款合同成立并生效。乙履行了合同义务，甲未按时偿还借款，构成违约，且自逾期还款之日起，按全国银行间同业拆借中心公布的一年期贷款市场报价利率支付利息。由于签订的借条中明确约定如借款人不能按时归还，愿承担所产生的一切法律责任和提起诉讼产生的诉讼费用、律师费、鉴定费、评估费、财产担保等所有费用,甲还应承担以上费用。

第三节 证据审查与呈现

先导议题

乙因装修房屋需要,从甲处订购了家具材料,甲和乙签订了一份产品购销合同,约定乙从甲处订购材料100份,总合同价款为150万元。甲若想主张乙尚拖欠货款150万元,那么需要查清甲是否已经向乙提供货物的事实,该事实需要有哪些证据的支撑?

证据的收集:(1)产品购销合同,证明甲和乙签订了一份产品购销合同,约定乙从甲处购买100份材料,价款合计为150万元。(2)送货单、托运单、提货单、运费发票,证明甲已经向乙运送相应材料,乙已经收到合同约定的材料,交货的地点与合同中约定的一致,物流情况也能证实货物送达的情况。(3)丙的证人证言,证明甲按照合同约定全面履行了合同义务。(4)现场照片,证明甲提供的货物已安装到乙指定的工地上。

对于该案件,甲是否提供了合同约定的材料是证明甲主张的关键,该事实需要有相关证据证明。其中送货单、托运单等在物品名称、件数上与合同约定一致,收货人也是乙方人员,能够证明甲的确送出了100份材料,乙也收到了该材料。《产品购销合同》是双方自愿签订的,内容未违反法律、行政法规的强制性规定,依法成立并生效。甲及其代理人可以主张要求乙按照合同约定支付货物款项150万元。

一、证据审查

(一)证据审查的概念

证据审查判断是指法院在当事人及其辩护人、诉讼代理人以及其他诉讼参与人的参加下,根据法定的原则和规则,采取一定的方式和方法,对证据进行分析、研究,对案件所涉证据的真实性、关联性、合法性及其有无证明力、证明力大小进行判断与认定的活动。在诉讼活动的整个过程中,不仅有裁判意义上的法官对于证据的审查,还有侦查意义上的公安机关以及检察机关对各自侦查和调查获取的证据进行的审查判断,以及当事人及其代理人包括律师对已知的证据材料进行的审查判断。证据的审查具有以下特征。

1. 主体具有特定性。审查证据的主体是司法工作人员以及当事人及其辩护人、诉讼代理人。其他人员的审查判断是为举证、质证作准备的,而法院对证据的审查旨在认定证据,为案件事实确定证据。证据审查判断体现了法官对证据选择的心证形成过程。

2. 对象具有特定性。证据审查的对象是经过依法收集提供给法庭的证据。根据我国诉讼法的相关规定,一切证据必须经过查证属实后才能作为定案的依据。因此,法院对公诉机关,当事人及其辩护人、诉讼代理人收集的证据能否作为证据使用,进行证据审查判断是认定案件事实和裁判案件的前提。所谓认定案件事实和裁判案件的前提,指的是证据的审查判断不仅在性质上是法官查明案件事实的专门职权活动,是法官依法进行的一种审判行为,而且是法官在认定案件事实之前必须进行的一项工作。换言之,法官对于证据的审查作为一种审判行为具有权威性和法定性,而且法官在认定案件事实之前,必须先对案件所涉各种证据的资格以及证明力进行审查与判断,再根据对证据的资格以及证明力的判断来认定和确定案件所涉的事实。也就是说,法官对于案件事实的认定以对案件所涉各种证据的评价为基础,同时法官对证据的审查也是法官认定案件事实、适用法律和作出裁判的基础,直接影响当事人的合法权益。

3. 审查证据是以确定证据的资格与证明力为目的的一种主观思维活动。证据审查的目的是确定证据的资格与证明力。所谓证据资格是指成立证据所必须具备的基本条件。在诉讼实践中,证据资格所要解决的基本问题是,证据材料要符合什么条件才可以作为认定案件事实的依据。按照法律的规定,证据的成立必须满足客观性、关联性和合法性三个基本条件,所谓证据的资格就是这三大条件,不具备这三大条件的就不能称为证据,也不能作为认定案件事实的依据。

所谓证明力,指的是证据对于认定案件事实所具有的证明价值和证明作用,即证据对于案件真实情况的说明能力、证实程度与可信程度。换言之,只要某项证据确实存在,且能在逻辑、事实和情理上对案件事实给予一定的证明,该证据就有证明力。证据的证明力在类型上可以分为形式上的证明力与实质上的证明力。

证据的资格是衡量、判断证据能否认定案件事实的基本依据,而证明力是具有证据资格的证据对于认定案件事实所具有的证明价值和证明作用,或者说明、证实案件事实的可信程度。证据不同,其证明力也有所不同。因而,法官审查判断证据的基本目的,是正确地确定证据资格以及证据所具有的证明力,排除不具备关联性、客观性的证据材料以及采用其他非法方法收集的证据,从而准确地认定案件事实。

证据的审查判断,作为法官对于案件所涉各种证据的一种判断与认定活动,就行为的类型而言,实际上是法官依据一定的原则和自己的审判经验以及法律的规定,对于案件所涉证据的分析、研究和思考。法官个体对于案件所涉证据的认识,审查判断证据效果的好坏,不仅取决于其主观能动性的发挥程度,也取决于其审判经验、专业知识水平和敬业精神。基于法官个体在法律知识、审判经验、社会经历、道德观念、敬业精神等方面上的差异,具体的个案审判有差异是难免的,为此,在诉讼活动过程中,法官对于证据的审查判断,不仅在认识的方式与方法上必须遵循必要的认识规律,而且在法律上必须遵循法律有关证据审查判断的原则和相应的规定。

(二)证据审查判断的类型

对证据的审查判断一般包括对单一证据的审查判断和对综合证据的审查判断。虽然都是对证据的审查判断,但是审查判断的证据在对象、数量上有差异,审查判断的具体要求、内容也存在不同之处。这两种证据的审查判断方法是司法实践中常用的方法,法庭应当对经过庭审质证的证据和无须经过质证的证据进行单一审查和对全部证据进行综合审查。

1. 单一证据的审查判断

单一证据的审查判断是指对每一个证据进行逐一审查判断。虽然针对的是单个的证据,但是,这种审查判断是整个诉讼证据审查判断的基础。换言之,没有对单个证据的审查判断,就不可能对全案证据进行综合性的审查判断,而没有对全案所有证据的综合审查判断,也就无法准确、全面地认定案件事实。因此,单一证据的审查判断在整个证据的审查判断中具有十分重要的意义,在对案件所涉全部证据进行综合审查判断之前,应当先对每一个证据进行单独的审查判断。

单一证据的审查判断主要是审查确定单个证据是否具有证据资格,排除不具有证据资格的证据材料,并确定单个证据所具有的证明力。为了实现单个证据审查判断的目标,根据我国《刑事诉讼法》、《民事诉讼法》、《行政诉讼法》以及有关司法解释的规定,应当注意审查以下几个方面。

(1) 证据的收集方式。证据的收集方式指的是证据的提供者是采用何种方式和方法获得证据的。诉讼实践中,证据的收集有多种方式、方法,但并非采用任何方式、方法获得的证据都可以作为认定案件事实的证据。按照法律规定,只有具备合法性的证据才具有证据资格,才可以作为认定案件事实的依据。以侵害他人合法权益或者违反法律禁止性规定的方法取得的证据,不具备合法性,不能作为认定案件事实的依据。司法实践中,以下几种方式获得的证据因为收集方式不合法,不可作为认定案件事实的依据:第一,采用刑讯逼供的方式获取的证据;第二,以威胁利诱的方式获取的证据;第三,假冒司法工作人员身份骗取的证据;第四,采用盗窃、抢夺、抢劫的方式获取的证据;第五,指使、贿赂收买他人提供的伪证;第六,采用国家严格禁止私人使用的监听设备、摄像、摄影器材获取的证据;第七,非经他人同意私自侵入他人住宅以及其他受私权保护的领域(如浴室、寝室等)获取的证据。

(2) 证据的形式。证据呈现在人们面前的形式,既存在证据本质的表现形式,也存在歪曲表达证据本质的形式,所以需要从以下几个方面进行审查判断:形式是否客观,有无变形或者被污染,是否符合法律规定的形式,是否为原物、原件。证据是认定案件事实的基础,按照法律规定,认定案件事实的依据不仅要在收集手段上合法,在格式与形式上也必须要具备法律规定的形式上的完备性。不符合法律关于证据在格式与形式上的要求和条件的规定的,不仅说明证据的格式和形式条件不具备,而且说明在该证据的采集、收集和提取上存在瑕疵,根据法律的规定,存在瑕疵的证据如果不能补正,就不能作为认定案件事实的依据。关于此,我国《民事诉讼法》《刑事诉讼法》《行政诉讼法》以及有关的司法解释均作出了相应的规定。

(3)证据与提供者的关系。在诉讼实践中,证据由不同的人提供,而不同的提供者与案件审理结果的利害关系不同,加上提供者自身条件如身份、年龄、文化水平以及精神状况等的区别,导致其提供的证据在真实性、可靠性和准确性上存在差异。因此,在审查判断单一证据时,应注意审查证据与提供者之间的关系。与案件有直接利害关系的人提供的证据,证明力要低于与案件没有利害关系的人提供的证据。

(4)证据的内容。审查证据的内容,主要是审查证据的以下方面。

第一,证据的关联性。实质上是判断证据所反映的事实与待证案件事实之间是否存在直接的内在的联系,存在什么样的联系,以及能够证明案件中的什么事实。在审判实践中,内容上不具备关联性的证据不仅没有证据价值,不能证明案件事实,也不能作为证据使用。按照关联性证据规则的要求,只有与案件有关的事实材料才能作为证据使用,关联性是可采性的前提。没有关联性,就不具有可采性。

第二,证据的合法性。判断证据材料是否具有证据能力,能否作为认定案件事实的依据,除了审查证据的关联性,还要审查证据的合法性,分析该证据材料是否满足可采性的要求。换言之,通常而言,有关联性就有可采性,但如果具备关联性的材料不满足合法性的要求,也不具备证据能力。在我国证据法中,最典型的是非法证据排除规则。所谓非法证据排除规则是指以违反法定程序的方法获取的证据,原则上不具有证据能力,不能被法庭采纳。

第三,证据的真实性。证据的真实性指其是否客观如实反映案件事实的本质属性,是证据能力得以确立的核心要素。在司法审查中,即便证据具备关联性与合法性,若经查证存在虚假性瑕疵,亦将丧失证明效力。真实性是证据价值的根本依托,唯有通过严格审查确认真实无伪的证据,才能在事实认定过程中发挥实质证明作用。根据司法实践经验,审查判断证据的真实性,首先要审查判断证据的来源,证据的来源不同,其真实可靠程序也会有所差异。审查的重点包括查明证据是如何形成的、由谁提供或收集的、收集的方法是否科学、证据的形成是否受到主客观因素的影响等。当然,审查判断证据的内容才是整个审查判断证据工作的关键,在审查过程中,要特别注意根据每个证据本身的不同特点进行审核,重点要审核证据的内容本身是否一致,有无矛盾,还要仔细核对证据与证据之间有无矛盾。

对单一证据的审查判断,除了以上几个方面,最高人民法院《关于民事诉讼证据的若干规定》第 90 条规定,下列证据不能单独作为认定案件事实的依据:一是当事人的陈述;二是无民事行为能力人或者限制民事行为能力人所作的与其年龄、智力状况或者精神状况不相当的证言;三是与一方当事人或者其代理人有利害关系的证人陈述的证言;四是存有疑点的视听资料、电子数据;五是无法与原件、原物核对的复制件、复制品。

2. 综合证据的审查判断

综合证据的审查判断是指对案件所涉的全部证据材料进行综合性的审查判断。在司法实践中,对单一证据的审查判断的目的是分析判断证据本身的真实性以及与案件的关联性,但是审查判断止步于此是不够的。任何一项单一证据的审查判断都很难完全辨别该证据的真实性,并确定其证明力,所以,还需要将该证据与案涉的其他证据联系起来综合分析、比较对照、印证研究。对单个证据的审查只是取得了对案件事实的感性认识,即使将查明的证据累加也不能自然得出案件事实存在与否的结论,还需要把全部证据联系起来,从相互关联的角度审查考虑证据与证据之间的关系,以及证据与案件事实之间的关系,进行综合性的审查判断,这样才能对案件事实从感性认识上升到理性认识,不仅能轻易发现证据之间存在的问题,也能对案件事实得出结论。

司法审判活动中,几乎每一个案件都会涉及大量的证据,从诉讼证明的角度来说,一个证据所能证明的往往只是案件事实的一个部分,而不可能是全貌,因此，要查明案件事实，基于案件产生、发展本身的时间、空间特点，需要具有多个协调一致、相互联系的证据，并且法官还需对全案所涉及的证据从各证据与案件事实的关联程度、各证据之间的联系等方面进行综合审查判断。这种对于全案证据的审查判断不仅类型上与单一证据的审查判断不同，所承载的目的与任务，也是单一证据审查判断所不能做到的。

对证据的综合审查判断，从方式与方法上来看，实际上是从证据与证据之间、证据与案件事实之间的关系和联系上进行审查判断，以确定案件所涉各种证据对于案件事实的证明是否达到了相应的标准，以及对于案件事实的认定是否充分、确凿。

（1）证据与证据之间的关系。所谓证据与证据之间的关系指的是不同的单个证据之间、单个证据与组合证据之间以及组合证据与组合证据之间在证明事实上的关系。这种关系具体表现为证据在证明案件事实上是否矛盾。综合审查判断证据就是要综合全案的证据，将所有经过质证的证据联系在一起进行审查比较，不能任意选择部分证据进行审查。通过考察证据与证据之间的关系以及对于全案证据相互关系的综合性比较分析，确定证据之间是否真实可靠、彼此之间是否存在矛盾。如果存在矛盾，那么需要分析是什么原因引起的矛盾，从而审查证据的真实性和对案件事实的说服力。如果所有证据都没有矛盾，并且能形成完整的案件事实，那么通常可以确定证据为真；否则，应当分析矛盾产生的原因、矛盾的类型与性质，以确定矛盾证据之间何为真、何为假。

综合审查判断证据应保持客观、全面，同时要注意有利于当事人双方的证据。不应局限在部分证据的审查判断，更不能以个人主观臆断代替证据以及证据与案件事实之间的客观联系。否则，无法得出案件事实的正确结论。

（2）证据与案件事实之间的关系。证据与案件事实之间的关系指的是全案证据与案件事实证明程度的关系，即证据对于案件事实的证明是否确实、充分，是否达到法律规定的相应的证明标准。综合证据审查判断不同于单一证据审查判断，除了将单个的证据联系起来综合审查判断，两者还有一个十分重要的差别就是综合证据审查判断的着眼点，不是对于单个证据的客观性、关联性和合法性审查,而是从全案证据与整个案件事实的关联性、证明程度上以及各单个证据之间相互的协调性、一致性上来考察、判断全案整个证据的综合证明力和对案件事实的证明程度。

(三)证据审查判断的方法

审查判断证据的方法是指审查判断证据的方式、形式、手段与措施。审查判断证据是一项相当复杂的工作,它与发现收集证据的过程不同,实践中不可能对其规定一个固定的模式,因此,应根据证据材料的不同特点采取不同的审查判断方法。从司法实践来看,目前我国的诉讼实践中,对于证据的审查判断主要有以下一些方式与方法。

1.鉴别法,指的是对于每个证据材料逐一进行分析判断的方法。应根据案件发生、发展、变化的一般规律,对证据的真假与证明力进行初步分析鉴别,将不符合案件发展客观规律或者与案件事实没有联系的事实和材料排除在外,为进一步审查判断证据创造条件。这是分析证据最常用的方法,也是最先使用的方法,它着眼于单个证据的客观性、关联性、合法性和证明力的审查与判断。

2.辨认法,指的是在有些证据不能确定的情况下,可以有计划地组织有关人员对其进行指认和确定的方法。这是分析判断证据的一种有效方法。辨认既可以公开进行,也可以秘密进行。这种审查判断方法不仅有利于确定证据的真伪以及其与案件事实之间的关联性,而且是诉讼活动中,无论是民事诉讼、刑事诉讼还是行政诉讼都大量采用的一种审查判断方法。在组织辨认时,应注意:(1)辨认之前,应向辨认人详细询问他所知道的辨认对象的特征,并进行记录,以便在辨认以后,分析其所认定的对象是否具有这些特征。(2)除尸体和整容照片外,在辨认人辨认之前,不能让其看到辨认的对象,以防先入为主,造成偏差。(3)对人或物的辨认,无论是公开的还是秘密的,都应采用混杂原则,不能把辨认对象单独拿出来进行辨认。(4)辨认人为多人时,必须分别进行辨认,以免互相影响。(5)在辨认过程中,不能用任何方式向辨认人暗示,或诱使其按照自己的意图进行辨认。对辨认的过程与结果,应作详细笔录。对辨认结果的使用要特别慎重，必须结合其他证据进行，否则容易发生错误，导致被动。

3. 质证法，指的是当事人相互之间对证据的真实性、关联性、合法性以及证明力存在严重分歧的情况下，为了确认该证据的资格以及证明力，阻止这些人员就该事实进行质询、反驳与辩论的方法。质证应在个别询问的基础上进行。最高人民法院《关于适用〈中华人民共和国民事诉讼法〉的解释》第 103 条第 1 款规定："证据应当在法庭上出示，由当事人互相质证。未经当事人质证的证据，不得作为认定案件事实的根据。"根据这些规定可知，采用质证的方式审查判断证据具有法律上的依据，而且这种方法在证据的审查判断中具有十分重要的意义。

4. 实验法，指的是审判人员在审查判断证据的过程中，对某一现象在一定条件下能否发生无法确定时，将现场发生的现象重演或者再现，以此辨别证据真伪的活动或方法。这种方法一般在核实某些言词证据时使用。这种方法的合理使用不仅可以查证原告陈述的真实性，还可以查证被告人陈述、辩解的虚假性，为分析判断案件所涉证据提供依据。但是，实验法的不当使用可能会造成一定的危险，或者有伤风化，所以使用实验法不仅要经过上级的批准，履行必须的手续，而且应该慎重。

5. 鉴定法，指的是借助具有鉴定资格的人员采用科学技术方法和利用设备对案件所涉的专门性问题进行审查、判断的方法。对于某些物品或者痕迹，仅凭感官无法判明，必须由鉴定部门凭借科学技术手段进行检查验证，作出鉴定意见。司法实践中，比较常见的有法医鉴定、司法精神鉴定、司法会计鉴定以及刑事科学技术鉴定等。鉴定意见不能单独使用，需要结合其他证据进行比较分析。

除了上述几种方法，分析判断证据的方法还有反证法、排除法、印证法、对比法等，还必须充分运用逻辑学的知识和方法，根据有关事实和规律，分析判断证据的真实性。各种分析判断证据的方法是互相补充、相辅相成的，在应用上，应根据案件的具体情况而定，有的案件需要综合上述各种分析判断证据的方法，有的案件则只需要运用一两种即可。

二、证据的呈现

证据的呈现是当事人主义诉讼模式下的一项重要诉讼制度,对职权主义诉讼也有较重大的影响。在证据呈现中,负有呈现义务的诉讼主体应将自己掌握的用于诉讼的证据进行呈现,以便于其他当事人能够在审前了解全案证据情况,为庭审做好准备。在没有卷宗移送制度的当事人主义诉讼模式下,审前的证据呈现显得十分必要。证据呈现首先体现的是诉讼中的"公平",诉讼一方不能只考虑自己,还要考虑对方,双方的任务是帮助法官准确认定案件事实。证据呈现能够节省诉讼成本,提高诉讼效率,并在一定程度上平衡当事人的诉讼能力。

我国民事诉讼中的证据呈现通常以证据交换的形式进行。广义的证据交换包括两种形式:一是法院在收取各方当事人提交的证据材料后,将副本送达给对方当事人;二是法院组织各方当事人将自己的证据出示给对方,各方当事人应对证据的真实性、合法性、关联性以及证明目的发表意见。狭义的证据交换仅指法院组织当事人出示证据并发表意见。狭义的证据交换是审前程序的一个环节。

课后练习

1. 以固定某手机用户微信聊天记录为例,做一个可信时间戳提交。

2. 请思考以下问题:张三向法庭提供一份偷录双方谈话内容的录音带,该录音带是否可以作为认定案件事实的根据?采用国家有关主管部门明令禁止销售、购买或者使用的针孔摄像机以及其他只有法定职能部门才能使用的特殊监视监听设备取得的视听资料,能否作为证据使用?将录音录像资料拷贝到光盘或U盘中是否可行?

第八章　询问和质证

先导议题

2011年10月4日,被告陈某某向原告成某某购买价值3330元的汽车配件。成某某出具的福牌汽车地毯销货清单上载明:要货单位是大冈某驿站,配件包括雪博士1167DF 1套430元、雪博士1166DF 1套430元、雪博士1181AF 1套430元、雪博士羊绒坐垫1350元、银伯帝301 1套360元、银伯帝303 1套360元,款未付3330元,下有签名"陈二"。在该清单下方,成某某记载:已付500元(5月3日)下欠2850(2012年5月3日)。成某某及其妻子曾于2012年12月23日至陈某某家中索要欠款,后双方发生肢体冲突。成某某报警,盐都公安分局大冈派出所出警,调解未果,后成某某之妻以人身损害赔偿为由将陈某某诉至法院,该案已先审理终结,形成江苏省盐城市盐都区人民法院(2013)都大民初字第0113号卷宗。

在第一次庭审中,对于双方是否存在未结清的货款,陈某某与成某某表述不一致。陈某某在第一次庭审中称,关于有没有向原告购买过汽车配件,因为时间太长已经记不清,反正不欠钱;在派出所称,先给了500元,后来又给了一次钱,账已经全部结清;在第二次庭审中,又陈述500元是给成某某去上海看病用的,不是偿还所欠货款的,货款应该是当时拿货时一次性给付了。成某某于2013年4月16日申请法院到大冈派出所向民警葛某调查取证,民警葛某陈述:当时成某某把陈某某的条子给我,我就去询问陈某某有关情况;陈某某的意思是先给了500元,后来又给了一次钱,账已经全部结清;陈二就是陈某某,当时周边人都喊他陈二,他答应的。

对于销货清单上的"陈二"是否是陈某某本人签名,双方亦存在争议。成某某于2013年4月17日向法院提出鉴定申请,后法院依法委托司法鉴定机构对销货清单上的"陈二"笔迹与陈某某书写的样本是否为同一人书写进行鉴定,鉴定结论为:倾向认为"陈二"字迹与样本字迹是同一人所写。第一次庭审中,陈某某对销货清单上自己签名的"陈二"两字拒不认可,在鉴定意见公布后,又认可了"陈二"两字是其所写。

成某某是否在该货款纠纷中完成了举证责任?陈某某在两次法庭调查中对同一事实出现前后不一致的陈述,在这种情况下应当如何认定案件事实?

第一节 法庭调查概述

一、法庭调查的概念、特征、功能

(一)法庭调查的概念

法庭调查是指民事诉讼中法官和诉讼参与人在开庭审理过程中,通过言词询问、审查核实证据,查明确认案件事实的活动。

法庭调查是开庭审理的核心环节,标志着案件进入实质性审理阶段,是民事诉讼程序中最重要的环节之一,也是当事人行使诉讼权利相对集中、重要的阶段。法庭调查程序包括当事人陈述、当事人出示证据并相互质证两个方面的环节,当事人出示证据并相互质证的环节又包括证人作证,出示书证、物证、视听资料和电子数据,宣读鉴定意见,宣读勘验笔录。法庭调查程序就是通过一步步完成上述各个环节的任务,从而实现查明案件事实的目的。

(二)法庭调查的特征

第一,法庭调查是在法官的主导下,当事人和其他诉讼参与人的参加下,为查明案件事实所进行的一系列活动,并不单纯是法官或法院的活动。离开当事人的参与,没有当事人的主张事实、举证质证,庭审调查不可能完成。同时,当事人的活动虽然在法官的主导下进行,但法官的主导只是程序性的引导,当事人主张事实或反驳事实、陈述事实,以及出示证据、质证等活动,都是不受拘束的,并不是消极被动的。

第二,法庭调查是在人民法院开庭审理民事案件的法庭上进行。从这个意义上讲,民事庭审调查这个提法比法庭调查更为确切。法官在开庭审理前后的调查取证行为,庭审前的庭前会议、交换证据等庭前准备活动,不能称为庭审调查。非开庭情况下,法官将当事人传唤至审判庭进行询问,包括第二审不开庭审理的询问活动,尤其是有的第二审法官所进行的询问程序,基本上按开庭的程序进行,但由于不是开庭审理,相关的调查活动不能视为庭审调查活动。

第三,审核证据是法庭调查的重要内容,但不是唯一内容。在法庭调查阶段,当事人就其主张的事实进行举证,另一方当事人进行质证,法官在当事人的参与下经过审查核实认定证据,这无疑是法庭调查极其重要的内容。但法庭调查不等于审核证据。例如,在当事人未出庭的情况下,对当事人的代理人进行的事实询问、事实核对,既不是审查当事人陈述和询问证人的活动,也不是审核证据的活动,但却是民事诉讼中法庭调查不可或缺的内容。又如,原被告双方对案件事实根本无争议,法庭调查直接向双方当事人核对确认即可,这种单纯对事实的核对确认,一般不需要审查核实证据。

第四,法庭调查的根本目的是查明确认案件事实。无论是询问当事人,还是询问其他诉讼参与人、审查核实证据,都是法庭调查的手段。法庭调查的终极目的是查明确认案件事实,从而为正确适用实体法、分清是非责任、确定判决结果打下基础。

(三)法庭调查的功能

第一,法庭调查可以界定案件争议的焦点,查明确认案件事实。查明确认案件事实是法庭调查的根本目的,也是法庭调查最基础的功能。庭审对案件事实的还原只能在各种证据的支持下由法官主观上作出判断,即通过调查认定"法律事实"。因此法庭调查中的"案件事实",不可能对原始发生的客观事实细节作出完全的还原,有的案件经过审理甚至不能作出一个确切的事实认定,只能根据证据判断原告主张的事实是否成立。所以法庭调查的事实,其对象是原告主张的事实,是原告主张而被告不承认的事实,也就是最高人民法院《关于适用〈中华人民共和国民事诉讼法〉的解释》第228条中的"当事人争议的事实"。法庭调查围绕当事人之间争议的事实、证据一步步进行陈述、出示、说明，通过解决案件的争议焦点，全面揭示案情，为下一阶段的法庭辩论和合议庭评议奠定基础。

第二，法庭调查可以保障诉讼参与人的诉讼权利，解决私权纠纷。当事人陈述、证人作证、出示证据、法官询问、当事人询问、质证辩驳等都是法庭调查程序当中的环节。上述环节充分体现了对言词审理、直接审理原则的遵循。庭审通过口头、直接的方式对案件进行调查，双方当事人可以在法庭调查环节对证据进行质证，任何一方当事人都有与对方在庭审中质证、反驳的机会，这能够使法官避免预断与偏见，平等对待各方当事人。当事人充分行使诉讼权利，也有助于法官查明案件事实，作出公正的裁判，解决私权纠纷。

第三，法庭调查可以充分展示诉讼活动，提升司法公信力。民事诉讼的目的不仅包括私权保护说、维护司法秩序说、纠纷解决说，还包括程序保障说。程序保障说认为，国家设立民事诉讼制度，是为了确保当事人双方在程序过程中法律地位平等，并在诉讼构造中平等使用攻防武器，各自都拥有主张、举证的机会。法庭调查通过公开审理，展示了法院的审判活动和诉讼参与人的诉讼活动，让当事人在庭审中充分了解自身的主张或答辩是否有相关证据加以证明、证据的证明力等情况，在内心对案件事实的认定、证据的采信、案件的判决有一定的评估，从而增强其对案件判决的认可程度，提升司法公信力。

二、法庭调查的内容

根据最高人民法院《关于适用〈中华人民共和国民事诉讼法〉的解释》第228条"法庭审理应当围绕当事人争议的事实、证据和法律适用等焦点问题进行"的规定，法庭调查的主要内容是围绕争议的事实焦点，审查核实证据。

（一）争议的事实

查明、认定一个民事案件原告主张的事实和被告主张的事实可能有较长的过程和较多的细节，但是定案的要件事实可能就是其中几个关键点。法庭调查应当着重于双方当事人争议的要件事实,即争议事实焦点,而不能将当事人争议的所有事实细节都作为庭审调查的内容。

第一,应当归纳案件争议的事实焦点。《民事诉讼法》第136条第4项规定"需要开庭审理的,通过要求当事人交换证据等方式,明确争议焦点",其中的"争议焦点"包括事实焦点和法律适用焦点。按照该规定,归纳争议焦点应当在庭审前的准备阶段进行,但是对于基层法院受理的一审民事案件来说,很多案件比较简单,不会进行庭审前的证据交换或者庭审会议。因此对于当事人的争议事实焦点的归纳,多数被安排在法庭调查阶段进行。法庭调查开始后,一般先由原告陈述其诉讼请求及依据的事实理由,再由被告进行答辩,第三人陈述意见。法官对当事人争议的事实或者共同认可的事实予以归纳,口头复述与当事人核对,然后当庭予以确认。对于当事人共同认可的事实,不再进行庭审调查。之后,法官对当事人争议的事实进行总结归纳,为了调查方便,一般将争议事实归纳为若干个要点,然后再征求当事人意见。征求当事人意见的目的在于,防止法官总结的争点存在遗漏或偏颇。案件事实争议焦点的归纳是庭审调查至关重要的环节,对司法实务有十分重要的作用,其能够明确法庭调查的方向和目的,还可以促进诉讼的效率和效益。

第二,对于当事人庭前认可,庭审时又反悔的事实和证据,符合法定条件的,应当列入争议焦点进行审理,在此情况下,该争议焦点必须被纳入法庭调查的范围中做进一步查明。对于重大复杂疑难案件,为了防止开庭审理的过程过分冗长,法律规定可以进行庭前证据交换,此阶段当事人及其代理人可以就案件的事实和证据发表意见,进行承认或反驳。当事人在此阶段作出的诉讼行为,特别是对于事实和证据的认可,根据诉讼诚实信用原则,其效力应当适用于开庭审理,没有法定事由或证据不得反悔。这就是大陆法系和英美法系普遍认可的"禁反言"原则。从我国的司法状况出发,由于律师诉讼代理尚不普遍,当事人对自身的程序利益还比较模糊,当事人的诉讼能力还有待提高。最高人民法院《关于适用〈中华人民共和国民事诉讼法〉的解释》第229条规定:"当事人在庭审中对其在审理前的准备阶段认可的事实和证据提出不同意见的,人民法院应当责令其说明理由。必要时,可以责令其提供相应证据。人民法院应当结合当事人的诉讼能力、证据和案件的具体情况进行审查。理由成立的,可以列入争议焦点进行审理。"

第三,最高人民法院《关于适用〈中华人民共和国民事诉讼法〉的解释》第92条规定:"一方当事人在法庭审理中,或者在起诉状、答辩状、代理词等书面材料中,对于己不利的事实明确表示承认的,另一方当事人无需举证证明。对于涉及身份关系、国家利益、社会公共利益等应当由人民法院依职权调查的事实,不适用前款自认的规定。自认的事实与查明的事实不符的,人民法院不予确认。"对于其中所规定的例外情形,法官应当在庭审中予以调查,因此涉及这类事实的内容也应当被列入法庭调查的内容当中,由法官在庭审调查中采取询问当事人的方式进行调查。自认的例外情形包括:其一,涉及身份关系的事实,可能损害国家利益、社会公共利益的事实;其二,当事人可能存在恶意诉讼,如为逃避债务或出于其他事由,损害第三人利益而进行的恶意承认等;其三,当事人在诉讼中自认的事实,与法官在庭审调查中已经根据证据出示、质证形成的内心确信的事实不相符合的,不予确认。因此,尽管当事人对自认的事实不需要举证证明,但在庭审调查中法官仍然需要将一步步查明的案件事实情况与当事人自认的事实进行对照,对于发现的不一致的内容应当向当事人进行询问,对不相符的事实予以否认。

(二)审查核实证据

在明确了庭审调查的争议焦点后,下一阶段就是审查核实证据,通过审查核实证据,最后确定当事人主张的事实是否成立。我国《民事诉讼法》规定,证据应当在法庭上出示,由当事人质证,未经质证的证据不能认定案件事实。因此,法庭调查的主要内容当然地包含当庭由当事人提交和出示证据,进而由对方进行质证。本章的先导案例中,成某某提供了销货清单,该清单虽不具有欠条性质,但结合庭审中双方对交易习惯的陈述、大冈派出所民警葛某的谈话笔录以及成某某夫妻曾上门索要货款的事实,可认定成某某在该货款纠纷中已完成举证责任。而被告陈某某在庭审中刻意隐瞒、回避于己不利的询问,拒绝提供相应的证据,且对同一事实出现前后不一致的陈述,致使案件事实难以查明,可根据举证责任的分配规则,作出对其不利的认定。法院依法确认陈某某拖欠成某某货款的事实存在,因成某某主张已付 500 元,故陈某某应给付成某某剩余货款 2830 元。

在提前进行了庭前证据交换的案件中,开庭审理时,对各方当事人已经认可的证据,没必要再进行出示质辩。需要当庭出示和质辩的,是当事人存在争议的证据,尤其是在证据的合法性、客观性方面存在争议的证据;单纯对证据的关联性和证明内容存在争议的,不一定要在法庭上再次出示证据,法官对庭前证据交换的情况作出说明后,直接引导当事人进行质证即可。对于没有进行庭前证据交换的案件,所有的证据均须在法庭调查时当庭提交法庭,并交由对方当事人辩认、阅读,提交证据方还应当对证据进行言词说明。在法庭调查中,对法院收集的证据的调查应作两种区分:其一,依当事人申请收集的证据,需要作为当事人一方提供的证据出示,经对方当事人质证,属于庭审调查需要核实的证据;其二,法院依职权调查的证据,只需法官在庭审中说明即可,不属于法庭调查的内容。

法庭调查对证据的审查判断,围绕证据本身所应当具备的属性展开,即证据的真实性、合法性和关联性,这是证据作为认定案件事实的依据的基础,也是在质证中首先要解决的问题。最高人民法院《关于适用〈中华人民共和国民事诉讼法〉的解释》第 104 条规定:"人民法院应当组织当事人围绕证据的真实性、合法性以及与待证事实的关联性进行质证,并针对证据有无证明力和证明力大小进行说明和辩论。能够反映案件真实情况、与待证事实相关联、来源和形式符合法律规定的证据,应当作为认定案件事实的根据。"该规定揭示了质证必须经过的两个阶段:第一阶段,对证据属性的质证。我国学者一般认为,证据的真实性、关联性和合法性是证据的三种属性或特征,法官对证据的审查判断会围绕证据的"三性"来进行。英美法系国家中,与证据概念的讨论有关的方面是证据的相关性和可采性,大陆法系国家则注重证据作为证明方法的属性,可以说,"三性"是我国证据法理论与实践中的特色。第二阶段,对证据证明力的质证。法官对证据证明力的审查,实质上是检查某项事实是否需要证明以及是否已经得到证明的过程。在确定某项事实属于证据评价范围的前提下,法官依据证据裁判主义的原则，运用经验法则并遵守证明规则，对证据的证明力作出判断。我国司法解释与民事诉讼实践在证据证明力的判断中，采取的是自由心证原则。

在当事人出示证据、质证后，法官需要综合当事人的质辩意见，对当事人提交的证据以及依职权搜集的证据是否具备合法性、客观性、关联性作出判断，以确定是否将其作为定案证据，此即为证据认证。法官在对证据可否作为定案证据使用作出判断后，在确定的定案证据的基础上，对案件事实作出最后认定。

第二节 询问的技巧

一、询问的含义和特点

（一）询问的含义

询问是人们通过谈话或者问话的方式了解情况的一种活动，它存在于人们日常生活的各个领域之中。在证据调查中，询问是指被法律赋予证据调查权的人员适时地与案件有关人员进行谈话，依法了解案件情况的专门活动，是证据调查人员必须具备的专业基本功之一。询问是证据调查机关所属的调查人员为查明案件事实，以相关法律为依据，与被询问者之间构成的一种特殊的心理交往过程。其实质是询问者在一定的询问环境里，运用科学的询问技术和工具，引导和说服被询问者接受正确观点，真实而完全地陈述其了解和掌握的案件事实情况。询问者、被询问者和案件事实情况构成询问的三个最基本的要素。询问环境是询问活动的外部条件；询问技术属于询问人员必须具备的内部条件，它只有在转化为询问者的素质的情况下，才能有效而完全地发挥作用；询问工具是询问者完成询问活动的必要手段和信息媒介或载体。

（二）询问的特点

第一，询问的主体是被法律赋予证据调查权的人员。询问人是接受证据调查机关授权,就特定案件的事实情况对特定对象进行口头访谈的人员,包括侦查人员、检察人员、审判人员、仲裁人员、律师以及行政执法人员。询问者必须有司法、执法工作者的身份,必须是接受司法、执法机关授权的人员,未经授权不能随意充当特定案件和特定对象的询问调查人员。

第二,询问对象必须具有相应的法律身份。被询问者是由法律规定严格限制的,不是由询问人随意选择的。询问对象通常是指询问活动中,能够向询问人准确、完全、客观地提供自己所了解或者掌握的案件事实情况的人,主要包括证人、刑事被害人、民事诉讼当事人和行政诉讼当事人等。

第三,询问是一种证据调查活动过程。询问者与被询问者相互影响、相互作用,询问者通过提问等方式作用于被询问者,被询问者通过回答等方式作用于询问者。因此在询问的过程之中,询问者应当掌握主导权,让被询问者按照计划回答问题。

第四,询问的基本依据是相关的法律、法规。询问人在询问活动中所扮演的只能是政策、法律和一般道德规范或社会互动规则的维护者和代表者的角色,所以询问人在询问过程中的言行举止具有非随意性的特征。这要求询问人必须讲究职业道德,自觉遵守、严格执行相关的政策、法律和一般道德规范或社会互动规则,进行合法询问、文明询问。

第五,询问的目的是了解案件的情况。询问是具有定向任务的特殊调查研究活动,调查人员进行询问的直接目的就是要从被询问者那里获得能够帮助法庭揭示和澄清案件真相的各种事实材料。与此同时,询问也是询问人教育被询问者和进行自我教育的有效手段。

第六,询问是在科学的询问调查理论指导下的一种证据调查实践活动。询问是询问人与被询问者面对面的谈判过程,脱离实际的询问是不存在的,因此询问活动都是实践过程。但是询问又是多种技术方法综合运用的过程,没有科学的理论指导就没有科学的询问实践。

第七,询问是一种具有高度时机性的证据调查活动。从被询问者的角度,被询问者的陈述效果取决于他对自己感知过、思考过、体验过或操作过的事情的记忆能力。在其他条件相同的情况下,询问的时间越靠近案件事实发生的时间,询问人越有可能从被询问者处获取充分而客观的陈述。从询问人的角度,询问人能否科学地认识、准确地把握、合理地运用询问的时机,必然会影响询问的方向、进程和效益。

二、询问准备阶段的技巧

(一)明确总体方向,把握具体目标

询问总是围绕一定的调查目的开展。在证据调查中,询问的目的通常是以特定询问活动的目标体系表现出来的。询问目标,是指询问调查所要解决的问题和达到的目的,它由总体目标和实施询问活动具体行为的目的两部分组成,前者是指具体的询问活动所要达到的根本目的,后者是指实施询问活动具体行为的目的,更多地表现为由总体目标具体化所产生的分层次、分步骤的子目标体系。

为了达到总体目标、实现具体目的,在进行具体询问之前,应首先解决三个问题。第一,确定具体的询问活动所要解决的调查问题,设置解决这些问题的基本程式,并在此基础上分析解决问题的可能时机,把握解决问题的程度。第二,选择询问交流的形式和询问结果的表现形态:口头陈述还是书面陈述;是否做记录;制作笔录,还是录音录像;等等。第三,明确询问活动及其结果的基本作用:通过询问调查获得的信息是用于调查部门内部掌握,即作为进一步深化案件认识的线索,还是为审判机关提供断案的依据,作为诉讼证据使用;特定的询问活动是试探性访谈,还是实质性访谈,是对社区群众进行的一般性访谈,还是对特定对象进行的正式的、明确的询问;等等。

(二)了解背景,掌握相关知识

具体的询问对象及其与案件的关系,以及其周围的人、事、物之间相互关联地构成了询问的具体环境,是询问工作不可回避的、必须依托的背景。如果询问人忽略了这种背景,不愿或者不能从这种背景入手,不能根据线索对询问的基本要素及其相互之间的联系做追根溯源式的分析研究,就可能偏离总体目标。因此,询问人在实施询问之前,必须对这种背景进行科学的分析,并在此基

础上,掌握与询问有关的背景,其中最重要的是有关的法律、法规、科学文化知识和所调查案件的情景材料。

调查人员首先要了解案情,掌握案件已有的材料,如案件发生的时间和地点、案件的性质和后果、当事人的基本情况、犯罪嫌疑人可能具有的特征以及有关证据的情况等。了解这些基本案情,有助于提高询问的针对性,减少询问的盲目性。其次,在此基础上确定询问对象。当然,当事人和被害人是确定无疑的询问对象,但在一起案件中,究竟哪些人可以作为证人,是询问前应当仔细研究和确定的。确定询问对象的依据通常是:案件发生的地域范围;当事人或犯罪嫌疑人的亲属关系及社会关系;案件已有线索;与案件有关的物品的去向;现场遗留物的来源;被害人或受害人的亲属关系及社会关系;证人提供的情况;等等。

确定询问对象后,调查人员应该尽量了解询问对象的基本情况,包括其年龄、性别、民族、职业、文化程度、健康状况、性格特点、个人爱好、生活习惯等。了解询问对象基本情况的途径通常是:向当事人了解;向询问对象的邻居和同事了解;刑事案件可以向管片民警、居民委员会或治保委员会的工作人员以及询问对象所在单位的领导或保卫干部了解;等等。

(三)制定具体的询问计划

当案件中需要询问的人为多人时,应该先确定询问对象的先后顺序。一般来说,应尽量先询问那些可能了解重要案情的人和比较熟悉当事人及其他询问对象的人,后询问社会人员和刑事案件中有作案嫌疑的人。

第一,要选择合适的询问时间。"迅速及时"是调查工作的原则之一,调查人员接到案件后,应抓紧时机迅速开展调查工作。询问当事人、被害人、目击证人,应尽量在案发后不久、记忆尚存的时候进行。但实践中,坚持这项原则还需要结合具体情况,如走访某个特定的证人,调查人员应当尽可能选择该证人空闲的时间,其心平气和的时候最好。如果在证人忙于工作、正在会客或就餐,或者恰逢其神情沮丧或大发雷霆的时候开始询问,可能会引起证人的反感,导致其内心不愿与调查者合作,从而使询问难有效果。因此除紧急情况外,调查人员应在恰当的时间询问,因为恰当的时间和地点往往是询问成功的重要保障。选择询问时间应主要考虑以下因素:询问对象是否有空闲或感到方便,询问对象的情绪是否稳定,询问对象的精力是否充沛,等等。

第二,要选择合适的询问地点。心理研究和实践表明,针对不同的询问对象,选择适当的面谈场所往往有助于询问取得良好的效果。譬如,询问未成年人,可以在他的学校或家中;询问企事业单位的负责人,可以在其办公室或茶室面谈;对于嫌疑人及其亲友,可以传唤到公安机关或人民检察院询问。确定询问地点应尽可能以询问对象方便为原则,维护询问对象的隐私权。询问场所应安静,不受外界干扰,有利于交谈取证。选择询问地点要根据具体情况,因人而异。选择询问地点时应考虑以下因素:询问对象会不会感到紧张或拘束;是否有利于询问的保密并使询问对象感到安全;询问环境是否安静并不易受到外界因素的干扰。

第三,安排适当的询问主体分工。根据计划中所确定的询问对象的人数、特点、分布状况等具体因素,须分别考虑由与之相适应的调查人员进行询问。询问对象若是妇女、未成年人、聋哑人,指派合适的询问主体尤为重要。

第四,拟定询问提纲。列明本次询问的主要目的和所要解决的主要问题;确定准备向被询问者提出的问题、提问方式和提问顺序;预测询问过程中可能遇到的问题和困难,并准备好相应的措施和对策。调查人员制定询问计划,就是要在询问前做好各方面的充分准备,尽量穷尽询问过程中的种种可能性,掌握询问的主动权。此外,调查人员对询问计划的内容、事项及其顺序安排等必须做到心中有数。

三、询问实施阶段的技巧

询问基本上是以询问人与询问对象双方问答、会话的方式进行的。它在一定程度上是情感、信息的双向交流,询问对象是否愿意同调查人员合作、是否有相应的兴趣,在很大程度上取决于调查人员的个人品格和工作能力,取决于他们的言谈举止和对待询问对象的态度。调查人员在询问中应保持亲切友好、严肃认真的态度,使询问对象对调查人员产生认同或敬畏的心理,促使其合作。

调查人员在听取询问结果时,应保持客观冷静,客观全面地加以收集有关证据材料。调查人员在询问中不能对询问对象的陈述擅自反驳,作主观取舍和理解,不能表露出对陈述的满足或失望的情绪。在整个询问过程中,调查人员应尊重询问对象,专心听取,认真记录他们的陈述,不要同时做一些分散注意力的事情或显得漫不经心,否则将会削弱询问对象的兴趣。询问中不宜过多地打断对方的话题,只有当其陈述离题太远时,才应巧妙委婉地引导其回到话题上来。频频打断对方的陈述和过多地插问,可能使询问对象失去陈述的主动性,使其正常的联想、回忆受到干扰,甚至受到不良暗示的影响。为了获得询问的最佳效果,调查人员在实施询问的过程中要掌握以下要领。

第一,调查人员在进行询问时应注意自己的衣着和礼节。到被询问者单位或家中询问时,调查人员应遵守一般的社交礼节,衣着要整洁大方,要提前预约,准时到达。刑事案件的调查中,作为调查人员的警察和检察官更应保持良好的形象和态度,切不可以执法者的身份自居而不尊重被询问者的同事和家人。同时,为了不使被询问者感到难堪或不便,警察和检察官应着便装。

第二,调查人员应正确选择询问开始的方式。一般来说,传唤询问以开门见山的方式为好,因为传唤对象在接受询问前已有思想准备,调查人员在接待他们之后就可以询问有关案件的问题。走访询问则以闲谈入题的方式为宜,因为调查人员的来访往往使询问对象感到紧张或不安,所以调查人员不应一进门便询问有关案件的问题,而应先作自我介绍或出示自己的证明文件,然后根据被询问者的具体情况和特点聊几句家常话,待对方心情平静下来再把谈话转入正题。

第三,调查人员要注意掌握谈话的气氛。调查人员要想取得询问的最佳效果,必须掌握一些谈话技巧,其中之一就是适当地控制谈话的气氛,既轻松又严肃,也就是说既要使被询问者感到没拘束,又要使被询问者意识到必须认真对待。无拘束的谈话气氛有助于被询问者回忆和陈述,而认真的态度可以防止其信口开河。在询问过程中,调查人员要善于根据询问对象的具体情况,用自己的语言和表情来适当地调节谈话气氛。

第四,调查人员要注意防止谈话出现僵局。在询问过程中,被询问者有时会突然停止陈述。此时,调查人员不能简单地要求对方继续讲下去,而应当在谈话停顿时运用一些技巧使谈话继续下去。例如,可以及时扭转话题,非常自然地提出一些对方不会拒绝回答的问题,或者主动地承接对方中止的陈述,巧妙地插入一些轻松的话题等。在询问过程中,调查人员既要有耐心热情的态度,又要有察言观色的本领,还要有驾驭语言的技能,这样才能有效地防止出现尴尬的僵局。

第五,调查人员要善于帮助或推动被询问者的回忆。从某种意义上讲,询问过程是被询问者在外界力量的推动下主动回忆并再现他曾经感知的事件的过程。调查人员的提问就是这种外界推动力的体现。有时,由于记忆较浅或间隔时间较长,被询问者的回忆会遇到障碍。为了帮助被询问者克服这种障碍,调查人员可以采用接近回忆、相似回忆、对比回忆、关系回忆等方法来唤起对方的记忆,但不能提出具体情节让对方判断,而应让对方陈述具体事实。

第六,调查人员要善于帮助被询问者克服消极心理和改变拒证态度。有些人在接受询问时消极抵触或拒绝作证。他们可能是怕麻烦,觉得多一事不如少一事、事不关己等,或者对犯罪分子有恻隐之心、报恩思想,或者出于自身利益企图回避矛盾,怕受牵连、遭报复,或者出于某些宗教信仰等。调查人员要想消除询问对象的消极心理和拒证心态,一方面应注意自己的询问方法和态度,促进与被询问者的心理接触;另一方面应加强对被询问者的思想教育和法律宣传,启发其正义感和社会责任感,提高其对案件的认识,打消其思想顾虑;必要时应说明其有作证的义务,对被询问者晓以利害。

第七,调查人员应掌握好询问时间。一般来说,每次询问所持续的时间不宜太长,以免造成被询问者的疲劳和反感。调查人员在完成询问计划之后应尽快结束谈话。如果需要询问的内容较多,可以让被询问者在中途以某种方式休息一两次,也可以用放慢询问节奏和改变谈话气氛的方法减轻被询问者的紧张感和疲劳感。如果问题尚未提完,而此时被询问者已十分疲劳,则应及时停止此次询问,改日再谈。

第三节 质证的方法

一、质证的概念

质证是指诉讼当事人及其法律代理人在审判过程中针对对方举出的证据进行质疑和质问。它是诉讼双方反驳和攻击对方证据的重要手段,也是帮助和影响法官认证的重要途径。

二、质证的主体

质证的主体,即有权在审判中对证据提出疑问和进行质问的人。在刑事诉讼中,质证的主体包括检察官,辩护律师,被告人,被害人,附带民事诉讼原告、被告及其诉讼代理人;在民事、行政诉讼中,质证的主体包括原告、被告、第三人及其代理律师。其中,刑事被告人有权质证,但是其一般都让辩护律师代行质证。刑事被害人也有权进行质证,但是因为检察官的质证往往与其同向,所以一般也没有必要再行单独质证。如果证据与附带民事诉讼有关,则被害人或其法律代理人也可以自行质证。第三人参与诉讼往往与原告、被告一方存在利益关系,故其质证活动会与原告、被告的质证有所重合。因此,诉辩双方是在审判中实际进行质证的主要人员。法官则是审查证据的主体,是认证的主体,不是质证的主体。

三、质证的对象

质证的对象,又称为质证的客体,即在审判中由一方提出并由对方进行质疑或质问的证据。质证的对象包括诉讼法规定的 8 种证据,既包括言词证据,也包括实物证据。

四、质证的内容

质证的首要内容是证据资格。围绕证据资格进行质证,主要是对证据的客观性、合法性、关联性提出疑问。如果证据不具备起码的真实性，即完全虚假的证据，自然不能被许可采纳；如果证据不符合法律的有关规定，自然不能进入诉讼程序；如果某一证据与案件事实没有关联性，当然也就不具备证据资格。

质证的第二项内容是证据的证明力。凡是一方当事人提交的、具备证据资格而获准进入诉讼程序的证据，对方当事人仍然可以对其真实可靠性提出疑问，一是从证据的来源质疑证据的真实可靠性，二是从证据的内容质疑证据的真实可靠性。证据的充分性是由证据与待证事实之间的关联形式和性质所决定的，因此对证据的充分性提出疑问就要以关联的形式和性质为基础，看其关联的形式是直接的还是间接的，关联的性质是必然的还是偶然的。

五、质证的原则

质证应切实贯彻"直接言词"的诉讼原则，即应当确立当庭质证、直接质证、公开质证等原则，确保质证目标的实现。

（一）当庭质证

当庭质证，即所有质证活动都必须在法庭审判中当庭进行。当庭质证既是诉讼当事人有效行使质证权的保障，也是法官公正行使审判权的保障。对于当事人而言，参与法庭调查的目的是通过证据和说理影响法官对证据和案件事实的认定，一方面让法官相信己方的证据和事实主张，另一方面让法官不相信对方的证据和事实主张，实现这一目的最有效的方法就是在法庭上对对方提出的证据进行质疑和质问。对于法官而言，其作为案件的裁判者，对证据的审查必须具有"亲历性"，即法官在审判中必须亲自审查证据，因此任何证据都必须经过法庭上的质证活动，这样才能使审判者对证据的真实性和证明价值形成内心确信，并在此基础上认定案件事实，作出判决。

（二）直接质证

直接质证，就是一切证据只有被当事人在法庭上进行直接质疑和质问后，才能作为定案的根据。直接质证规则是与当庭质证规则相辅相成的，是保障质证效果的一条重要规则。就言词证据而言，直接质证就是由对方直接对提供言词证据的证人、被告人、被害人等进行质证。对书面证言和笔录等进行的疑问和反驳属于间接证据，只能作为质证的辅助或替代方式。虽然审判之前获得的书面证言或笔录有重要的证明价值，而且一般都有陈述人的签名或盖章，笔录上还有"以上记录属实"等字样，但是其是否真实、准确且完整地表达了陈述人的意思，还要通过直接询问陈述人来确定。总之，对言词证据进行直接质证是基本原则，只有在确实无法或确无必要进行直接质证时，才能采用间接质证的方式。

对实物证据的直接质证包括两层含义：第一，直接对物证、书证、视听资料等进行检验和审查；第二，直接对实物证据的勘验、检查、鉴定人员进行询问。

（三）公开质证

公开质证，是指质证活动应当在开庭审判时公开进行。公开质证是公开审判的组成环节，因此要遵循公开审判的有关规定。除依法应当保密的证据外，任何证据都必须在公开审判过程中公开接受质证。对于涉及国家秘密、商业秘密或个人隐私的证据，则应当在无人旁听的情况下进行质证。

在司法实践中，有的审判人员对于当事人提供的证据只是听取一下对方当事人的看法，就算完成了质证的程序；有的审判人员对于法院自行收集的证据只是分别征求一下双方当事人的意见，就算进行了质证；还有的审判人员对当事人在庭审后提交的新证据，不再进行开庭质证，仅在庭下听取一下对方当事人的意见，就直接确认证据的资格和效力。这些做法显然都违反了公开质证的规则。无论是"新"证据还是"旧"证据，是当事人提供的证据还是法院自行收集的证据，都要经过法庭上的公开质证，才能作为定案的根据。

六、质证的程序

质证的程序属于具体的操作规程，即在具体的诉讼活动中，质证应该按什么顺序、以什么方式进行。在不同种类的诉讼中，在不同性质的案件中，质证的顺序和方式可以有所不同，但是各种诉讼和各类案件中的质证有一些共同的规律。

(一)质证的顺序

质证的顺序,就是在庭审过程中,当事人对对方证据进行质疑和质问的时间顺序或先后顺序。质证的顺序是质证程序性规则的重要组成部分。在诉讼过程中,质证是举证的后续环节,没有举证就没有质证,所以确定质证的顺序必须以举证的顺序为依据。

诉讼中举证的基本顺序是先控方后辩方,质证的顺序也应当是先控方的证据后辩方的证据。就具体的案件事实来说,质证可以按照不同的顺序进行。在有些案件中,质证可以按照事件发生的时间顺序进行;在有些案件中,质证可以按照各个事件要素在案件中的性质和地位进行,包括"从内向外"的质证顺序和"从外向内"的质证顺序;在案件事实或行为之间的因果关系比较明确的情况下,质证还可以按照事件的因果关系进行,包括"由因及果"的质证顺序和"由果及因"的质证顺序。总之,质证的顺序应该以举证的顺序为基础,但是也可以具有一定的灵活性,这主要表现为不同的质证程式。

(二)质证的程式

所谓质证的程式,就是质证的程序模式,是质证的程序中最重要的内容。在诉讼活动中,质证和举证的基本顺序是一致的,但不都是完全对应的。换言之,在有些情况下"一举一质"是恰当的也是必要的,在有些情况下"一举一质"则是不恰当的或者不必要的。因此,在不同案件的诉讼活动中,根据事实情况不同或证据情况不同,质证可以有不同的程序模式。

1. 单个质证

单个质证又可以称为"一证一质"。按照这种程式,每一个证据在法庭上被一方举出之后,立即由另一方对该证据进行质证。如果另一方此时不进行质证,即视为放弃了对该证据进行质证的权利,并由此失去对该证据进行质证的机会。无论从司法证明的自身规律来说,还是从司法实践的客观需要来说,单个质证都是一种基本的质证程式。特别是在诉讼双方对证据及其相关事实的认识截然不同的情况下,司法人员应该尽量采用"一证一质"的程式。

2. 分段质证

分段质证又可以称为"一组一质"。按照这种程式，证据可以根据案件构成的基本事实要素分成若干组或若干段，就每一个案件事实或每一组证据，先由控方举证、辩方质证，然后再由辩方举证、控方质证。分段质证可以提高诉讼效率，节约司法资源。这种程式适用于案情比较复杂而且证据数量较多的案件。

3. 单方质证

单方质证又可以称为"一方一质"。按照这种程式，诉讼的一方完成举证之后，另一方对其全部证据进行质证。以刑事诉讼为例，控方就其主张全面举证之后，辩方针对控方证据中的薄弱环节进行质证，然后，辩方再进行举证，并接受控方的质证。单方质证适用于案情不复杂或者争议点不多，证据数量较少而且相对集中的案件。

4. 综合质证

综合质证又可以称为"全案一质"。按照这种程式，控辩双方都完成举证之后，双方再以辩论的方式，综合地对对方证据进行质疑和反驳。这曾经是我国司法实践中普遍使用的一种质证程式。综合质证可以节约审判时间，但是难以保障质证的效果，特别是在那些案情比较复杂、证据数量较多的案件中。在强调当事人质证的诉讼模式下，综合质证的适用范围不宜太广，可以局限在只有单一争议点，且本证反证相互对应的案件与适用简易程序的案件。

(三)质证的基本方式：交叉询问

质证的方式，即在庭审调查中采用什么方法和形式进行质证。这也是质证程序的组成部分，主要理由有二：首先，质证的方式与质证的程序是密不可分的，质证的程序包含质证方式的内容，质证的方式体现在质证程序之中；其次，质证的方式与质证的程序具有相同的属性，二者都属于指导和规范实际操作活动的规则。

1. 交叉询问的概念

交叉询问是由一方当事人或其律师在法庭上对另一方证人进行的盘诘性

询问。理解交叉询问的概念要注意以下几个问题:(1)交叉询问是由一方对另一方的询问,具有对立的性质。在诉讼中,当事人任一方对对方证人的询问,都属于交叉询问;但是,当事人任一方对己方证人的询问不属于交叉询问。(2)交叉询问是盘诘性的询问,具有攻击或反驳的性质。如果是支持性或者进一步说明性的询问,则不能体现交叉询问的本质特征。(3)交叉询问的对象是广义的"证人",包括被告人、被害人、证人、鉴定人、勘验人、检查人以及实施搜查、扣押等侦查措施的警察等。(4)交叉询问应该在法庭上在法官的主持下进行。司法人员、执法人员或律师在调查阶段或法庭之外对证人的询问,不属于交叉询问。

在英美法系国家的审判中,交叉询问是质证的基本方式,也是诉讼当事人的一项重要权利。任何一名证人在法庭上接受了本方律师的询问(直接询问)之后,对方律师都有权代表其当事人进行交叉询问,以便对该证人证言进行质疑。如果对方律师不进行交叉询问,法庭就视其代表当事人放弃对该证人进行质证的权利。

2.交叉询问的目的及其实现途径

交叉询问的主要目的是对对方证人提供的证言进行质疑,以便降低甚至消除该证言在事实裁判者心目中的可信度。在诉讼实践中,实现交叉询问目的的基本途径是攻讦对方证据的弱点或缺陷。交叉询问的目的是通过以下几种方式让证人在事实裁判者面前失去信用:提出先前陈述中的矛盾之处和不可能之处;给证人置上疑点;诱导证人作出可以削弱其证言的承认;等等。诉讼律师在对出庭作证的证人进行交叉询问中使用的质疑技术主要涉及以下六种情况:(1)感知缺陷;(2)证人的品格;(3)证人的精神状态;(4)证人的重罪前科;(5)该证人以前的自相矛盾的陈述;(6)证人一方的利益或偏见。

3.交叉询问的规则

交叉询问作为质证的基本方式,有利于调动当事人进行质证的主观能动性,有利于实现质证的目的和功能,也有利于保障庭审调查的程序公正。但是交叉询问也容易出现一些问题,如拖延诉讼、侵犯证人权利等。因此,诉讼各方在法官的主持下进行交叉询问时,应当遵守以下规则:(1)交叉询问的问题应当与证人或鉴定人等陈述的案件事实或鉴定事项有关。对于不具有上述关联性的问题，证人或鉴定人可以拒绝回答，但是涉及证人资格或鉴定人资格的问题除外。(2)在对证人或鉴定人的资格进行质疑时，可以涉及与个人信誉和品行有关的问题，但是不得损害证人或鉴定人的人格尊严。(3)在交叉询问中可以使用带有诱导性质的提问方式，但是不得使用威胁、利诱等语言。(4)如果一方认为对方在交叉询问中提问的方式或内容不合适，应当及时在法庭上提出异议或反对，法官应当对异议或反对作出即时裁判。

4. 交叉询问的技巧

(1)灵活提出开放性问题和封闭性问题。开放性问题指的是不能轻易地只用一个简单的"是""不是"或者其他一个简单的词或数字来回答的问题。开放性问题能引导当事人对有关事情做进一步的描述，从而使提问者得到更多有价值的信息。封闭式问题是指提问者提出的问题带有预设的答案，回答者的回答不需要展开，一般在明确问题时使用，用来澄清事实，获取重点，缩小讨论范围。封闭式问题的常用词汇有：能不能、对吗、是不是、会不会、可不可以、多久、多少等。

案件性质不同，在选择发问的问题时要有侧重点。刑事案件中，公诉人、辩护人以及被害人的诉讼代理人在庭前已了解案件的案情以及证据材料的情况下，在设计问题时应侧重设计封闭性问题，运用重复性、试探性等行之有效的发问技巧，达到想要的结果；而民事案件中，一方在庭前对另一方的当事人陈述、证人证言等了解相对较少的情况下，在设计问题时应先用开放性问题进行试探，寻找突破口，然后再运用封闭性问题。

(2)运用重复性发问技巧揭露案件事实真相。重复性发问就是反复提问同一个问题，提问的方式可以不断变换，而提问的内容不变。在法庭上，重复性发问会使当事人或者证人产生很大的精神压力，不断地施压会让其尴尬，突破其心理防线。

通过不同的方式对对方反复询问，如果对方极力回避这个问题，并表示出焦虑、恐慌甚至愤怒的表情，就会给主审法官以及其他在场人员以不诚信的印象，从而影响法官的判断。

(3)适时求助法官。办理案件时,经常会遇到对方当事人不配合发问的情况,比如回答这个问题与本案无关、没有必要回答这个问题、记不清了等。在这种情况下,律师无法以命令的口气要求对方当事人回答,但可以求助法官,因为法官有权要求对方当事人回答。在必要时候,可以作为依申请调查取证的事项争取法官同意向对方进行调查取证。

侵害集体经济组织成员权益纠纷

审:下面进行法庭调查,先由原告陈述诉讼请求、事实及理由。

原告代理人:(1)请求人民法院依法判决被告支付给原告征收土地补偿款分配款人民币5000元;(2)由被告承担本案的诉讼费用。

事实与理由:原告自出生便随父母亲落户在被告集体,依法登记为常住人口,系被告集体经济组织成员。在第二轮家庭土地承包时,原告父亲作为土地承包方代表在被告集体承包了土地,某市某区人民政府给原告家庭户颁发了《农村土地承包经营权证》,原告是经营权共有人之一。原告以在被告集体的承包土地为基本生活保障。2021年,某市某区人民政府出于建设某某项目的需要,征收了被告集体的部分土地,被告获得了一定数额的征收土地补偿款。2022年1月下旬,被告通过村民小组会议讨论决定关于该项目征地土地款的分配方案。方案决定户口在本村的村民可享受土地款分配款的100%即每人5000元。被告于2022年1月28日将分配款汇入各经济组织成员账户。原告要求被告以同等的分配份额给予原告征地补偿款,但被告却以原告是户口在本村的出嫁女为由,不同意将原告应得的征地补偿款分配给原告,要求原告必须通过法律程序,以法院判决为主才可以享受分配。原告认为,原告的户籍出生后登记在被告集体,其间未曾发生过迁移,且原告以在被告集体的承包土地为基本生活保障。依照最高人民法院《关于审理涉及农村土地承包纠纷案件适用法律问题的解释》第22条"征地补偿安置方案确定时已经具有本集体经济组织成员资格的人,请求支付相应份额的应予以支持……"的规定,原告完全具有被告集体经济组织成员的资格,应与其他经济组织成员一样平等地享受被告集体征收土地补偿款的分配待遇。被告没有把原告应得到的征收土地补偿款分配款每人5000元的份额分配给原告,显然侵犯了原告的合法权益,因此,原告特向法院提起诉讼，恳请人民法院依法作出公正的判决。

补充事实与理由：原告在 2021 年 8 月 23 日结婚，她在征地时还没有出嫁。

审：由被告针对原告的诉讼请求和事实理由发表自己的答辩意见。

被告代理人：被答辩人不具有本村村民小组集体经济组织成员资格，被答辩人请求答辩人向其分配征地补偿款没有法律依据。

答辩人将土地发包给被答辩人的父亲承包，承包期限为 1998 年 1 月 1 日到 2027 年 12 月 31 日，某市某区人民政府于 2015 年向被答辩人的父亲换发了某区农地承包权(2015)某号农村土地承包经营权证，被答辩人系该承包经营权共有人之一。但是被答辩人结婚后，并未在答辩人处居住生活，并未以答辩人处的土地为基本的生活来源。被答辩人只是空挂户。征地补偿款是征收土地后，为保障被征地的农民原有生活水平不降低、长远生计有保障，而给农户的公平、合理的补偿。被答辩人以空挂户的名义，要求答辩人发放与集体经济组织成员村民一样份额的征地款，对答辩人村里的其他村民不公平。况且，经过集体讨论对征地款进行计划分配是合法、合理、有效的。

综上所述，被答辩人不符合获得涉案征地补偿款的规定，为了维护答辩人的合法权益，恳请人民法院依法驳回被答辩人的诉讼请求。

审：根据双方当事人的意见，本庭现归纳本案争议焦点：原告请求被告分配征地补偿款 5000 元有无事实及法律依据？双方当事人对本庭归纳的争议焦点有无异议和补充？

原告代理人：没有。

被告代理人：没有。

审：下面进行法庭查证。当事人当庭举证、质证应当围绕法庭确定的范围进行。现在，由当事人当庭举证。当庭举证要说明证据的名称、种类、来源、内容以及证明的对象。下面由原告出示证据。

原告代理人：

证据 1：身份证。

证据 2：原告户口登记卡。证据 1、2 共同证明原告出生时户口落户于被告村民小组，系被告集体经济组织成员。

证据3：原告丈夫户口登记卡，证明原告丈夫户口不在被告村民小组，非被告集体经济组织成员。

证据4：结婚证，证明原告与外村人结婚，系外嫁女。

证据5：农村土地承包经营权证，证明在第二轮家庭土地承包时，原告父亲作为土地承包方代表在被告集体承包了土地，某市某区人民政府给原告家庭户颁发了《农村土地承包经营权证》，原告是经营权共有人之一。

证据6：股权证，证明原告持有被告集体的成员股，系被告集体经济组织成员。

证据7：银行账户明细，证明2022年1月28日被告给原告家属分配了征收土地补偿款，未给原告分配。

证据8：被告征地补偿款分配方案，证明被告确定对征地款按每个农业人口分配5000元。

原告代理人当庭补充证据：

证据1：关于某村民小组换届选举通告及其选民名单公示（第九届），证明原告具有被告村选民资格，因此也具备被告村集体经济组织成员资格。

证据2：12345诉求单及某区某镇人民政府答复函，证明被告在为村民们办理股权证时，原告等外嫁女得知被告未为其办理股权证后，通过网上向某区政府及某镇政府投诉要求处理，政府回复建议向法院起诉维权或依法律规定维权。

证据3：本案前序审理的民事判决书，证明：第一，村民股东身份的确认以股权证发放的时间为准，本案征地补偿方案于2020年8月28日确定，而股权证发证时间为2020年10月14日，也就是说股权确认完成前，征地补偿方案已确定，本案的处理无须考虑原告是否具有股权证问题；第二，户口在本村且未取得其他稳定的替代性生活保障的，即便未享有农村土地家庭承包经营权，也应认定其具备村集体经济组织成员资格；第三，无正式编制，也未转为非农业户口的，即便缴满社保领取了养老金，也不应认定其已纳入城镇居民社会保障体系。

审：现在休庭10分钟，由被告核对证据原件。

审：现恢复庭审。

审：由被告对原告出示的证据进行质证。被告应当围绕证据的真实性、关联性、合法性，并针对该证据有无证明力以及证明力大小进行质证。

被告代理人：对证据1到证据4的"三性"予以认可。对证据1、证据2中证明原告系被告集体经济组织成员的证明内容有异议。对证据5、证据6的真实性、合法性予以认可；对证据5的关联性不予认可，原告只是空挂户，已经丧失被告某村民小组处的集体经济组织成员资格。对证据7的"三性"予以认可。对当庭补充证据进行质证：对证据1的通告没有异议，名单无法确认，对证明内容有异议。对证据2的"三性"没有异议，对证明内容没有异议，但无法证明是多人投诉，因为只有一个时间2020年7月26日13点17分08秒，而且也没有多人投诉的名单，只是表述了外嫁女。对证据3判决书的"三性"没有异议，但对证明书有异议，被告认为股权证上载明的2020年8月1日的登记时间是股权改制完成的时间，而2020年10月14日是证件的发证时间，该判决书与本案无关联，是否提起再审或者再审审理改判没有定论，且该案在案件中表述，当事人是退休人员领取退休金，这与认定当事人没有替代性生活保障有前后矛盾，该当事人法院认定不是非农业户口，不属于城镇居民，但是省公安厅在2016年6月25日已将我省户口统一登记为居民，所以该判决书与系列案情况不一样，况且认定股权证时间以登记时间为准还是发放时间为准，只是说2019年和2020年9月。

审：原告，对被告的质证意见有无辩驳意见？

原告代理人：在辩论阶段进行说明。

审：法庭对原告出示的证据，被告表示无异议的部分当庭予以确认，对被告表示有异议的证据，待庭后核对原件后再认定。

审：由被告进行举证。

被告代理人：

证据1：某市某区某某项目拟征收集体土地公告，证明某市某区人民政府发布拟征收集体土地公告确定的登记时间为2020年8月28日。

证据2：土地补偿协议书，证明被告某村民小组与某市某区人民政府于2021年4月25日就某某项目签订土地补偿协议书，补偿金额为3,598,868.52元。

证据3:2022年被告村关于某某项目征地土地款的分配方案,证明被告村民小组于2022年1月7日就补偿款分配方案提起公示,方案中约定了本村外嫁女子户口还留在本村的必须通过法律程序以法律判决为主,前提是男方未享受过经济分配、未领取财政供养,则该女子出示相关证明可参与分配。

证据4:农村集体经济组织成员确认结果和成员代表名单公示通知书、表决会议照片、汇总结果和成员代表名单的决议、某镇某村民小组集体经济组织成员身份界定办法,证明被告某村民小组召开村民代表大会,就集体经济组织成员身份界定方法的方案进行开会讨论,经过过半数出席会议代表同意通过,已经就集体经济组织成员身份界定方法的方案达成决议,界定的基准时间为2020年3月31日。

证据5:2022年某某项目土地补偿款分配方案(2022年1月15日),证明被告某村民小组本次分配金额为2,476,500元,本村成员每人分配5000元。

证据6:关于某某项目征地土地分配方案的会议记录、会议签订表、会议照片,证明被告某村民小组就某某项目征地土地分配方案举办村民代表大会并就事项进行开会讨论、投票表决。

证据7:某区"两议三公开"会议记录(村小组提议),证明被告某村民小组就某某项目征地土地分配方案举办队委代表会议并就事项进行开会讨论,全票投票通过表决。

证据8:申请取款报告,证明被告某村民小组就某某项目征地土地分配向某镇财政所申请支取2,476,500元。

证据9:村财重大财务开支队委讨论纪要,证明被告某村民小组就某某项目征地土地分配款2,476,500元召开会议。

证据10:被告村民小组某某项目土地补偿款分配表(农业人口)、被告村民小组某某项目土地补偿款分配表(外出人口)、被告村民小组某某项目土地补偿款分配表(农转非人员,享受原分配的80%),证明被告已经向符合分配方案中的村民发放征地补偿款。

证据11:费用报销单,证明被告某村民小组就某某项目向符合资格的村民分配人民币2,476,500元。

证据12：某市某区农村集体经济组织股权证，证明被告村民小组于2020年8月1日登记，某市某区农村农业局于2020年10月14日向具有被告处集体经济组织成员资格的村民换发股权证，原告不具有股权证，已丧失被告处集体经济组织成员资格。

证据4的原件已提交农业局，被告处没有原件。

审： 由原告对被告出示的以上证据发表质证意见。

原告代理人： 对证据1的真实性、合法性、关联性及证明内容没有异议。征地的时间在2020年8月28日，这天征地补偿安置方案确定的时候，被告还没有给村民颁发股权证，村民的股东身份尚未确认，因为发证的时间在2020年10月14日。对证据2的真实性、合法性、关联性及证明内容没有异议。对证据3的真实性和关联性没有异议，对合法性及证明内容有异议。被告没有给原告分配征地款，侵害了原告的合法利益。因被告未提供原件，对证据4的真实性、合法性、关联性及证明内容有异议。虽然被告村里制定了界定办法，但是被告没有依照相关法律规定制定该办法，而且被告在违反界定办法的情况下，没有给予原告办理股权证。对证据5、6、7的真实性、关联性及证明内容没有异议，对合法性有异议。对证据8、9的真实性、合法性、关联性及证明内容没有异议。对证据10、11的真实性、关联性及证明内容没有异议，对合法性有异议。对证据12的真实性没有异议，但对合法性、关联性及证明内容有异议。

审： 被告对原告的质证意见有无辩驳意见？

被告代理人： 会议都是经过村民代表大会按照《村民委员会组织法》确定通过，包括股权证也是村民代表大会讨论通过并由政府主管部门依法在2020年8月1日进行登记。2020年10月14日颁发股权证，但被告认为应以人民政府主导部门登记的时间为准，因为发放的时间可能拖延。

关于征地补偿款分配的程序也是经过村民代表大会讨论通过、签名、镇主管领导签名，财政所通过签名才发放。关于股权证的时间，全村所有股权证发放的登记时间一致。

审： 法庭对被告出示的证据发表认证意见。对原告对证据无异议的部分当庭予以确认，对有异议的部分待庭后核对证据原件后再予以认定。

审：原告有无问题向被告发问？

原告代理人：没有问题发问。

审：被告有无问题向原告发问？

被告代理人：原告现在是否常住于被告村？

原告代理人：常住在被告村。

被告代理人：原告陈述不属实。原告不住在村里。

被告代理人：原告是否在事业单位或者国企工作？是否属于公务员？是否领取财政工资？

原告代理人：据代理人所知，原告不是公务员，不在国企或事业单位工作，没有领取财政工资。

审：下面由当事人回答本庭的提问。

审：被告是什么时间开始进行的农村集体产权制度改革？

被告代理人：在2020年年初左右，截止时间是2020年3月31日。界定本村成员身份基准日是公告里载明的2019年12月30日。公示生效的时间是2020年6月18日，政府登记的时间是2020年8月1日，也就是股权制改革完成的时间。

原告代理人：对被告上述所述的时间节点没有异议，但政府登记时间2020年8月1日并不是股权制改革完成时间，完成时间应以股权证发放的时间为准。

法庭调查的主要内容是围绕争议的事实焦点，审查核实证据。该案中，诉讼当事人陈述案情、举证质证等诉讼权利得到了平等充分的保障。虽然当事人的活动在法官的主导下进行，但法官的主导只是程序性的引导，此次法庭调查举证、质证等程序组织有序。主审法官对争议焦点归纳准确，驾驭庭审能力较强，语言准确、流畅，按照法律规定推进程序的进行。总的来说，实例中的庭审程序规范有序、归纳争议焦点准确，充分展现了法官深厚的专业法律素养和娴熟的驾驭庭审能力。

在法庭调查环节中，学生应当要准备充分，熟悉案件细节，了解相关法律条文,准备相关证据材料,运用法律知识和技巧,充分发表举证质证意见,维护当事人的权益。同时也要注意法庭秩序、语言使用、着装规范等。

课后练习

在中国庭审公开网上选取一个感兴趣的案件,观看庭审视频,了解法庭调查的程序,并对该流程作出评议。

第九章 法庭辩论

先导议题

　　庄子与惠子游于濠梁之上。庄子曰:"鲦鱼出游从容,是鱼之乐也。"惠子曰:"子非鱼,安知鱼之乐?"庄子曰:"子非我,安知我不知鱼之乐?"惠子曰:"我非子,固不知子矣;子固非鱼也,子之不知鱼之乐,全矣!"庄子曰:"请循其本。子曰'汝安知鱼乐'云者,既已知吾知之而问我。我知之濠上也。"这段对话体现了哪些辩论技巧?法庭辩论是否可以采用这些方法?

　　古今中外,辩论无处不在,有的辩论为了真理越辩越明,有的辩论为了击败对方,让更多人信服自己,互相攻击。法庭辩论是在法官的主持下,诉讼参与主体全面阐释自己的主张及事实和法律依据,并针对对方的主张及理由进行争论反驳的过程,是当事人辩论权的充分体现。

　　虽说法庭辩论是庭审程序中不可缺少的环节,但是过去无论是法官还是其他诉讼参与人,都偏重法庭调查,法庭辩论常被弱化,沦为"形式"。这其实是一个重大的误区,随着司法改革的逐步推进以及根据庭审中心主义的要求,法庭辩论环节愈加重要。通过法庭辩论,当事人可以充分围绕争议焦点,表达维护自己诉讼请求和反对对方主张的辩驳意见,并提出法律依据;法庭亦可以更好地厘清案件事实、明确争议内容、找准适用的法律,最终公正裁判。为此,熟悉了解法庭辩论程序,以及掌握基本的法庭辩论技巧,对法院查明案件事实,对己方当事人权益的维护有积极帮助。

第一节 法庭辩论概述

法庭辩论是诉讼中一项重要的制度，在法庭上所进行的辩论活动，是辩论双方为了维护自己的合法权益，进行针锋相对的斗争，实现各自不同的诉讼目的。在整个辩论活动中，既要充分发挥辩论者的智慧和能力，又要注意使双方当事人真正受到感染和熏陶。理解法庭辩论的相关概念有助于我们在实战中掌握更多理论知识。

一、法庭辩论的概念

法庭辩论是诉讼双方在对法庭调查进行全面总结的基础上，围绕案件争议焦点以及法律的适用，陈述自己的主张和根据，反驳对方的意见，以维护自己的合法权益。法庭辩论的目的是通过交换关于案件事实和证据的信息，阐明有关法律的问题、表达双方的观点和解决争议，以达成最终的法律判决。法庭辩论是案件审理过程中必不可少的一步，对于司法实践具有不可替代的作用，它有助于人民法院进一步查清事实，确定相关证据是否能够作为定案的依据，正确适用法律，进而作出正确的判决。法庭辩论以法律和证据为原则，辩论双方不仅要遵守辩论的法律规定，还要依据证据进行辩论，通过对事实和法律的认定和判断来维护自己的权益。

二、法庭辩论的要素

（一）辩论主体

辩论主体是在诉讼中处于对抗地位的诉讼双方参加人，主要是指民事诉讼和行政诉讼中的当事人、第三人及其诉讼代理人，以及刑事诉讼中的公诉人、被告人及其辩护人、被害人及其诉讼代理人，刑事附带民事诉讼中的原告、被告及其诉讼代理人，除此以外的其他诉讼参与人不享有辩论权利，不参与法庭辩论。

（二）辩论内容

辩论内容既可以是程序方面的问题，也可以是实体方面的问题。在民事诉讼中，辩论的程序方面的问题主要包括当事人是否符合起诉条件、受诉法院是否有管辖权等；实体方面的问题则是指与争议的民事法律关系有关的问题，如案件事实是否清楚、证据是否充分、法律适用是否正确、裁判结果是否公正等。实体方面的问题往往是辩论的焦点，但无论涉及哪一方面的内容，辩论都应围绕双方当事人有争议且对正确处理纠纷有意义的问题进行。在刑事诉讼中，辩论的程序方面的问题包括办案机关是否有管辖权、被告人的辩护权是否得到保证、是否超期羁押、侦查程序是否合法等；实体方面的问题则是被告人的行为是否构成犯罪、犯罪的性质、罪责轻重、证据是否确实充分，以及如何适用刑罚等。

（三）辩论方式

按照辩论的不同方式，法庭辩论可分为口头辩论和书面辩论。口头辩论是指双方当事人在法庭上通过面对面地发表辩论意见，就对方当事人的主张和事实进行答辩。口头辩论的优点是简便易行，具有很强的操作性。但是，它也有明显的缺点，即难以保障当事人陈述意见的真实性和全面性。书面辩论是指在法庭上使用书面材料进行辩论。书面辩论有两个优点：一是可以集中一方当事人的意见，充分发挥辩论者的才能和智慧；二是可以通过书写材料来表达自己对案件事实、法律适用等问题的看法。但是，书面辩论也有两个缺点：一是不能直接把法庭上发表的意见反映到书面材料上，不能充分体现辩论者的智慧；二是书面辩论没有现场效果好。

（四）辩论语言

辩论语言是指辩论双方为了维护各自的合法权益，在进行辩论活动时所使用的一种具有特定语言特征和含义的表达形式。辩论方通过言词向对方说明其所主张的事实和理由，审判方通过辩论活动对辩论方提出的证据和主张进行审查，从而查明案件事实。在法庭辩论中，辩论语言必须具有严肃性、真实性、准确性等特点,这要求辩论双方所使用的语言必须符合法律规定的规范,并能给人以一定的说服力,同时法庭辩论中所使用的语言应当是客观准确、清晰易懂和富有逻辑性、条理性的,这要求双方在辩论时不能有丝毫的模棱两可或含糊其辞,否则会对当事人产生误导或产生不必要的误解。

(五)辩论原则

法庭辩论是一种非常严肃而庄重的活动。它不仅事关诉讼双方当事人和其他诉讼参与人的利益,而且涉及整个诉讼活动能否顺利进行。因此,首先,在法庭辩论中要讲政治、讲大局,不能为了个人利益或其他方面的利益而不讲原则,不顾事实和法律情况去进行攻击或防守。其次,法庭辩论时一定要做到态度严肃、语言文明、举止得体、不卑不亢、不慌不忙。最后,由于法庭辩论是公开审判,在公众场合进行,在辩论中必须尊重对方当事人和其他诉讼参与人的人格尊严,不能随意打断对方当事人和其他诉讼参与人的发言,不能用讽刺、挖苦等方式进行攻击。

三、法庭辩论的重要价值

法庭辩论在整个诉讼中占据核心地位,体现了重要的程序价值和社会价值,具体表现为以下三个方面。

1. 保障了当事人的辩论权和诉讼参与权。法庭辩论是当事人行使辩论权的重要体现,通过法庭辩论,当事人可以充分、平等地获得参与诉讼的机会,对影响裁判结果的事实、证据等问题进行充分辩论,对法律适用问题进行充分阐述,实现自己的诉讼目的,维护自身合法权益。

2. 奠定了司法公正的基础。公正的诉讼结果要靠程序公正来维护,当事人在法庭辩论中充分表达自己的意见,反驳对方的主张,有利于将事件的全貌展现在法官面前,帮助法官准确掌握情况,全面了解案情,为作出公正审判结果打下基础。此外,在法庭辩论中充分保障当事人的辩论权,使当事人切身体会到程序的公正性,这样即使判决结果与当事人庭审前的预料有所差别,其仍然认可审判结果,有利于维护司法公信力。

3.有利于化解矛盾,促成案结事了。在大量司法实践案件中,当事人之间的矛盾并不是不可解决的,只是无法充分沟通。在法庭辩论中,双方当事人都有机会表达自己的意见,对相关问题充分沟通之后,及时发现并消除矛盾,真正达到案结事了的效果。

第二节 法庭辩论的难点

法庭辩论是各方诉讼参加人针对证据和法律适用展开的交锋。对于审判机关而言,法庭辩论是查明案件事实、正确适用法律的重要环节。对于当事人而言,法庭辩论则是其维护自身合法权益的重要途径。无论是对于各方当事人及其诉讼代理人还是对于审判机关而言,法庭辩论都是其工作中的重要组成部分。从庭审的整个流程来看,由于种种原因,法庭辩论往往存在一些问题。这些问题的存在,既会影响法官对案件事实的认定和对法律适用的准确判断,也会影响当事人对自己行为的性质和后果的认知和判断。下面以刑事诉讼开庭情况为例,重点列举在法庭辩论环节出现的一些常见问题。

一、庭前准备不充分

不少案件的开庭审理时间比较紧张,当事人和诉讼代理人的庭前准备并不充分。有些公诉人在开庭之前未对证据进行全面仔细的审查,对关键证据、争议证据甚至存疑证据没有足够重视,以致庭审中难以展开充分有效的辩论;有些辩护人在开庭之前未能及时会见被告人,也未向法官提交辩护词,导致庭审时难以全面了解被告人的情况;有的公诉人、辩护人庭审前虽然对被告人做了大量的社会调查,但未深入了解被告人的家庭情况、成长经历、性格特点、生活习惯等,以致在法庭调查过程中难以就案件事实和证据问题展开充分有效的辩论,这些都可能是辩护人开庭时无法有效展开辩论的重要原因。

二、部分公诉人在庭审中没有充分发挥作用

公诉人出庭履行职务,必须围绕指控的犯罪事实进行举证、质证。在庭审

过程中,公诉人的举证、质证是整个庭审程序的核心。公诉人应当充分发挥指控和证明犯罪的作用,并通过举证充分听取被告人及其辩护人的意见,与被告人及其辩护人就案件事实和证据进行辩论。

但在实践中,公诉人在庭审中往往过于重视指控和证明犯罪的作用,而对证据发表意见不多。部分公诉人甚至对被告人的供述与辩解不予重视,其表现在:第一,发表意见过于简略,往往只在"事实不清、证据不足"等环节做一些简单的概括,这一点在辩护人提出无罪辩护时尤其突出;第二,宣读起诉书之后就不再发表意见,直接按照流程进行证据展示和事实陈述;第三,过于相信自己当庭出示的证据,对其他证据表现出漫不经心的态度;第四,对辩护人提出的无罪辩护意见不作任何回应,不愿意与辩护人就案件事实、证据、法律适用等方面展开辩论。这些都会导致公诉人无法在法庭辩论中充分发挥作用。

三、部分辩护人在庭审中难以把握辩护重点

从整体上看,部分辩护人的庭审表现不尽人意。这与部分当事人不配合有关。在委托关系中,当事人与律师是一种委托与被委托的关系。律师在会见、阅卷、出庭时,要花费大量时间与当事人沟通、协商案件事实和证据问题,在庭审时要花费更多精力进行辩护。在面对不同的案件时,部分辩护人难以把握案件的辩护重点,经常出现的问题是在会见被告人后对案件的事实和证据提出异议,却不说明异议的理由,或者在阅卷时发现问题却不向法院提出等,这导致部分辩护人的辩护工作陷入"自说自话"的境地。还有部分辩护律师在沟通过程中态度不积极,或者不能与当事人达成一致意见,导致案件办理被动。

对于这样的现象,应当予以重视。辩护人应当重视阅卷工作,认真阅卷、归纳争议焦点,找准辩护重点,同时要认真听取被告人的意见,并给予其必要的时间和空间。在开庭前要做好充分准备,与公诉人进行沟通协调;在开庭时要做到有理有据、言简意赅、条理清晰;在法庭辩论阶段要做到有理有据、有理有节。

四、部分被告人及辩护人可能存在不理智行为

在诉讼中,有些被告人会出现一些不理智行为,比如在庭审过程中随意打

断、辱骂证人,不服从法庭指挥,等等。这些存在于法庭辩论中不可控的因素都可能造成庭审的不正常进行,甚至影响法官对案件事实的认定和对法律适用的正确判断。不仅被告人容易在法庭辩论中存在不理智行为,辩护人也有可能误入辩论的分歧,如忽视了辩论的重点与法官进行辩论,认为自己的辩护意见没有被法官采纳,就在辩护中与法官发生争执等。在庭审过程中,辩护人的表现直接影响法官对案件事实的认定和对法律适用的判断。对于辩护人而言,由于自身专业知识的不足和经验不足,其对案件可能会出现的各种情况难以应对。尤其是一些被告人及其家属对辩护人存在偏见,可能导致辩护人在法庭辩论中出现与法官争执甚至是发生冲突等情况。这对于辩护人而言,既有不理智行为的危险,也有可能产生不利后果。

第三节 法庭辩论的基本要求

法庭辩论不仅能使双方当事人充分行使诉讼权利,而且能促进案件的公正解决,维护国家法律的统一实施。在法庭辩论中,每一位诉讼参加人都是平等的诉讼主体,都有发表自己意见、自由辩论的权利。在法庭辩论中,应尊重对方,不能有不文明、不礼貌等语言和行为。要使法庭辩论既有力度又有说服力,达到预期的效果,就必须把握好以下几个方面。

一、辩论内容要具有针对性

法庭辩论必须针对案件的事实、证据和法律适用等问题进行,围绕双方当事人的诉讼请求,围绕被告人实施的犯罪行为的性质、罪名、情节、后果和是否有自首、立功等从轻减轻情节等方面展开。在刑事诉讼中,作为辩护人,应根据起诉书指控的犯罪事实,提出辩护意见。这个过程是围绕起诉书指控的事实展开的,辩护人不能离开这个中心,要具有针对性,且必须具有良好的法律知识和丰富的社会阅历,否则就无法在法庭上进行有效的辩论,也就无法说服法庭采纳其辩护意见。作为公诉人,要根据起诉书指控的犯罪事实,对证据进行归纳和总结，就起诉书指控的事实发表质证意见。控辩双方对案件事实和法律适用的争议，应当在法庭辩论阶段进行。法庭辩论阶段是双方最集中、最充分地展示自己观点的阶段，要充分利用这个机会发表自己的意见。公诉人在发表质证意见时，要针对辩护人提出的质证意见进行有针对性的反驳。辩护人也可以针对公诉人的质证意见发表辩护意见。比如在许某故意伤害一案中，许某与邻居被害人易某一家发生纠纷后，不问情由，扭打易某的丈夫吕某，又几次将易某摔倒在地，致易某轻伤，构成故意伤害罪。在法庭辩论过程中，辩护人针对公诉人对许某伤害行为的定性提出了异议，在法庭辩论结束前，辩护人可以再就许某伤害行为的性质及法律适用发表辩护意见，通过具有针对性的辩论内容在法庭辩论过程中提供更有说服力的依据。如果案件事实清楚，被告人认罪态度好，法官可以引导控辩双方就被告人是否具有自首、立功等从轻减轻情节进行辩论，充分地维护双方当事人的合法权益的同时，又能使法庭辩论达到预期目的。

二、辩论过程要具有逻辑性

法庭辩论是一个语言运用的过程，它要求控辩双方在辩论中必须遵循一定的逻辑规律，用合乎逻辑的方式阐明自己的观点。例如，在发言时，要做到观点明确、论证严密，避免重复、反复论证、论述，否则就会给人以不严谨、不科学、不严密之感，所以辩论语言的逻辑性是十分必要的。此外，在辩论过程中，公诉人和辩护人与证人之间往往存在利害关系和其他矛盾冲突，如果语言表达不准确或出现歧义、错误就会影响案件事实认定和法律适用的准确性。所以，控辩双方要严格按照法律规定的程序进行辩论，充分运用逻辑规则进行严密论证。

以梅某盗窃案为例，被告人梅某在任职的毛纺针织有限公司员工宿舍内，趁被害人李某熟睡之际，将其手机解锁后下载"云闪付"App，采用绑定银行卡后再转账的手法，窃得被害人李某建设银行卡内1万元。被告人梅某对指控事实、罪名及量刑建议均无异议且签字具结，在开庭审理过程中亦无异议。但被告人梅某是聋哑人，辩护人提出"聋哑人犯罪，建议从轻处罚"的辩护意见，并对其进行阐述与辩论。法院经过调查发现情况属实，并对该辩护意见予以采纳，最终被告人梅某因犯盗窃罪，被判处有期徒刑7个月，并处罚金2000元。

所以，逻辑性是法庭辩论的基本要求，也是法庭辩论的灵魂所在。同时，在法庭辩论中，还应注意语言的简明性。简明性就是指辩论语言要简练，避免重复，使发言能够抓住主要问题，突出重点，并且要符合逻辑规律，从而达到法庭辩论的目的。

三、辩论思路要清晰有条理

法庭辩论的任务是围绕诉讼双方提出的事实证据以及法律适用问题展开辩论，要求思路清晰、条理清楚。但在实践中，很多辩护人和诉讼代理人并没有把法庭辩论看作辩论，而是将其当成一场汇报工作。实际上，法庭辩论要求的是思路清晰、有条理，而不是一味地追求语言华丽。具体要求有以下两点。

第一，法庭辩论要围绕案件事实展开。在法庭辩论中，诉讼双方都要围绕案件事实展开辩论，因为事实是辩驳的基础，只有在充分了解事实的基础上才能对双方提出的问题进行有针对性的答辩。法庭辩论中，一方提出的观点往往是从各个角度、各个侧面和各个层面提出的，这些观点往往都是为了论证自己的论点。所以，在论证过程中，要有针对性地进行反驳。同时，还应考虑到对方可能会提出哪些观点，对这些观点自己可以提出哪些反驳意见。只有这样，才能有的放矢地进行反驳。

第二，要把握好辩论的时间和节奏。在法庭辩论中，辩论时间一般都是有限的，这就要求在辩论中必须把握好时间和节奏。在法庭辩论中，双方都有发言和陈述的机会以及时间限制，因此对时间和节奏的把握显得非常重要。在法庭辩论中，如果对自己不熟悉的问题没有充分把握的话，就应将时间安排在对自己有利的方面上。

四、辩论风格要有感染力

法庭辩论是一种说服与被说服的语言艺术，要达到辩论效果，就必须注意语言表达的艺术。在法庭辩论中，双方的表现都会引起对方的注意，这就要求在法庭辩论中要有一个好的口才，通过语言表达说服对方及法官。法庭辩论是一种有计划、有组织、有目的的活动，辩论的风格多种多样，有庄重的、诙谐的、幽默的、激动的……无论哪种风格，都要以事实为依据、以法律为准绳，把自己对案件的见解表达清楚。辩论者要想使对方接受自己的观点，就要用自己的语言对案件进行阐述，而且在阐述过程中要注意表情、动作、语调、语气等方面的变化和运用。在法庭辩论中，只有把自己对案件的见解正确地表达出来，才能达到最佳的效果。

第四节　法庭辩论的流程与技巧

法庭辩论是人民法院审理案件的一个重要环节，它直接关系到当事人的合法权益，法庭辩论能否充分有效地发挥作用，取决于诉讼双方的举证能力、质证能力以及发表辩论意见的技巧。把握法庭辩论的具体流程，并运用恰当的辩论技巧，可以帮助我们实现法庭辩论的最终目的。

一、法庭辩论具体流程

《民事诉讼法》和《刑事诉讼法》明确规定了法庭辩论的具体流程。具体内容如下。

（一）民事诉讼法庭辩论流程

《民事诉讼法》第144条规定法庭辩论的具体流程为：(1)原告及其诉讼代理人发言。在审判长宣布进行法庭辩论后，首先由原告及其诉讼代理人以案件事实、调查证据以及适用法律为基础进行陈述，陈述内容应当简明扼要，不得重复自认。(2)被告及其诉讼代理人答辩。原告及其诉讼代理人发言完毕后，由被告发表辩护意见，应当围绕原告的诉讼请求和案件事实进行，内容应当简明扼要，并且与原告的诉讼请求和案件事实具有关联性。同时，被告还可以提出新的事实和证据进行反驳。(3)第三人及其诉讼代理人发言或者答辩。若审判中有第三人参加诉讼，则第三人需要在原告和被告发言后进行发言或答辩。(4)互相辩论。经过上述发言后进入互相辩论阶段，审判人员应允许当事人和第三人就案件中的问题相互提问,反驳和陈述自己的观点。在当事人相互进行辩论的时候,审判人员应该将辩论聚焦在案件必须解决的问题上,在需要的时候,还可以对当事人进行启发和引导。审判人员应该公平地保障双方当事人的辩论权利。双方都不能滥用自己的辩论权,也不能互相争吵,更不能制造混乱。

(5)法庭辩论终结。由审判长或者独任审判员按照原告、被告、第三人的先后顺序征询各方最后意见。法庭辩论终结后,审判长应当依法作出判决,并依照双方当事人的诉讼请求及所依据的事实和理由作出判决。

(二)刑事诉讼法庭辩论流程

《刑事诉讼法》第 198 条规定:法庭审理过程中,对与定罪、量刑有关的事实、证据都应当进行调查、辩论;经审判长许可,公诉人、当事人和辩护人、诉讼代理人可以对证据和案件情况发表意见并且可以互相辩论;审判长在宣布辩论终结后,被告人有最后陈述的权利。在审判长的主持下,刑事案件的辩论流程为:(1)公诉人发言,发表公诉意见;(2)被害人及其诉讼代理人发言,对被告人进行控告;(3)被告人自行辩护,提出辩护意见;(4)辩护人辩护;(5)控辩双方进行辩论。刑事案件的法庭辩论在法庭调查阶段结束后,由审判长宣布辩论终结。

在案件审理过程中,检察官在进行了法庭的调查和辩论之后,可能会由于对起诉书所指控的被告人的行为性质有了新的理解,从而提出追加、减少或变更起诉罪名等情况,若辩方提出需要作抗辩准备,可以申请延期审理。

二、法庭辩论技巧

法庭辩论是一个极具逻辑与特色的环节,也是实现庭审实质化的重要方式。通过法庭辩论,法官查明事实、认定证据并依法作出裁决。在这一环节中,使用正确的法庭辩论技巧,对案件成功与否、案件质量的高低以及对案件当事人的最终处理都具有十分重要的意义。

(一)庭前准备技巧

为提高庭审质量,切实保障当事人的诉讼权利,充分发挥法庭辩论在查明事实、认定证据、保护诉权、公正裁判中的作用,应做好庭前准备工作,为有效参与法庭辩论做好充分准备。

1. 了解案情,熟悉诉讼流程

应仔细阅读起诉书及证据材料,并对案件的诉讼流程有一个大致的了解。例如:案件应适用《民事诉讼法》的哪一章;法院是否会组织双方进行调解;法官在庭审中一般会重点关注哪些内容;对方的代理律师一般在何时提出答辩意见和质证意见;等等。通过了解案情,可以掌握案件的基本情况,明确己方当事人的诉讼地位以及案件的焦点问题,为法庭辩论阶段做好准备。

2. 搜集证据,明晰事实脉络

应当根据案件的不同情况,对当事人的陈述、证人证言等证据进行归纳整理,厘清事实脉络。同时,还应对案件证据进行甄别,发现可能影响案件事实认定的证据及线索,并及时收集固定。在收集证据时,要注意以下几点:第一,要注重对证据的"三性"(合法性、真实性、关联性)进行审查,对能够证明案件主要事实的证据应予以收集并固定;第二,注意收集关键证据,在事实认定时可以参考,在收集关键证据时,可以通过查阅相关资料、向当事人询问、向法官核实等方式核实其真实性;第三,注意收集其他证据,充分证明案件事实。在案件事实清楚后,应注意从其他角度进行考虑和分析。

3. 拟定答辩意见,合理应对质疑

庭审前应对案件事实和证据进行梳理,在此基础上明确答辩意见,以确保在庭审中能够充分发表意见。同时,对案件事实及证据存在的问题以及当事人可能提出疑问的部分作出合理回应。

4. 确定辩论提纲,明晰辩论方向

开庭前,应当根据案情,结合证据材料,确定辩论提纲,明确辩论要点,明晰辩论方向。这是在法庭辩论中有效发言的前提和基础。第一,庭审前充分阅卷,认真分析案件事实与证据,把握案件焦点与难点,厘清辩论思路。第二,根据庭审前的阅卷情况和当事人要求确定辩论要点,应围绕关键事实和焦点问题进行发问和质证,以保证庭审时,可根据辩论的目的、内容、焦点等对辩点进行提炼。

(二)辩论方案技巧

正确选择辩论方案不仅能准确地表达己方的观点,还能反映出案件的真实情况,这是律师的价值体现。因此,掌握多样化的法庭辩论方案是做好法庭辩论工作的关键。

1. 先声夺势法

先声夺势法是指在法庭辩论中,围绕辩方提出的问题,首先发表与对方观点不同的观点,然后再在总结陈词时提出己方观点的一种辩论方法。在法庭辩论中,先声夺势法有两个好处:首先,先声夺人,可以引起对方的警觉和反感,使对方产生一种心理压力,使其不敢轻易反对自己的观点;其次,先声夺人还可以打对方一个措手不及,在很大程度上增加辩论的主动权。

2020年5月8日晚,于某驾驶一辆摩托车由西向东正常行驶。突然,张某在前方路段的十字路口出现,于某见状立即刹车,可是由于当时张某离摩托车的间隔比较近,仍没能阻止摩托车撞上张某。交通事故认定书认为,于某对本次交通事故负主要责任,张某负次要责任。

在该案法庭辩论的过程中,于某及其诉讼代理人对案件进行辩论,具体辩论内容如下。

(1)交通事故认定有误:当时,被告人于某行驶至十字路口时,属于正常在道路上行驶,而人行道上是红灯,原告张某闯红灯,不遵守交通规则,是导致该场事故发生的根本原因,原告应该负事故的全部责任。

(2)原告主张的部分交通事故赔偿工程计算标准缺乏法律依据:医药费,原告主张8500元,现今医院开具的医药收据是6500元,对于其余的2000元医药费,原告不能提供有用证据证明,所以只认可6500元医药费;护理费,原告主张1456元,辩论人对护理期限没有异议,但护理费标准过高,应以30元一天计算,即护理费应为1080元;残疾赔偿金,原告主张17,560元,对原告所作的法医学鉴定书没有异议,但原告至今未出示身份证及户口簿的复印件,无法确定其是城镇人口还是农村人口。此外,原告提供了原告的租赁合同和财产合伙租赁协议,以及出租人、合伙人的证人证言,两人与原告存在利害关系,故辩论人认为上述合同和证人证言不能单独作为认定该案事实的依据。

在该案中,诉讼代理人指出根据《道路交通事故处理程序规定》第60条,公安机关交通管理部门应当根据当事人的行为对发生道路交通事故所起的作用以及过错的严重程度,确定当事人的责任,并针对案件的全过程作出相应的辩论。可见在进行法庭辩论的过程中,应根据案件的真实情况作出陈述,以保证案件的真实性,维护当事人的合法权益。

2. 直接反驳法

直接反驳法是指在法庭辩论中,辩方否定对方已经指控的罪名或者事实,对对方提出的事实主张展开证伪或证明其不能存在的辩论,进而得出对方陈述的案情不是案件真相的结论,让法官根据证明责任规则判对方败诉的一种辩论方法。在运用直接反驳法时,应注意以下几点:第一,辩论必须始终围绕核心观点进行。在辩论过程中,无论是对对方起诉的某一事实进行反驳,还是对某一法律问题进行反驳,都要紧紧围绕己方核心观点展开辩论。第二,辩论中不能与对方正面交锋,而应采取迂回战术,以柔克刚。在法庭辩论中,辩方只要抓住对方提出的某一部分内容进行反驳即可,不必对所有事实和证据进行反驳。第三,用直接反驳法要注意语言技巧,切忌言辞激烈、过激、过于煽情。

谈某找了台某等6人自带工具进行施工,施工过程中发泡胶发生爆炸引发火灾,台某被烧伤。台某等人虽与二被告之间无书面的劳务合同,但双方构成事实上的劳务关系。用工方在劳务过程中未配备相关安全作业设备,未能提供安全作业场所,未尽合理提醒义务,引发爆炸导致火灾。台某为维护自身合法权益,特提起诉讼。

对于此次案件,谈某诉讼代理人的辩称:

(1)台某受伤系因其在进行船舶制冷设备安装的过程中发泡胶发生起火爆炸,但无证据证明事故原因,现有证据不能证明台某的主张。

(2)台某与谈某之间不存在雇佣关系,事实是台某经营一家制冷设备公司,谈某因为自己在制冷设备安装方面的经验不足就介绍台某进行安装,台某带着自己的施工队伍进驻施工现场。

（3）事故发生后,为了向船方索赔,台某因正在住院便让谈某与船方签订了一份协议,谈某除了台某,其他施工人员均不认识,谈何雇佣。

（4）发泡胶部分的工程是台某自己接受船方的委托进行的,不包含在谈某介绍给台某的施工项目中,台某受伤其自身存在过错,与谈某无关。

（5）台某系某制冷设备有限公司的大股东,该公司的经营范围包括制冷设备的设计与制造,台某应当清楚操作规程与安全,其对事故发生存在过错。

通过以上直接反驳的方案,不能证明发泡胶爆炸致台某受伤系由谈某的过错导致,谈某承担赔偿责任无事实与法律依据,最终法院驳回了台某的再审申请。

3.后发制人法

后发制人原意为等对方先动手,再抓住有利时机反击,是一种军事上的策略,亦可作为法庭辩论的反制手段。主动出击虽然能创造有利条件,但是后发制人可以了解到对方的基本观点,从而找到辩论的突破点,用自己所拥有的资料,有针对性地重点展开反击。后发制人法是一种有效的辩论方法,有时还可以迫使对方承认自己的观点是正确的,从而改变原论点。但这种方法运用时要注意以下几点:首先,应分清情况,看问题是否全面、准确,如果存在偏差和错误,就不能运用后发制人法。其次,要以对方发言的内容作为辩论的中心,先从正面论述我方观点。再次,要注意在辩论中及时调整自己的思路和观点,以防思维紊乱而导致辩论失败。最后,辩论过程中要充分发挥自己的语言才华和艺术才华。"欲速则不达",在时机不成熟时仓促行事,往往达不到目的。法庭辩论也是如此。

原告俞某因车祸入被告医院骨科治疗,但入院治疗后病情无好转。相反,被告医院的过错诊疗行为导致原告骨盆扭曲错位、断骨拥挤成堆、右髋关节脱位、左胯上移,且左腿神经损伤、双膝盖功能障碍、双足下垂失去行走功能、脊椎弯曲。

原告为证实其主张,出具了主要证据:

（1）首都医科大学附属北京友谊医院诊断证明3份、治疗方案和明细1

份、照片 5 张,证明原告目前的病情状况和现在需要采取的治疗方案,其治疗项目及费用依据。

(2)俞某母亲徐某的工资证明、银行存折(复印件)各 1 份,证明原告治疗期间支付护理费 787,860 元。

(3)医疗费票据 111 张 14 页,共计 12,474.7 元,交通费票据 1001 张 26 页,总计 20,083 元,住宿费票据 671 张,计 15,580 元,打印费及其他费用票据 210 张 12 页,共计 10,718 元,证明原告多年来为治疗、诉讼实际产生费用 296,273.55 元。

(4)首都医科大学附属北京友谊医院诊断证明书 1 份,证明原告肠代膀胱术后必须使用超滑抗菌导尿管治疗。

经质证,部分证据属实,在原告的证据之下,被告辩称,原告陈述的事实与真实情况不符。原告身体受损的直接原因和根本原因是交通事故,而不是被告的医疗行为。原告因交通事故身体受到严重损伤,经诊断为:失血性休克、骨盆骨折、膀胱广泛挫裂伤、双侧腰骶部周围神经损伤、双下肢不全瘫。被告在原告生命垂危的情况下尽最大努力挽救了其生命,治疗中不存在损害性医疗。但因交通事故的损害严重,不可能通过治疗将损害结果完全消除。原告出现的病情症状是在治疗过程中病理演变的结果,与被告的医疗行为没有因果关系。原告俞某不服一审判决进行上诉,请求二审法院改判被告应承担各项费用 6,290,364.55 元,被告在二审辩称,俞某的申诉不真实,没有依据,不能成立,俞某提出天价赔偿费没有法律依据,缺乏真实性,不能成立,且对俞某提供的所有新证据均不认可。通过以上法庭辩论,被告方运用后发制人的方法针对原告所提供的证据逐一攻破,最终法院判决被告医院赔偿俞某残疾者生活补助费、今后护理费、交通费、住宿费共计 170,980.50 元,并驳回俞某的其他诉讼请求。

(三)语言表达技巧

法庭辩论作为一种说服艺术,要求诉讼代理人、辩护人不仅要有较高的业务素质,还要有较强的语言表达能力。因为在法庭上,语言是一种重要的"武器",它既可以直接影响案件的判决结果,也可以间接影响法官对案件的看法。因此,在法庭辩论中掌握好语言表达技巧至关重要。

1. 言简意赅，通俗易懂

法庭辩论中的语言表达既要体现法律规定，又要体现语言艺术，最忌长篇大论。因为法律规定越多，越容易使人感到晦涩难懂，从而影响到对案件事实的理解和对案件的判断。所以，在法庭辩论中一定要注意言简意赅。即使是对法律条文的理解和把握，也应力求通俗易懂，使人一听就懂。

2. 紧扣案件，直奔主题

在法庭辩论中，有的诉讼代理人为了证明自己的观点，抓住对方的一个漏洞牵强附会地作解释，不是紧扣案件主题，而是东拉西扯，拖泥带水。结果是占用了宝贵的法庭辩论时间，却没能达到预期的效果。究其原因，就是没有掌握好辩论语言的分寸和技巧。

一个称职的代理人在法庭辩论时，总会紧扣案件主题，用精练的语言阐述观点。要做到这一点，就要求在庭审前对案件要有深入细致的调查和分析，对争议问题要有独到深刻的见解。只有这样才能做到紧扣主题、直奔主题、有理有据、不枝不蔓地进行辩论。

3. 把握节奏，突出重点

在法庭辩论中，有的诉讼代理人抓住一个问题滔滔不绝地说个不停，有的则围绕一个问题点到为止。有时需要对一些问题发表不同的看法，这些不同的意见要在合理的时间内表达出来，否则就会显得过于啰唆、冗长。因此，在法庭辩论时，要注意把握好节奏。首先，要紧扣案件的重点，围绕法庭调查阶段认定的事实和证据进行辩论。其次，要对重点问题作必要的重复和强调，使对方感受到重点问题不可忽视。

法庭辩论是一种激烈、高难度的对抗式活动。法庭辩论要围绕案件事实、证据，根据法律规定，对案件定性、定罪及量刑问题进行论证和说理。法庭辩论不仅是一种诉讼技能，也是一门艺术。它要求辩论双方既要具备较高的诉讼理论和实践水平，又要具备语言表达、辩论能力。

对于一个从事法律工作的人而言，只有掌握了较高的诉讼理论和实践水平，才能做到出口成章，只有具备了较高的辩论能力，才能在法庭上做到条理清晰、言简意赅，充分展现自身的才华。作为一名从事法律工作的人，我们应尽我们所能去面对每一场法庭辩论,这是我们不断成长进步的必由之路,它不只是一项谋生的技巧,更是一种寻求真理与善良的方式。

课后练习

1. 民间借贷纠纷案

2019年7月27日被告范某、张某向原告薛某出具借条一张,载明:借款30,000元,于2019年9月29日偿还,每月支付利息7500元。范某、张某给原告出具借条后,薛某实际交付张某22,500元。2019年9月26日,范某、张某偿还薛某32,000元。原告薛某主张被告应按约定偿还借款本息。被告辩称已偿还32,000元,不同意继续偿还。

范某的诉讼代理人应该如何就此案与薛某进行辩论?设计一个案件,模拟辩论双方进行辩诉交易的过程。

2. 劳动纠纷案

原告于2004年6月向人民法院提起诉讼,称:1996年,因我父亲身边无子女,被告将我从其下属单位天津分公司调入父母居住地的被告下属单位机电厂工作,2002年3月又将我调至被告下属单位安装公司,但未安置工作。2002年4月我曾申请调出,因未成,于2004年4月撤回申请,但未被安排工作。2003年12月3日,被告劳人部通知我到天津分公司工作,我即向劳人部讲明,父已离休,行走不便,母亲有病,没照顾不行,孩子幼小,要求仍在被告廊坊的下属单位工作。依据原劳动人事部《贯彻国务院关于老干部离职休养规定中具体问题的处理意见》第17条"离休干部身边无子女的,按照顾在职干部的规定,由当地人事、劳动部门负责调一名在外地工作的子女(包括其配偶和未成年子女),到离休干部安置居住地工作"的规定,被告应将我安置在父母身边即廊坊工作。但当时有关人员非让我去天津,否则辞退。2003年12月14日,被告给我送来一份辞退证明书,将我辞退。我不服,经申请仲裁,仲裁机构维持了被告的错误决定,故向法院起诉,要求依法撤销被告的辞退决定。

该公司能否辞退王某,理由是什么?程序上是否合法?如果你作为被告的诉讼代理人,你会如何进行辩论?请制定一份合适的法庭辩论方案。

第十章　谈判和调解

先导议题

　　2019年4月25日,原告海南海汽运输集团股份有限公司琼海分公司与被告王某某签订《营运车辆责任经营协议》,由被告营运车牌号为琼D12868、12798,型号为福田BJ6113U8MHB-2汽车,线路由琼海至三亚的车辆。该协议约定:营运期限为2019年5月1日至2020年4月30日,并于2020年4月27日再次续签,合同截止日期为2021年4月30日;被告每月应完成目标利润为39,365.3元,被告每月应足额完成目标利润,不得因车辆停运、报停或其他原因而调减目标利润;责任车辆营运中每月发生的营运成本由乙方承担,包括但不限于车辆通行费、车辆进站费用、GPS安装使用费、车辆检测费、卫生费、燃料费等相关费用;乙方签订协议时应一次性向甲方支付安全质量风险金100,000元,每月还需缴交行车事故互助金200元。被告王某某可以自己出售车票,也可以由汽车站代卖车票,代买车票手续费为代卖金额的1%。2020年8月1日被告王某某提交《关于提前终止琼D12868等两辆车责任经营协议的申请》,双方法律关系于2020年8月5日终止。在合同履行过程中,双方约定合同约定的目标利润金按车辆5年的折旧费加责任金作为每个月的承包金,不再执行原合同约定的每月固定目标利润,双方没有按合同约定每月进行结算。

　　被告因经营责任车辆的营运收入不佳,长时间拖欠原告每月经营责任款未付,不能按合同要求提交安全质量风险金,原告于2023年3月提起诉讼,请求:(1)依法裁决被告向原告支付欠款573,021.1元;(2)依法裁决被申请人以573,021.1元为基数,自2020年8月5日起按当时全国银行同业拆借中心公布的一年期贷款市场报价利率(当时LPR为3.85%)向原告支付资金占用利息至被告实际清偿之日止(暂计至2023年3月5日计57,491.94元);(3)依法裁决被告承担该案所有诉讼费用6800元。

案件审理中查明资料：(1)案件第一次开庭后，双方开始进行结算，双方对代买车辆保险费、车辆通行费、车辆进站费用、GPS安装使用费、车辆检测费、卫生费、燃料费等数据结算没有争议，存在争议的是原告海南海汽运输集团股份有限公司琼海分公司在汽车站为被告王某某承保车辆代卖车票的费用，各自计算相差5.8万元。(2)如申请会计司法鉴定来结算双方争议数额，则司法鉴定费用为3万元。(3)被告王某某要求将海南海汽运输集团股份有限公司琼海分公司主管人员口头承诺的在海汽琼海汽车站加油每升优惠0.5元，合计2.2万元，计入双方结算数额。(4)双方均表示可以调解解决该案纠纷。

以上这个案件，缺少双方实际结算证据材料，诉讼中双方对此各执一词，可能需要会计司法鉴定来结算双方争议数额，需要花费时间和费用。为提高效率、节省时间和费用、便利双方当事人和维护双方今后承包关系，可以采用谈判或者调解的方法解决双方的纠纷，那么谈判或者调解哪种方法对双方当事人最有利？怎样使当事人获得更大的权益？

谈判和调解是解决纠纷的手段，既可以适用于诉讼和仲裁之前，也可以适用于诉讼和仲裁之中。谈判和调解能兼顾争议各方利益，是相互妥协的艺术，是双赢的艺术。诊所学生在代理案件时，必须明确争议解决的途径是多种多样的，许多争议的当事人之间并非势不两立的关系，还存在共同利益，还愿意相互妥协，有的还希望保持良好的关系，谈判和调解就成为解决纠纷的优选方式。

第一节　谈判的技巧和方法

一、谈判概述

(一)谈判的概念

谈判是有共同利益或共同关心、矛盾冲突的当事人之间，为实现自己的目的而相互间洽谈协商最终取得意见一致的活动过程。

由此可以看出,谈判的过程就是谈判的双方或多方就某一个论题(议题),提出自己的观点,并从对自己有利的方面进行论证和必要辩驳,经过磋商最终取得意见一致的过程。

谈判是一种旨在相互说服的交流或对话过程,其实质是一种双方的交易活动。谈判的目的是达成解决纠纷(或预防潜在纠纷)的协议。在纠纷解决的意义上,谈判就是双方当事人为了达成和解(特别是诉讼外和解)的协商交易过程或活动。纯粹由当事人自行谈判所达成的协议,性质相当于契约或对原有契约的变更,对当事人具有契约上的约束力。

(二)谈判的特征

谈判区别于其他纠纷解决方式的最重要的特征在于,首先,它不是一种特定的制度,而属于一种手段,在其他纠纷解决方式中也可以使用,因而具有较大的灵活性。其次,它在形式和程序上具有通俗性和民间性。它通常以民间习惯的或当事人自行约定的方式进行,甚至可以在请客吃饭、电话交谈中完成。最后,它通常不需要第三者的介入,因而具有较高的自治性。

然而,实际上,大量的谈判往往是有第三者参与的,因此,也有的国家把谈判分为相互的谈判(simple bilateral negotiation)和第三者促成的谈判(supported negotiation)。但这里的第三者,往往并非以权威的调解者身份出现,通常只是起协助作用或作为一方当事人的代理人。例如在谈判中,律师虽然有时扮演主要的角色,但他们只是作为当事人的代理人而已,并非有判断和决定权的第三者。只要合意的达成实质上是由双方当事人自行完成的,就属于谈判的范畴。

(三)谈判的功能

谈判作为纠纷解决手段的功能,首先是对话和协商。双方以解决问题为目的,通过对话的方式提出自己的主张和要求。谈判的开始,表明纠纷解决的开始和成功可能性的存在;对话,是一种最直接的交换信息和主张的方式。其次,通过交易,即讨价还价达到纠纷解决的目的。交易是双方在谈判中通过相互提出条件和让步、妥协达成双方都能接受的协议。再次，谈判具有自主判断的功能。双方一方面通过交换信息陈述各自的理由，另一方面根据通行的规范做出基本的权衡，对事件中的是非、权益和实力优劣做出大致的判断，同时对自己可能作出的让步和获得的利益进行平衡，划出上限与下限，在此范围内进行交易。因此，谈判是在事实和标准较清晰、当事人有一定判断力的情况下，首先考虑采取的解纷方式。此外，谈判是依靠自律达成并实现的。它所达成的和解本质上是一种契约，一般而言可以自动履行，否则也可以依违约追究责任，这取决于协议所采用的形式是否严谨。最后，谈判是一种最便利、快捷、低成本（甚至无成本）和符合实际的解纷方式，因此它可能得到双赢的结果。在很多场合，谈判达成的协议甚至可以即时履行完毕，这种程序上的优势往往能够抵销当事人在利益上所作出的让步，换来更大的长远利益。

（四）谈判的必要条件

谈判并不是在任何情况下都能够成功的。谈判需要一些条件，只有当这些条件具备时，才存在成功的可能性，方法和策略方面的努力才能够奏效，否则可能会浪费时间，劳而无功，反而会增加纠纷解决的成本。当然，条件是可以积极创造的，只要不是在毫无可能的情况下，创造和解的条件和可能本身也是谈判的一部分。

谈判的基本条件主要有以下几个方面。

1. 当事人解决纠纷的愿望或诚意。在纠纷发生后，双方能否走到或坐在一起谈判，是有无解决纠纷的愿望和诚意的首要条件，同时，愿望和诚意还表现在：耐心听取对方的理由和主张；尊重对方的权利和尊严；对对方抱有最起码的信任；遵守谈判的规则，不恶意滥用谈判程序；遵守协议和承诺；等等。总之，当事人双方的诚意是谈判的最基本条件，如果发现对方毫无诚意，又无法改变其态度，应果断退出谈判，以免徒劳无益地浪费时间。

2. 当事人具有进行判断和权衡的理性或能力。当事人具有进行判断和权衡的理性或能力也是谈判的一个重要的主观条件。谈判的双方当事人应对自己的利益和理由以及对方的优势和弱点作出接近合理的判断，从而使讨价还价在一个可能达成一致的限度内进行。谈判的大忌有：过高地估计自己的优势而提出不切合实际的要求；不能在适当的时机作出妥协，从而使谈判陷入僵局；斤斤计较细节而失去在主要问题上达成协议的机会；以及轻率让步使自己产生重大损失；等等。一般而言，当事人的理性不一定与其文化或精明程度成正比，更多的是需要有一种实事求是的权衡能力。

3. 当事人作出一定妥协的现实可能性。在实际交易的数额或其他合理要求明显超出义务人的实际偿付能力（包括在一定期限内的偿付能力），而提出主张的权利人也不可能作出更大的让步时，谈判只能至此而终，因为即使达成协议也无法履行。现实中，这种情况即使转入诉讼，也同样存在无法执行的问题。但权利人至少可以从判断中得到一种国家强制力的保证，同时不致使故意拒绝支付的义务人轻易逃避履行义务。当然，如果权利人考虑到其他物质利益以外的因素，如诉讼程序的复杂性、时间精力的耗费和今后关系的维持等，接受可能实现的最低限度的补偿，也不失为一种合理的抉择。[1]

二、谈判的类型和范畴

（一）谈判的类型

谈判的目的是寻求满足各方利益的解决方案，谈判中的气氛和谈判方式不尽相同。谈判的类型，或称谈判的风格，主要有两种：一种是合作式谈判（创造价值式谈判），另一种是对抗式谈判（索取价值式谈判）。

合作式谈判是指基于合作前提或合作目的，在谈判中自觉自愿地融入合作关系的谈判。合作式谈判的双方往往已经有或将要有长期的合作关系，除要解决眼前暂时的问题外，他们还关注将来的合作。合作式谈判的当事人可能是公司合伙人、生产商与销售商、房主与租户、共有财产的所有者等。合作式谈判表现为：谈判参加人并肩协作，共同面对需要解决的问题，商议、讨论怎样公平地承担责任和履行义务。合作式谈判的当事人将对方当作谈判的朋友，将谈判目标或问题当作敌人，因而，合作式谈判解决又称为协商解决。如果将利益比作

---

[1] 范愉：《非诉讼纠纷解决机制研究》，中国人民大学出版社2000年版，第169-171页。

一块馅饼,合作式谈判的当事人力争通过共同努力"将馅饼做大",使各方都得到最大的利益。

对抗式谈判是陷入冲突的当事人基于维护各自利益的考虑,为占有利益而进行的谈判。对抗式谈判的双方当事人之间通常没有合作关系,比如一次性买卖关系;或即将结束已有的合作关系,如合伙组织解体后合伙人进行财产分割;或虽有合作关系或合作前景,但双方仍以各自利益为着眼点,忽略或无视合作关系的存在,如某些厂家与经销商之间的利益争斗。对抗式谈判表现为:谈判当事人之间是对立关系,各方均认为本方争取的利益越多,意味着对方失去的越多。如果将利益比作一块馅饼,则对抗式谈判的当事人相信,馅饼是固定大的,关键是自己能得到多大的比例。

(二)谈判的范畴

一般来讲,谈判涉及的范围包括以下几方面。

1. 经济利益。分配经济利益是谈判的主要内容。经济利益,有眼前利益和长远利益,有既得利益和预期利益,有谈判的个人利益和其他相关人员的利益,有行为之前的利益期待和行为之后的利益主张。多数谈判的当事人之间存在经济利益关系,维持或结束经济利益关系的需要使谈判成为可能或必要。

2. 行为权利。谈判的内容还包括行为权利,如无行为能力人的监护权、专利使用权、商家独家买断某种商品的权利。经济利益常隐藏在行为权利的背后,如交付购货定金意味着在一定期限内卖主不得将商品卖给订货人以外的其他人,房屋出租人有义务为按时交付租金的租户维修房间。

3. 自主权利。争取自由、自主的权利,不仅是心理需要,也是行为需要。谈判中的一些事项,是由一方对自主权利的追求和另一方的限制或禁止行为引起的。比如:家长对孩子的行为方式和行动时间的限制;家庭中夫妻一方对另一方的工作性质、时间、地域等方面的限制;邻里之间对"晚归"或"噪声"的限制;雇主对雇员工作种类的选择权的限制;等等。自主权利是人的基本权利,争取自主权利可能有明确的法律依据,也可能没有明确的法律依据,而只是要求他人尊重自身基本人权。

4. 心理需求。一些心理因素甚至能决定谈判的结果。事实上,有些争议就是由当事人的情感、心理等方面的需求引起的。比如在一场消费者与商家的谈判中,消费者坚持要求商家道歉,这种要求同经济赔偿要求处于同等重要的地位。因为消费者对商品质量不满,同时对商家的服务态度、责任心不满意,认为只有道歉才意味着商家承认自己在态度和责任心上的错误,只有其承诺错误,才有可能达成协议。争取探视权的谈判,也是为了满足一种心理需求。对心理需求的满足虽然不同于实实在在的经济利益,但它与人的基本权利、人格尊严密切相关,同样是谈判的重要内容。

5. 名声信誉。无论是个人还是组织,都可能"为名誉而战"。知名企业、知名品牌严厉禁止他人冒用或仿照他们的产品、商标,因为那样不仅会造成经济损失,冒牌商品还会毁坏商家名誉。

6. 维持关系。有着特殊关系的谈判各方,为了维持关系选择谈判解决,如雇主和雇员之间产生矛盾,如果双方仍互相需要,他们愿意通过内部谈判解决,以维持今后的合作关系。家庭成员之间、同事之间、有长期供应关系的供需双方之间,选择谈判和左右谈判局势的一个不容忽视的因素是他们之间的特殊关系。

7. 其他需要。除上述范畴以外,人还有许多基本的需求,如人对生活质量、安全感、归属感、被认同感等方面的需要。因而,相对于诉讼,以谈判方式解决争议更充满人性化,更具备个性化。谈判中,代理人不能忽视任何一方所关心的任何利益范围,否则难以找到解决问题的契合点。[2]

三、谈判前的准备

谈判前准备得充分与否,直接关系到谈判能否成功及能否取得理想的结果。因而,作为谈判者,在谈判前必须进行认真的准备。知己知彼、百战不殆,只有在谈判前透彻剖析自己、分析掌握对方,确定适应谈判环境及估测每轮谈判结果,牢记自己期望的水准,才有可能取得谈判的成功。

---

[2] 李傲:《互动教学法——诊所式法律教育》,法律出版社 2004 年版,第 266-267 页。

1. 知己。谈判者在谈判前,务必要考虑一下所需要的、想要以及盼望的。想一想,如果谈判不成的话,对自己会产生什么样的后果,并搜寻竞争性的以及可以相互替代的选择性解决办法,对在每一轮谈判中争取的态度及让步限度做大致的框定,并为谈判收集论辩材料。

2. 知彼。仔细地分析如果谈判不成对对方将会产生什么样的后果,对方的选择性办法有哪些;调查对方的凭证、对方行为的合法性以及对方手续的完整性;调查对方以前是如何谈判的。

3. 考虑不同场合的谈判惯例。在谈判中,谈判者应坦率到何种程度?对对方所涉及的内容应相信到何种程度?在谈判周旋中,进行多少重述仍为适宜或者仍未违反常例?谈判可否分阶段进行?如果可以,对每一个即将到来的阶段所期望的水准是什么?每一个谈判阶段会怎样影响自己和对手的关系?

4. 考虑不同场合、不同阶段谈判的安排。在不同场合、不同阶段的谈判中,将由谁参加谈判,应该给己方的谈判者分配角色吗?是否需要专业技术人员帮助?如果谈判具有国际性,将以何种语言进行谈判,由谁提供翻译人员?

5. 进行模拟角色训练。找一个合适的人选扮演对手角色,并让其做一些必要的准备,安排模拟谈判,看看扮演者会用哪些方式、哪些策略与自己展开论辩。

6. 定下期望水准。在充分分析、估测的基础上,谈判者应该定下一个高出底线的目标水准,以便在后面的谈判中朝期望的水准努力。[3]

四、谈判的程序

谈判并无规定的程序,但通常在进行谈判时,大体要经过以下几个环节。

1. 计划与分析。对通过谈判解决纠纷的利弊进行分析估计,对自己在谈判中的主张和策略作出决策。在这个阶段,需要考虑的因素有:全面了解事实;确定通过谈判要达到的目标;确定自己的弱点;了解有关法律和惯例;分析采用其他解决方式的利弊;选择策略(包括第一步和根据对方行为的对策);预测结

---

[3] 薛少峰主编:《律师论辩学》,中国人民公安大学出版社1996年版,第325-326页。

果;决定向对方提交的信息;等等。这种分析在复杂的谈判过程中可能反复多次。

2. 交换信息。当事人双方相互交换主张、理由和证据,并进行出价。这是一个在提出自己的信息的同时,了解对方的机会。根据得到的信息,可以对谈判的条件作出基本判断,比如:对方是否有诚意;谈判是否有价值和成功的可能;自己的要价是否合理;作出让步的限度在哪里;等等。交换的过程最重要的是倾听对方的意见,从中最大限度地获取信息。出价(the first offer)是这一阶段的关键,甚至决定谈判的成败。出价过高会使差异拉大,降低成功的可能性,过低则可能使自己遭受损失,增加不必要的代价,因此必须格外慎重。

3. 让步和承诺。在谈判中,双方当事人对第一次出价不谋而合,马上达成协议的情况并不多见。通常,当事实和理由都已经明确以后,双方要进行一番讨价还价,出价的一方或双方在原有的出价基础上做出一定让步,最终达到双方可以接受的方案。这是谈判的实质阶段。为了达成和解,让步和妥协一般是必要的,关键在于掌握好做出让步的时机和限度,而这很大程度上取决于当事人在谈判中确定的目标和策略。

4. 达成协议。当和解达成以后,当事人必须根据协议的内容和履行方式,确定应采用的协议形式——要式或略式,是否需要公证,是否需要担保,等等。达成协议阶段最重要的问题是保证协议的履行,协议的形式和履行方式的约定等都是为了实现这一根本目的。一般而言,涉及较大标的和需要分阶段履行的和解协议,最好采用要式契约形式并以公证的方式加以确认,使其具有严格的法律效力,这样既可保障协议能得到履行,同时也可以避免再次引起争议。在一些国家,谈判达成的和解协议还可以以法官的合意判断或法院登记等方式加以确认,目的同样是加强其效力。

五、谈判的策略和技巧

谈判的策略是指为保证谈判行为的效果,顺利完成谈判目的采取的计谋策略。而谈判技巧则是促进谈判目的得以实现的步骤、方法。

在不同的纠纷中,身份的不同(如受害人或加害人)、证据和理由是否充分、双方的力量对比及其相互关系等因素,都决定了谈判目标和策略的选择。

具体而言,在谈判中至少应掌握好以下几个基本要素:合理确定目标,不应把期望值定得过高;分清主次,明确并坚持最主要的要求;不追求最好的结果,凡是下限以内的结果都是可接受的;适时妥协,掌握应该妥协的时机(坚持既定目标,逐步减缓让步额度)。此外,认真倾听对方的意见、保持良好的态度、创造和解气氛等,既是谈判的艺术,也是策略的组成部分,都与谈判的成败攸关。

(一)谈判的策略

1. 论证

论证,用于提出建议、观点或批驳建议、观点,分为立论和驳论。谈判中的论证,不同于辩论赛中的辩论,论证目标不是让对手哑口无言,使本方无懈可击,而是说服对方接受本方论证的论点和论据。论证要具有说服力,必须建立在公平、公正、平等等社会公认的道德观、价值观的基础之上,以客观、中立、实事求是的态度阐明建议、观点和它们依托的理论。具备说服力的论证还要注意肯定与否定的平衡、接受与反对的平衡、感性与理性的平衡。一个推荐的方法是:论证开始于一个各方都能接受和认同的"点",或从对方的建议、主张中寻找一个"点",通过富有逻辑性、条理性的推理,层层深入,直至达到本方希望达到的结论。[4]

2. 请求

对付"吃软不吃硬"的谈判对手,请求比威胁更有效。请求,是富有情感的说服的方法,旨在使对方主动地放弃立场、接受建议、进行自我纠正。请求将行动的主动权、决定权交到被请求人手中,不是依靠法律、权力或其他外在的、强制性的力量迫使被请求人就范,而是依赖被请求人的道德,情感,对仁、善、孝、爱、声誉、自尊心、同情心等品德的心理追求实现目的。打动人的请求不是抽象的、概括的、粗线条的,而是具体的、细致的、感性化的,"细微之处见真情"。具

---

[4] 李傲:《互动教学法——诊所式法律教育》,法律出版社2004年版,第279-280页。

有特定关系的当事人之间的谈判(家庭成员、邻里、同事、合伙人等)比起没有任何关系的当事人之间的谈判,请求成功的可能性更大;实力、地位明显不对等的谈判比起势均力敌的谈判,请求成功的可能性更大。此外,应当注意请求的运用场合、时机,将请求与怯懦、屈服相区别。

3. 承诺

基于谈判各方自我保护的心理,接纳、受领对方的好意。对积极合作态度的鼓励和回报势必促进双方的谈判进程。

4. 声东击西

这一策略也称"醉翁之意不在酒"。有些谈判,目标是显而易见的,谈判各方都知道他方的关注焦点。有些谈判,各方只了解部分他方关注的事项,不了解全部,或者了解全方全部关注的事项,但不了解这些事项对于他方而言的价值排序。声东击西,是指在谈判中故意绕开问题的关键部分避而不谈,而谈其他问题,转移或分散对方的注意。承诺,是以"表达为维护他人利益采取或不采取特定行为的意图"为说服方式的谈判手段。承诺是一种意思表达,内容是做或不做某种行为,目的是维护谈判中其他方的利益,承诺常能起到推动谈判进程的作用。承诺看似是单方的付出,实际上以他方的回应为条件。承诺是说服的一种手段。承诺需要以谈判各方间的信息交流为基础,通过信息交流,了解他方的利益,经过比较,作出以本方较小的代价换来他方较大的收益的决定,期待他方相应的回报。

5. 告诫

告诫,与承诺正相反,是以"表达为损害他人利益采取或不采取特定行为的意图"为说服方式的谈判手段。告诫同样是一种意思表达,内容是做或不做某种行为,但目的是通过表达损害对方利益的意图,利用对方担心、恐惧等心理,逼迫对方就范。承诺说服法是希望对方接受有利的建议,告诫说服法是迫使对方屈服于不利的建议。

(二)谈判的技巧

我国古代的军事思想博大精深,特别是三十六计,我们在谈判中应借鉴并活学活用,且灵活运用必会对谈判者的谈判活动大有帮助,现举例说明如下。

1. 抛砖引玉

这一技巧也称投石问路,是指在未确切掌握对方意图之前有限地透露本方观点。抛砖引玉是打破僵局、引导对方提供信息,试探对方意图的方式之一。所抛之"砖",可以是谈判最初的开价,可以是谈判过程中一项新建议提出的试探,也可以是期望对方回应而主动舍弃较小利益的友好表示。试探对方意图时,一些无关紧要的信息、微薄的利益、极小的代价、即使失去也谈不上损失的付出,都可以成为试探的工具。试探的目的、预期利益应远远大于付出的代价。对于对方抛来之"砖",应当本着礼尚往来、友好互利的原则予以肯定和回应。即便明知是试探,对方的付出对本方而言微不足道,仍应理解对方之意,以松弛气氛,让对方在毫无防备的情况下暴露真实目的,或实现本方的目的。

2. 瞒天过海

瞒天过海,作为三十六计中的一计,其特点在于创造公开的场合,实现隐蔽的目标,若要使秘谋能够成功,并非要在秘密的时间和隐蔽的地点施行。在谈判中,为了达到一些不能明说的目的或出现不利于我的形势时,可借用某种或某些手段,来施放一些可以避人耳目、搅乱局面的烟幕,以求掩蔽一切,使对方无法了解事情的真相。可资借鉴的手段常为:(1)更换新的负责人。(2)提出更大的问题。(3)扩大交易的范围。(4)提供更详细的材料,使它们变成对方的负担。(5)改变磋商的场所。(6)制造出一个公开但立场相对的问题。(7)尽量拖延到对方的利益降低时。(8)另外制造一些小的矛盾焦点。(9)故意失掉大量资料,然后再假装回忆把它们汇集起来。(10)找一个替罪羊,当众斥责该人或该事。(11)否认问题的存在。就第 4 点手段而言,因为给对方提供了多而不切实际的资料,对方被大堆锁碎的资料所包围,以致忽略了重要的资料,反而错过了真正的问题。

3. 围魏救赵

深刻领会并灵活运用于谈判中,此计能发挥奇效。此计的特点无论在战争上,还是在谈判中,都表现为出其不意,即原先预想可能就某方面、某问题展开激烈的争辩,实际上在其他方面出了一些新课题。出其不意必然会令人惊奇,这种惊奇也是一种压力,在这种压力的压迫下,对方可能改变或忽略预设的初衷,偏离预定的主攻方向,从而发生被迫(必然劣势)的转向。

令人惊奇的事情很多,罗列如下:(1)令人惊奇的问题,如新需要、新包装、新让步,高明的战略,风险的改变以及争论的深度。(2)令人惊奇的行动,如退出商谈、休会、措施、放出烟幕、打岔、情感上突发的激动。(3)令人惊奇的时间,如截止的日期、惊人的耐心表现、速度的突然改变、彻夜和节假日的商谈。(4)令人惊奇的资料,如争论的深度、特别的规定、新的有支持性的统计数字、极难回答的问题、传递消息媒介物的改变。(5)令人惊奇的表现,如突发的辱骂、愤怒、不信任,对个人智力、能力等人身攻击。(6)令人惊奇的人物,如新加入的权威人士、介绍著名专家和顾问、成员的改变和消失、高阶层主管的出现,高大、畸形、愚笨等特殊人物的出现。(7)令人惊奇的地点,如使人不舒服的桌椅、没有冷气或暖气的房间、人满为患的场所。这些令人惊奇之处意在形成外在压力,从而达到转移对方视线的目的。

4. 走为上

"三十六计走为上"。谈判较之仲裁、诉讼等途径,省时、省事、节约成本。但当谈判"久谈不决",无法达成合意时,当双方意见相差过大难以弥合时,当接受协议的成本高于其他解决方式时,当拖延时间扩大了损害,特别是扩大了本方的损害时,需要当机立断放弃谈判,另谋出路。

第二节 调解的技巧和方法

一、调解概述

(一)调解的概念

调解,是指发生权益纠纷的双方或多方当事人,在第三者的主持下,在查明事实、分清责任的基础上,本着平等自愿、互谅互让的原则,经充分协商,达成和解协议,使争端得以解决的一种活动。通过调解解决纠纷是我国民事审判工作的一大特色,全国法院一审民事案件调解结案率为 33%,有些法院达 70% 到 80%。

调解是在第三方协助下进行的,当事人自主协商性的纠纷解决活动。在某种意义上,调解是谈判的延伸。二者的区别在于中立第三方的参与,而其中的第三方,即调解人的作用也是区别审判和仲裁的关键因素——调解人没有权力对争执的双方当事人施加外部的强制力。在我国,有大量的民事纠纷是通过调解解决的。

(二)调解的特征

1. 调解是在中立第三方的参与下进行的纠纷解决活动。担任调解人的可以是国家机关、社会组织、专门机构或个人,然而,无论担任调解人的个人或集体成员本来的身份如何,他们都是作为中立第三方,而不是裁判者参加调解过程的。有些国家和地区的调解程序规定法官可以担任调解人(或调解委员会主任),但作为调解人的法官和作为裁判者的法官,在功能和地位上是有严格区别的。传统的调解强调调解人的消极中立,现代的调解已经突破这种限制,调解人在促成合意时可以采用多种方法,从截然不同的方向对当事人发生影响:可以是纯粹中立的冷静的观察和监督者,或者是积极的对立平息者;有时仅仅是对话的中介,有时则可以作为专家或权威,对结果提供评价性的信息。然而,无论调解人作用如何,归根结底其是以中立第三方的地位主持参与调解的,既不应代替当事人作出决定,也不能作出强制性的裁判。

2. 调解以当事人的自愿为前提。调解是一种在当事人自主协商的基础上进行的纠纷解决活动,调解的本质功能是促成合意的形成。调解是非强制性的纠纷解决程序,本质上,无论是在启动还是在协议达成环节,都应该以当事人完全正确的自愿为基本原则。然而,在实际运作中,对当事人参加的一定程度的强制在古今中外都屡见不鲜,尤其是随着代替性纠纷解决方式推行政策的实施,出于对纠纷解决效益的追求,以法律规定或法官决定强制当事人将某些类型的纠纷先行提交调解解决,或将调解作为诉讼的前置阶段,已成为一种普遍现象。法官在审判过程中的调解职能也已日渐得到认可。但诚然如此,调解仍必须以自愿为前提。因为调解是以当事人达成合意即和解为最终结果的,没有当事人双方的认可和自愿接受,就没有真正意义上的调解。所以,即使是中国古代地方官的强制调解,也注意采用"具结"的形式来表明其性质。调解人的积极影响也只能是通过当事人的自愿接受起作用的。

3. 调解协议本身的建立和生效不具有国家强制性,但其效力能够得到法律的保证。就性质而言,调解是促成当事人达成和解的非诉讼纠纷解决方式,所以达成的调解协议或和解协议属于当事人的自治性权利处分行为,尽管不同于严格意义上的合同,但本质上属于一种契约,其建立首先基于当事人双方的承认和自愿接受。这种约定一般不能剥夺当事人双方的承诺和自愿接受,也不能剥夺当事人的诉讼。因此,一旦当事人一方或双方对协议表示拒绝,原则上可以不受限制地提起或转入诉讼程序。由于没有强制性的约束,当事人容易没有顾虑地同意进行调解,使纠纷解决的机率增加。然而,调解是由第三方主持进行的,特别是在法院的诉讼程序内进行的情况下,调解协议的达成也表明了调解者的参加及其意志。当事人双方达成和解协议一旦经过法院及其他权威机构的认证、登记之后,就产生了严格的法律约束力,具有与生效的法律判决同等的效力。这是对调解进行规制的最妥善的方法。由此,调解协议对当事人双方不仅具有契约的约束力,而且具有国家认可的强制执行力,能够有效地保证调解协议的履行。

4. 调解具有程序的便利性和处理的灵活性与合理性。与审判程序相比较而言,调解无须严格的程序,即使是法院附设的调解,主持调解的法官一般也可以不着制服,不在法庭进行讲解,使当事人之间的对立容易在和谐的,至少是非对抗性的气氛中化解。调解一般是不公开的,当事人无须顾忌暴露商业秘密和个人隐私。调解程序是非正式化的,即使当事人本人行为能力较弱也不影响调解的结果,这有利于当事人本人参与纠纷解决。调解程序在当事人主张和事实的证明责任、适用规范以及运作方式上都具有很大的灵活性。可以说,便利性与常识性是调解的程序优势。调解作为纠纷解决方式,除适用法律规范和原则外,还可以以各种有关的社会规范为依据和标准,如地方惯例、行业标准、公共道德标准、通行的公平原则等。此外,当事人可以根据自身的利益和条件充分地进行协商和交易,达成符合实际的、能为双方所接受的协议。[5]

二、调解的种类

根据中立第三方,即主持者的性质,调解可以分为民间(组织)调解、行政(机关)调解、律师调解和法院调解。

民间(组织)调解,既包括由民间自发成立的调解组织进行调解,也包括由政府或司法机关组织或援助的调解组织机构进行调解,其广泛应用在城乡基层社区的民事及轻微刑事纠纷的解决过程中。这种调解在纠纷解决中具有介入早、中立第三方与当事人之间有特定的地域或社区性的联系等特点,整个过程往往不需任何费用或费用低廉,在解决日常的民间纠纷中具有无可替代的优势。我国的人民调解在民间调解这方面积累了大量的经验,其被称为纠纷解决的"第一道防线"。美国20世纪60年代开始的社区纠纷解决运动中,义务志愿者的调解也属于此类(一般而言,各类民间组织对其成员之间或成员与外界的纠纷案兼有某种调解功能,但如果不是专门的纠纷解决机构,则是否进行调解取决于其成员是否提出要求)。现代的民间调解多由政府出面组织或资助,也有一些是财团资助或营利性的,因此,各种民间组织的调解存在制裁和功能上的差异。

行政(机关)调解,包括行政机关在日常的管理或指导工作中附带性的纠纷解决,以及由为解决特定纠纷所设的专门性纠纷解决机构进行调解,其中后者是当代重要的 ADR 形式,而前者的情况则依国家的行政活动运作方式迥然不同。行政机关主持的纠纷解决,具有依靠专家判断、对纠纷当事人(双方或一方)有权威性影响力、效率高、成本低,以及可以在纠纷解决过程中积累政策经验等优势。在程序设计中,既有根据法律规定采取准司法方式的,即采用裁决、决定、仲裁的形式(对其结果可以复议或起诉),也有一些采用调解的形式,即由当事人自愿达成和解协议。此外,行政机关对其设立的信访、申诉机构所反映的各类纠纷,可以视情况进行调解。这种途径的重要性是不言而喻的,它可以使大量的纠纷迅速及时地在萌生之初得到解决,而且可以使主管部门察觉

---

[5] 范愉:《非诉讼纠纷解决机制研究》,中国人民大学出版社2000年版,第177-179页。

到问题发生的根源,从而消除隐患,避免类似纠纷再次或反复出现,因此,这种调解属于行政机关的一项重要职能。然而,如果当事人对行政机关缺乏信任,或对纠纷解决的结果表示不满,最终走上法庭,就会使纠纷解决的中间性成本增加。因此,除非根据法律规定,否则行政机关有时会对纠纷解决缺少足够的积极性。

律师调解,是走向法院和诉讼前的"最后一道防线",在这一阶段,律师主要是通过当事人提供法律意见,评估预测判决结果,分析诉讼的利弊,使当事人考虑是否放弃诉讼,达成诉讼前和解。近年来,由于制度改革、观念变化和职业道德的提高,律师在参加促进和解方面都显示出更多的热情和作用,出现了一些独立调解人或从事调解的律师事务所。尤其是把法律援助工作和律师参与调解相互结合,有利于一般民事纠纷迅速、简便和低廉地获得解决。

法院调解,是指在人民法院审判人员的主持下,双方或多方当事人就民事争议通过自愿协商达成协议的活动。《民事诉讼法》第 96 条规定:"人民法院审理民事案件,根据当事人自愿的原则,在事实清楚的基础上,分清是非,进行调解。"由此可见,法院调解是一种诉讼活动,是人民法院审理案件的一种方式。它是诉讼当事人行使处分权与法院行使审判权的结合。法院调解又称诉讼内调解,是法院审结案件的一种方式,法院制作的调解书一经送达双方当事人,即具有同判决书同等的法律效力,一方当事人不履行调解书的,另一方当事人可申请人民法院强制执行。

此外,根据与诉讼的关系,即调解在纠纷解决不同阶段中的作用,调解可分为诉讼外调解、诉讼前调解与诉讼中调解。与此相对应,在不同的阶段,可以分别达成诉讼外和解、诉讼前和解与诉讼中和解。尽管在民事诉讼法中,调解与和解属于不同的概念,一些国家的民法和民事诉讼法中对和解,特别是诉讼中和解,另有专门规定,但在实践中,调解与和解几乎难以截然分开,并且很多国家规定调解书的效力相当于诉讼中和解。因此在二者的关系上,可以说前者是手段和过程,后者则是目的和结果。不仅如此,和解实际上是各种代替性纠纷解决方式的目的和结果。然而,就不同阶段达成的和解而言,性质和结果有所不同。诉讼外和解,又称私法上的和解,性质属于一种契约或对契约的修订

(合同变更行为),产生民法上的效力;在许多国家,一般谈判和民间调解所达成的协议被列为此类。而我国的民间调解协议则不被认为是一种民事合同,其性质和特征大体相当于诉讼前和解。

三、调解前的准备

1. 了解事实。调解之前,应当掌握必要的资料。比如:案件是否适合调解?有无调解的可能?当事人之间的关系如何?他们虽然表示同意调解,但是是否真的有诚意并积极配合?他们之间的最大矛盾是什么?本次冲突的性质是临时性的还是积怨已久的后发爆发?当事人是否另有隐情?哪些因素可以缓解双方的紧张关系?双方之间是否存在共同利益?

2. 研究法律。法律不是调解中的决定因素,不等于法律在调解中不起作用。调解常常是当事人对法律途径解决纠纷的成本与非法律途径解决纠纷的成本进行总体衡量之后的选择。在调解的过程中,法律的相关规定、当事人的法定权利和义务,无时无刻不在影响着双方的意见和调解的进程。对许多当事人来说,法律离调解并不遥远,调解不成的结果即为诉讼。充当调解员的诊所学生,具备法律专业知识,在调解过程中适时地为当事人提供法律信息,有利于当事人作出客观的、理智的决定,同进保证调解结果更公平、更具备专业水准。

3. 确定调解员。调解员可以是由调解中心指定的,也可能是当事人共同选定的。调解员都经过专门的调解技巧的训练,并有一定的法律知识背景。在特定的案件中,调解员的身份、年龄、性别、嗜好等因素是分配案件时需要考虑的因素。因为这些因素或者影响调解员的判断,或使当事人感觉可能影响调解员的判断。调解一般是两人合作办案。在大学法律援助中心或法律诊所的调解案件中,通常也用合作的方式进行调解。调解员的选择还应考虑到是否给人以中立的印象。比如:涉及夫妻家庭纠纷的案件,一男一女充当调解员会给当事人带来一种平衡感;如果当事人中有一方非本地人,调解员中最好也有说普通话的非本地人参加,减轻地方色彩。

4. 确定参加人。已进入诉讼阶段的案件,当事人通常是明确的,原告、被告、第三人、其他利害关系人等是调解的参加人。若当事人已经请了律师,律师可以参加调解,帮助当事人在调解程序中解决问题。未经诉讼的纠纷或庭外调解的案件,当事人可能请其他与案件无直接关系的人来参加调解,如亲戚、朋友、邻居等他们信任的人。究竟哪些人能够参加调解,哪些人参加调解更有利于问题的解决,这是调解员需要考虑的问题。一般来说,调解员需先了解真正的权利、义务关系人是谁,真正做决定的人是谁,他们无疑应当参加调解,而其他无直接关系的人(包括证人),常常由于过分考虑保护一方当事人的利益而给调解带来障碍,所以不主张他们参加调解。必要时调解员可以限制各方无利害关系人的出席人数。如果当事人执意要求,可以请这些人在调解室外等待。当事人需要和他们商量时,到外面单独商量,从而减少他们在调解过程中可能产生的不利影响,调解时,未成年人的成年家长应当在场。调解员单独询问未成年人时,应征得其法定监护人的同意。总之,确定调解参加人应以有助于解决争议为基本原则。[6]

5. 确定时间、地点。确定调解时间应合理——有利于当事人事先准备,调解当中时间应充裕——能够使当事人从容表达、充分交换意见。安排调解的时间应事先征得各方当事人的同意。调解可以在调解员的工作场所、法律援助中心等地进行,一般不安排在一方当事人居住或工作所在地。调解地应干净、整洁、有恰当的庄严气氛,以体现调解员的认真与重视程度,以不给当事人拘谨感为限。调解地点应安静、独立、避免噪声、接打电话,不应有其他人出入。调解室外应有隔音的休息间,供单独谈话时使用。其他更细致的安排,包括考虑当事人的就座位置等。

6. 确定调解员分工。调解之前,合作的调解员应当商定如何分工,如谁做开场白、谁记录、谁提开放式问题、谁提封闭式问题、谁为主、谁补充等。

四、调解的步骤和技巧

(一)调解的步骤

调解人在调解时可依实际情况采取灵活多样的方式,在基本程序上,一般

---

[6] 李傲:《互动教学法——诊所式法律教育》,法律出版社 2004 年版,第 240 页。

应遵循以下步骤。

1. 开场白。主持调解的调解员向双方当事人说明自己的身份,并宣讲非诉讼调解的意义,应遵循自愿和合法的原则,及双方应持的态度。

2. 分别陈述事实,提出各自的主张。由当事人分别陈述事实,介绍纠纷的起因、经过及结果,提出各自的主张。

3. 交换意见,进行辩论。为了查清事实,分清是非责任,在调解中应提倡双方当事人围绕争议焦点交换意见,进行辩论。在双方辩论时,调解员要特别注意掌握好"火候",防止气氛恶化。

4. 提出方案,促成和解。经充分协商,当事人对于权利义务的分配及责任的承担初步达成一致时,应及时制作协议书。协议书可由调解员起草,并征求双方意见后定稿,或由当事人草拟,由调解员修正定稿。调解协议书至少应具备以下内容:(1)当事人的自然情况。需要注意的是称谓问题,应称之为非诉讼法律事务当事人或简称为当事人,切忌用原告或被告等称谓。(2)写明纠纷的原因、过程以及双方的责任。(3)写明何时何地经谁主持调解,调解所遵循的原则。除写明调解人外,还应写明其他参与人,这对增强协议书的约束力有积极意义。(4)达成协议的具体内容。这部分是协议书的主要内容。要把当事人提出的要求和答应的条件、享有的权力和应尽的义务等实质性问题写得具体明确,以利于执行。(5)写明协议的生效日期及履行期限。协议书拟写后要再一次征求双方当事人的意见。双方均无异议时,即可由双方签字盖章。当事人为法人或有关组织的,应由法定代表人签字并加盖本单位公章。

5. 终止调解程序。协议达成或调解失败,都将终止调解程序,终止调解程序不同于暂停。有时调解过程要经历许多阶段,经过多次会谈,这些都属于调解过程,终止调解程序则表示调解结束。

(二)调解的技巧

1. 寻找共同利益作为调解的基础。在家庭成员之间、邻里之间、同事之间,和睦相处、互相尊重是大家都希望达到的共同目标。将双方当事人均能接受的共同目标作为出发点,让当事人先对共同利益达成共识,这是第一步。

2. 先易后难，先眼前后长远。在解决矛盾的顺序上，应首先解决那些容易的、新近发生的事情。新近发生的事情往往是矛盾激化的导火索，虽然可能是短期或眼前利益，但显得迫在眉睫，难以逾越。如果这个导火索是双方情绪不稳定时作出的过激行为或决定，在当事人恢复平静后，比较容易自我纠正。先解决简单容易的矛盾，虽然未触正题，但有助于缓解双方的对抗情绪，使双方感受到调解已有进展。

3. 回忆过去。如果双方当事人过去曾有过良好的关系，可以通过询问过去的情况唤起当事人的回忆：过去碰到过类似的事情吗？那时候是怎样解决的？共同回忆过去的做法可以让当事人暂且搁置眼前的冲突，由主观上的抵触情绪转向寻找引起矛盾的客观因素。回忆过去的方式实际上利用了原有的关系资源，特别有助于特定关系仍将存续的当事人之间矛盾的解决，如家庭成员、邻里、同事间等，回忆能唤起他们对原有良好关系的渴望，有助于抑制冲突情绪。

4. 换位思考。当事人间换位思考，有利于相互理解。调查员应注意把握机会，鼓励、促使他们之间的换位思索。例如，调解员听到一方当事人说："我知道她带孩子不容易，那也不该让孩子半夜三更弹琴，又蹦又跳的。"调解员要抓住前半句话，对孩子的母亲说："能不能晚上十点钟以后不让孩子弹琴呢？你带孩子的确不容易，这一点对方非常理解。"由此，将抱怨的一方当事人置于母亲的位置上考虑问题，在共同理解了作为母亲带孩子不容易的前提下，商量一个解决问题的办法：晚上十点钟之后不再弹琴。

5. 消除误解。有时冲突双方当事人之间存在误解，调解员发现后应协助消除误解。例如，有一件邻里纠纷案：一位母亲指责年轻的邻居客人太多，影响了她一家人的休息。对方认为她是无中生有、多管闲事。通过私下交流调解员得知，实际上令这位母亲不安的是不知隔壁经常来的是什么人，担心会危及自家财产和孩子的人身安全。发现这一情况后，调解员当着这位母亲的面询问对方经常来访客人的情况，当得知来的人是一群大学生，只是每周健身锻炼后来此休息一下时，这位母亲消除了顾虑，表示只要保持安静，并不反感邻居家里的客人。由于缺乏沟通凭空猜测而产生误解时，调解员要力争让双方加强沟通，增进了解,消除误会。

6. 打破僵局,让当事人的请求更富有弹性。矛盾中有的当事人"认死理儿",如一方非让对方赔钱不可,另一方表示"要钱没有,要命一条",就会使调解陷入僵局。调解员此时不该硬碰硬地去和他们"较真儿",而应考虑可否另辟蹊径。比如,赔了钱,是不是表示问题就有效解决了?不赔钱,是否有其他办法?调解中允许尝试所有可行的办法。租户弄坏了房主的门,赔钱是一种办法,修理是一种办法,折抵住房日期是办法,给房主介绍其他租户也是办法。调解员在调解过程中,要善于发掘当事人的各种愿望,不断建议、尝试各种方案,使当事人的请求富有弹性,并通过对满足当事人不同愿望的各种方案的比较和讨论选出最佳方案。

7. 诉讼预测。调解失败意味着当事人要么放弃争议,要么诉诸法律。调解员有必要利用专业知识,在适当的时候给当事人提供法律意见和建议,特别是对调解不成提起的诉讼活动进行预测,包括时间、精力的投入,经济支出,可能的法律后果……以便让当事人更充分地进行衡量和选择,更积极地面对调解程序。

8. 单独会谈。单独会谈,或称"私下会晤""背对背调解",是指在调解过程中,调解员与某一方当事人及其代理人私下会谈的方法。单独会谈是调解中十分常见的技巧,对最终达成协议起着至关重要的作用。实践中,有些当事人对单独会谈的调解方式心存疑虑,不愿吐露真情;有些当事人无法理解单独会谈的意义,不愿接受;有些当事人对调解员与对方的单独会谈反感,有抵触情绪。因此,单独会谈的使用要因人、因案而异。调解开始时调解员应对单独会谈的目的、运用做详细解释,如果单独会谈适得其反,弊于大利,也可放弃使用。在涉及下列调解事项时,可考虑使用单独会谈技巧:(1)涉及当事人之间的关系时;(2)涉及协议进程时;(3)涉及实体利益时。通过单独会谈,了解当事人的隐情,摸清信息和底线,讨论解决方案,推进和解。

第三节 谈判和调解的实例和训练

一、谈判和调解的实例

2023年1月26日,广东省清远县境内发生一起交通事故,广东东方长途客运汽车有限公司司机李某某驾驶公司的奔驰牌豪华长途客车,在山区二级公路拐弯时因其个人未预料到道路弯度过大和疏忽大意,长途客车从后面刮碰,撞上了前方靠路边一侧驾驶摩托车向前行驶的张某某,致使张某某的摩托车被撞翻,张某某被撞倒在地,并致使其头皮挫裂伤大出血和严重腿部摔伤,随即呼叫"120"救护车送医院抢救,但因伤势过重抢救无效而死亡。死者张某某的父亲53岁系农民,母亲51岁系农民,妹妹16岁系中学生。该亲属三人找到广东省清远县公安交警大队要求处理,广东省清远县公安交警大队勘察了事故现场,扣留了长途客车,对司机李某某采取了拘留措施,清远县公安交警大队随后作出交通事故责任认定书,其中认定在这起交通事故中司机李某某因驾驶操作不当对事故的发生负主要责任,死者张某某驾驶机动车摩托车没有佩戴头盔对事故后果的发生负次要责任。司机李某某的家属和单位领导找到交警大队和死者张某某的亲属,希望调解解决该起交通事故案件。

清远县公安交警大队在事故中查明:(1)张某某,25岁,大专毕业已经满3年,系上海市务工人员,在上海市已经工作和长期居住1年零7个月,系回家探亲期间被撞而发生事故;(2)死者张某某被送医院花去医疗抢救费用为1.63万元,摩托车已损毁,评估作价0.58万元,奔驰客运客车刮碰部位修理费0.96万元;(3)死者张某某的家属认为如果对方愿意给予令人满意的赔偿数额则可以同意调解解决。

二、谈判和调解的训练安排

(一)谈判或调解的分组

把法律诊所班级同学分成由3名同学组成的若干谈判小组,分配谈判对手组。例如：一个法律诊所班级36名同学，以3名同学为1个小组，分为12个小组，设小组长1名；把12个小组随机分配为6组谈判对手，两个小组对谈，一个小组担任原告及其两个委托代理人的角色，另一个小组担任被告及其两个委托代理人的角色，准备展开谈判。如果进行调解，则从法律诊所班级中选取6名同学作为调解人，由每个调解人主持两个调解对手组的调解工作。

（二）分发材料，确定谈判地点

法律诊所教师上课前事先印刷复制好纸板的谈判或调解资料，每位同学1份，上课时以小组为单位分发资料；在诊所教室准备前述6张谈判圆桌，6组谈判对手分坐两边，6张谈判圆桌相互之间间隔一定距离以防止各组谈判或调解对手讲话时相互干扰。如果条件允许，各谈判对手组或调解对手组可以寻找距离法律诊所教室近的会议室、办公室等安静的地方进行谈判或者调解。

（三）做好准备

各小组阅读谈判资料，可以进行本组的讨论和协商。各小组成员先各自阅读谈判或者调解材料，然后各小组内部进行讨论，确定主调人员和辅助人员，统一思想；确定本组谈判的目标、方案和内部分工；明确谈判的理想目标和谈判底线与底价；深入研究对方的需求，包括对方的核心利益、关注点和优先事项等，研究对方的背景、风格和信誉等，预测其可能的策略和行动；收集与谈判、调解有关的行业动态、市场趋势和法律法规等信息，增强谈判与调解的论证能力和说服能力；准备好谈判与调解的书面信息资料，进行模拟谈判或调解的问答，作好谈判与调解的后勤工作，使谈判与调解人员保持良好的工作状态。谈判前准备工作一般为10分钟左右。

（四）展开谈判或调解

各小组就其角色，根据案件的事实、证据、适用法律和案件所涉的社会常识，结合谈判和调解的基本知识，灵活运用谈判和调解的技巧和方法，进行陈述、分析和判断，展开谈判的辩论、攻防和协商，争取达成一致的意见。如果进行调解,则由调解人主持调解的程序和进程。谈判或调解的时间为 1 小时,谈判或调解的过程中,教师进行巡视、回答问题和指导,本次课堂谈判或调解不成,及时总结和结束。

(五)反馈结果,进行总结

各小组分别反馈谈判或调解的结果,教师进行统计,分别确定担任原告角色和被告角色取得成绩最优的两个小组,然后请成绩最优的两个小组介绍成绩最优的先进经验,同时请 3 名以内同学对本次谈判或调解的练习课程自由发表意见,最后由法律诊所教师进行综合的总结分析,结束谈判或调解的练习课程。

课后思考

1. 谈判的程序和策略有哪些?
2. 调解的步骤和技巧是什么?
3. 对本章中提到的两个案件任选其一做谈判或者调解的训练。

第十一章　法律意见书与律师函

先导议题

法律意见书与律师函是律师工作中最常见也最基础的非诉讼法律文书，律师执业水平高低就体现在草拟法律意见书、律师函等法律文书的工作过程中。作为法律诊所学生，出具法律意见书时应该遵循什么原则和标准？是否可以出具类似于律师函的法律文书？

第一节　法律意见书概述

一、法律意见书的概念

（一）法律意见书的定义

法律意见书是律师根据咨询者提供的相关材料和事实，针对某一具体法律事务，运用法律知识进行分析和阐述，向咨询者解答法律问题、提供法律依据或解决问题的法律建议的综合性书面材料。根据《律师法》第29条之规定："律师担任法律顾问的，应当按照约定为委托人就有关法律问题提供意见，草拟、审查法律文书，代理参加诉讼、调解或者仲裁活动，办理委托的其他法律事务，维护委托人的合法权益。"可见，为咨询者提供法律意见是律师三大重点业务之一。因此，在法律诊所的实践过程中，撰写法律意见书可能是诊所学生们在真实环境中最常见的一种法律事务，也是诊所学生们面对真实事件和解决真实问题时应当掌握的最基础的法律写作技能。

（二）法律意见书的种类

从解答法律问题的种类来看，法律意见书可以分为以下几种类型。

1. 法定类法律意见书

这类法律意见书是指依据相关法律规定在股票上市、发行和配股等特定领域内作为报请审批程序中的必要条件的法律意见书。例如，根据《证券投资基金法》第51条的规定，注册公开募集基金，由拟任基金管理人向国务院证券监督管理机构提交律师事务所出具的法律意见书；国务院办公厅转发国资委《关于进一步规范国有企业改制工作实施意见的通知》（国办发〔2005〕60号）要求，企业改制必须对改制方案出具法律意见书；中国证券投资基金业协会《关于私募基金管理人在异常经营情形下提交专项法律意见书的公告》规定，私募基金管理人及其法定代表人、高级管理人员、实际控制人或主要出资人出现被公安、检察、监察机关立案调查，被行政机关列为严重失信人，以及被人民法院列为失信被执行人等八种情形，可能影响私募基金管理人持续符合登记规定时，应当向中国证券投资基金业协会提交专项法律意见书。

在制作格式上，此类法律意见书为法定必须出具的文件，否则可能导致股票不能发行或者注销私募基金管理人等不利后果，因而相关法律法规对于此类法律意见书的制作程序、签字律师、法律意见内容等提出了详细的要求，具体可参考广东省国资委《关于省属企业实施法律意见书制度的意见》、中国证券投资基金业协会《关于私募基金管理人在异常经营情形下提交专项法律意见书的公告》、全国中小企业股份转让系统有限责任公司《关于发布〈全国中小企业股份转让系统优先股业务指南第3号－法律意见书的内容与格式〉的公告》、《法律意见书和律师工作报告的内容与格式（试行）》等规定。诊所学生在教学过程中较少接触此类法律意见书，因此本文仅在此稍作介绍，不详细阐述。

2. 答疑类法律意见书

这类法律意见书是指律师依据法律法规对咨询人提出的法律问题以书面方式作出准确、肯定、有法律依据的回答，为咨询者的决策提供具体、明确、可靠的参考意见。

答疑类法律意见书的特点主要包括以下几个方面：(1)答疑类法律意见书的内容着重于解答咨询人提出的法律问题，如"某行为是否构成诈骗罪""某企业是否应当支付违约金""在何种情形下可以单方解除合同"等，这些法律问题多起源于已立案的诉讼案件或尚未立案但可能具有涉诉风险的事件。答疑类法律意见书用于解答咨询人的法律困惑，给咨询者的下一步决策提供参考意见。(2)答疑类法律意见书中，咨询人所提出的法律问题涉及事前风险规避、事中风险防控和事后补救等多个维度，而法律意见要区分不同情况，侧重也有所不同。对于尚未发生的事件，法律意见着重于风险提示；对于已经发生纠纷或法律风险发生的可能性极大的情形，法律意见着重于解答困惑并提供解决纠纷或防控风险的法律意见、建议，以最大限度维护咨询者的合法权益。最常见的即法律咨询答复意见书。

3.审查类法律意见书

这是律师从法律角度对咨询人提供的各类法律文书审查后出具的文书，对于审查过程中发现的文书错误、重大问题和遗漏、重大风险等进行提示，以进行弥补或修改，防止不良后果的发生。

审查类法律意见书的特点主要包括以下几个方面：(1)审查类法律意见书的内容着重于咨询人提供的文件是否符合法律法规的规定、是否存在法律风险或遗漏等，如"关于某企业拟签订采购合同的法律审查意见"等；(2)审查类法律意见书所提出的法律意见多为事先风险规避，即在合同签订前进行法律审查时即发现存在的错漏或风险，提前指出风险，以进行弥补或修改，防止不良后果的发生。在诊所教学过程中，学生们最常见的就是合同审查法律意见书。

二、法律意见书的具体要素

除法定类法律意见书外，并没有法律规定或者行业规定答疑类法律意见书和审查类法律意见书应当具备何种要素内容。但在长期的实务运用过程中，为了确保法律意见书全面并规范地向咨询者提供法律依据、做出法律解释、进行法律审查、分析法律风险、提出法律建议，展现律师行业的严谨及专业性，逐步形成了一定的标准。法律意见书一般包括首部、正文、附件、落款四个部分内容。

（一）法律意见书的内容

1. 法律意见书的首部

首部包括标题、编号、致送单位（或人）的称谓、解答内容的缘起和依据等。

（1）标题。法律意见书的标题可以直接在文书顶端居中标明"法律意见书"字样，也可以详细载明委托人、委托事项，采用"关于 + 委托人称谓 + 委托事项（咨询事由或审查文件名称）+ 法律意见书"的格式来制作标题，如"关于××有限责任公司支付员工经济补偿金的法律意见书"。

（2）编号。由律师出具的法律意见书一般会按照律所管理要求而标注上法律意见书的编号，编号多由法律意见书的出具年份、律所简称、文书类别、序号等组成，如"（2022）琼×律意字 100 号"，其中"（2022）"是指文书出具的年份，"琼×律"是海南某律师事务所的简称，"意"即文书类别——法律意见书，"100 号"即该法律意见书为当年度出具的第 100 份法律意见书。

（3）致送单位（或人）的称谓。在编号的下一行顶格写明接受文书的单位全称或人的姓名。

（4）说明解答内容的缘起和依据。用简明扼要的文字概括咨询人的咨询问题或需要审查的材料名称、当事人提供的相关资料或信息等，能够开篇即点明该份法律意见书依据何种事实基础和证据材料，就咨询人的何种法律问题或何种合同审查、法律事务予以答复。这就是法律意见书的开篇部分。

2. 法律意见书的正文

这部分是法律意见书的核心部分，通过法律、法规来详细解答咨询人所提出的问题、分析法律风险或提出法律建议。一般而言，法律意见书的正文部分包括以下几个方面的内容。

（1）基本事实。不同客观事实所涉及的法律问题不同，得出的结论或建议也会不同，因此，法律意见书的正文部分应以事实为依据、以法律为准绳，在充分科学分析客观事实的基础上，经过严密的论证，从而给咨询人一个圆满的答案。因此,需要对咨询人所提供的书面材料和口头陈述进行梳理,必要时还需要进一步搜集相关证据资料,以便从中寻找到事件的焦点问题,理顺法律关系,客观、准确地加以归纳总结,为后续的法律分析做好准备。基本事实的阐述部分一般为法律意见书的开篇,通过这部分的表述有利于法律意见书的阅读者对于整个事实有更清晰理性的认识,也有利于法律意见书的撰写者整理思路并为后续法律分析提供事实基础。

(2)法律分析。结合事件的基本事实和焦点问题,按照咨询者的咨询内容分为一项或多项回应,具体如何写,要根据咨询人所提问题的多少或事件的复杂程度来决定。

(3)解决方案或结论。解决方案包括重大风险、建议、措施、操作方式等内容,是法律意见书中咨询人最关心的部分,在这一部分中要求撰写者结合前述基本事实和法律分析内容,提出相应的意见或建议,针对咨询人的问题作出答复,以便咨询人根据这部分的内容采取相应的举措。

3. 法律意见书的附件

部分法律意见书可能需要添加法律法规条款、参考案例等作为法律意见书的附件,用以佐证法律分析或结论,并给咨询人进一步参考之用,故在正文之后列明附件的名称并编号顺序。

4. 法律意见书的落款

落款包括署名、工作单位、制作日期等内容。在法律意见书的文末右下角写出律师的工作单位、职务及姓名,并注明制作日期。

(二)法律意见书写作的注意事项

法律意见书撰文前首先要做好调查工作,即针对提出的问题,做好充分的准备,包括寻找有关法律依据,参阅有关文件、规定,到相关部门进行实地调查、查询,等等。在出具法律意见书之前,寻找出有关适用的法律依据,对问题进行梳理、分析、比较对照,从中归结出正确的答案,做到合理合法,切实可行。

撰写法律意见书要合理安排好表达内容的逻辑结构。一般来说,重要的关键性问题应放到前面说明,次要问题可放到后面去写,有主有次,重点突出,使人读后立刻就能把握重点,留下深刻印象。此外,还要注意总论点与分论点、分论点与论据之间的密切联系,使其证明的层次形成一个环环相扣的链形结构,从而集中、有力地突出所要说明的问题。

第二节 法律意见书的撰写

基于答疑类法律意见书与审查类法律意见书的不同特点,笔者以法律咨询答复意见书与合同审查法律意见书两种常见法律意见书为例,以实例为引,着重阐明法律意见书的撰写要点。

一、法律咨询答复意见书的撰写要点

法律咨询答复意见书作为答疑类法律意见书中的常见类型,是依据法律法规对咨询人所涉及的法律问题以书面方式作出准确、肯定、有法律依据的回答,解答困惑并提供策略,为咨询者的决策提供具体、明确、可靠的参考意见。诊所学生通过撰写此类法律意见书可以更好地培养法律思维模式,在事实归纳与法律规范、证据与规则之间搭建逻辑链接平台,真正将课本中所学的法律知识运用到实践中。

(一)法律咨询答复意见书的撰写步骤

法律意见书的具体要素包括首部、正文、附件、落款四个部分内容。

为保障房屋居住和使用安全,2021年某日,A单位委托鉴定公司对两栋住宅楼进行房屋安全性鉴定。住宅楼中公有住房30套,职工自有住房18套(其中2套职工产权100%,16套职工产权70%、单位产权30%)。鉴定结果为:1#楼一、三层结构承载力,2#楼一层结构承载力局部不满足要求,安全性等级属于《民用建筑可靠性鉴定标准》规定的房屋安全性鉴定等级的C_{su}级。

A单位拟对上述两栋楼进行加固修缮,向某律师事务所咨询两个问题:一是对此类需建筑维修加固的楼房,主体责任是建设方、产权方还是地方住建部

门;二是假定 A 单位作为建筑维修加固的责任部门,其在开展加固过程中是否有责任解决加固期间住户无房居住问题和承担让住户督促当前租户迁出(目前职工自有产权房中有 15 套对外出租)造成的租金损失。

1. 基本事实的归纳与概述

法律咨询答复意见书的基本事实部分即是整个事件的基本情况和背景,对整个事件的定性和法律问题的提出具有重要影响。比如前文案例中的事实因素包括以下几个方面的内容:住宅楼的产权归属情况;两栋住宅楼的房屋安全性等级;住宅楼的建设主体;住宅楼建设时和房屋竣工验收时的质量保修条款的约定内容;等等。此外,基本事实主要来源于咨询人提供的证据、所作的客观陈述以及调查活动等,承办律师可以视情况决定是否开展调查活动,尤其是在咨询人所提供的相关佐证材料并不足以说明基本事实的情况下,承办律师可以通过沟通了解来龙去脉、现场走访及调查取证等形式,进一步确认待解决法律事实,并基于确认的法律事实,明确其所处的阶段(事发前、事发时、事发后或潜在的),遵循运用背景资料、把握重点、显示因果关系、突出重要情节、写出争议焦点的原则,以时间为序、详略得当地将基本事实予以归纳,作出完备的表述。

2. 法律问题的提出

一般法律咨询答复意见书中的问题包括事前法律问题、事中法律问题、事后法律问题和潜在法律风险问题四个维度。其中,事前法律问题即是在某种行为尚未发生前,咨询人即将为或想要为但对该行为做出后是否存在法律风险存在疑虑,若存在法律风险,是否可以通过合理合法的方式规避该些法律风险;事中法律问题即咨询人已实施某种行为,但在行为实施中遭遇障碍导致风险增大,为避免支出不必要的成本或为降低法律风险,需要采取何种措施或手段降低或转移法律风险;事后法律问题是指咨询人实施某种行为后,该行为的实际效果不如预期或已经发生纠纷导致自身权益受损,需要采取何种措施或手段维护自身权益;潜在法律风险即除咨询人明确提出的法律问题外,整个事件可能涉及其他潜在的风险或问题,需要由律师发挥主观能动性进行排查并作出提示。

比如在前文案例中,咨询人咨询的两个问题即是事前法律问题,因两栋住宅楼经鉴定存在房屋安全隐患,A单位在实施建筑维修加固行为前对于房屋维修的责任主体和可能存在的经济成本存在困惑,即向律师提出了如上两个法律问题。咨询人在行为实施前,预期通过法律咨询对维修加固行为的责任主体予以明确和对相关责任承担的法律风险予以把控。基于咨询人的困惑及诉求,确定法律意见书的4个答复点:(1)该两栋住宅楼由何方主体承担维修加固责任的问题。(2)若房屋维修责任主体为贵单位,贵单位是否有义务解决住户无房居住的问题。(3)若房屋维修责任主体为贵单位,贵单位是否要承担房屋出租人在修缮期间的租金损失问题。(4)若加固维修责任主体为施工单位,施工单位是否有义务承担住户的损失问题。

3. 法律依据的梳理

我国是成文法国家,法律体系较为复杂。这里梳理的法律是广义上的,应穷尽所能去搜集与解决法律事实有关的规范性文件,包括法律、行政法规、司法解释、部门规章、地方性法规及地方政府规章,并按效力等级进行排序。同时,应注意国家政策、新法与旧法之间的衔接、特别法与普通法之间的区别,做好法律适用;同类案件的判例具有较大的参考价值,应检索收集,在裁判案例的搜集方面应优先搜集最高人民法院的案例以及咨询人咨询法律问题所在区域的法院裁判案例。

在司法实践中,咨询人与对方当事人的合法约定往往优先于法定适用。因此,在实务中应注意当事人之间具体约定的内容,避免忽视约定而致使法律意见书脱离法律事实。

比如在前文案例中,关于维修加固责任主体的问题,可以想到建设工程领域有对房屋质量的保修期制度,危房改造也涉及房屋的维修加固责任。因此,可以重点搜集《建筑法》、《建设工程质量管理条例》、最高人民法院《关于审理建设工程施工合同纠纷案件适用法律问题的解释(一)》、《住宅专项维修资金管理办法》、《城市危险房屋管理规定》的相关规定来梳理加固维修责任主体的法律依据。关于是否需要解决加固期间住户无房居住问题和承担让住户督促当前租户迁出(目前职工自有产权房中有15套对外出租)造成的租金损失的问题,则属于民法范围内的损害赔偿责任承担问题,需要在民法的范畴内搜寻相关法律依据。

4. 法律分析的展开

(1) 分析前的准备

一是明确法律适用范围。围绕法律事实涉及的法律范围,穷尽与其有关的现行有效的法律法规及规范性文件,将视角定位在与法律事实有关的法律条款上。二是明确法律效力等级。将所搜集到的与法律事实相关的法律文件进行比对,按效力从高到低,并按规定的内容原则具体进行标注,避免法律文件中存在冲突,更避免法律分析时片面引用。三是明确法律事实概念。法律事实需要被纳入法律规定内进行规范,待解决的法律事实是否有法律明确规定的定义需要明确,去提取具有显著性或突出性的词汇,明确事实涉及的重要法律概念。四是明确法律分析范围。法律事实的分析是法律意见书的核心,也是法律意见融入服务经营管理的重要体现,以何种视角、何种方式、何种内容切入法律分析决定了法律分析是否有价值。应结合待解决法律事实的主要矛盾,梳理出重点分析的问题,分清主次,把握重点,做到范围清晰。五是做好法律研究。准确把握法律的准确内涵,避免出现理解偏差,应坚持特别法优于普通法,新法优于旧法,并注重法律与法律事实之间的匹配,同时考虑司法实践经验。

(2) 分析方法

第一,法定准则法。法定准则法是指依据待解决法律事实,直接比对相应的法律规范,从而得出相应结论的方法。法律规则是调整社会生活的重要规范,明确法律对待解决法律事实的定性与态度,对于依据待解决法律事实直接比对法律规范得出结论尤为重要。法律规则的定性与态度表现为:一是禁止态度。此属于法律的红线,不可逾越。二是限制态度。此属法律重点监管领域,若为需要满足特定的条件,且大多附加政府部门监管,通常在特定经济领域。三是鼓励态度。此属法律允许鼓励为之事项,此类事项只要按照法律的要求为之,一般不会出现违法情形。

第二,突出焦点法。突出焦点法是指基于待解决的法律事实,从其主体、性质、法律关系、内容出发,梳理出突出的主要问题,围绕其进行分析论证,进而得出相应结论的方法。梳理焦点时应考虑如下因素：一是法律主体的性质。不同的主体性质决定了不同的行为方式，决定了不同的法律责任承担。二是法律关系的构成。确定法律关系是解决法律问题的关键，不同的法律关系决定法律事实的实施难易。三是法律事实的内容。内容是法律关系的本质，决定了是否应受法律调整以及法律适用的范围。四是法律主体的诉求。法律主体的诉求带有较强的目的性，带有行使权力方便、追求利益最大化的本意；不同的提出者往往有不同的诉求，把握焦点就需要把握法律主体的诉求。

第三，实体程序结合法。实体程序结合法是指基于待解决法律事实，按法律事实的实际情况，具体采用先实体后程序或先程序后实体的方法进行分析，从而推出结论的方法。具体分为两种情况：一是先程序问题后实体问题。有些法律事实的解决需要先行考虑程序问题，如企业兼并，以何种方式兼并、每个程序如何操作等是首要考虑的问题，分析不同兼并方式的差异与优劣，又涉及实体问题，这需要基于不同的法律事实来判断。二是先实体问题后程序问题。有些法律事实需要先行考虑实体问题，比如借款合同，首要论证的是借款合同是否有效，属于实体问题，再论证借款是否超过诉讼时效，属于程序问题，这需要灵活运用。

第四，演绎法。演绎法是指以法律、法规为原理、原则，以待解决法律事实为基础，去分析、衡量、推断待解决法律事实的解决方案的方法。具体操作如下：一是明确法律事实。比如某房屋，未经允许，被他人私自侵占，致使房屋所有人的物权被侵害。二是找准法律规定。根据《民法典》第 235 条的规定，无权占有不动产或者动产的，权利人可以请求返还原物。三是进行法律推断。任何一个法律事实都符合三段论的特征，法律法规为大前提，法律事实为小前提，权利人有权要求房屋侵权人立即腾空房屋，归还房屋，这是结论。

第五，归纳法。归纳法是指基于待解决的法律事实，从法律事实显现的不同角度，利用法律规定的不同视角，对其进行多方面分析论证，经汇总集中得出唯一结论的方法。具体操作如下：1）从行为主体判断。行为主体不具有独立的民事主体资格，仅仅是某民事主体的职能部门，其对外独立行为无效。2）从行为方式判断。行为主体未与对方协商一致，擅自修改原合同条款，并未通知另一方,该修改行为无效。3)从行为内容判断。修改的内容属于法律禁止性规定的内容,该内容无效。故通过以上分析判断,可以归纳为行为主体所实施的行为无效。

第六,对比法。对比法是指待解决的法律事实依法可以多种途径实现,通过实施方式、效率、效益等比较,确定最优途径的方法。以解散某子公司为例:一是采取对比解散方式。公司解散有很多方式,可以直接解散,也可以采用吸收合并的方式,解散有严格复杂的清算程序,而若吸收合并,则被吸收企业可不用走清算程序,从方式上讲,吸收合并更为简便。二是对比解散效率。若直接解散,则需要履行清理债权、债务、通知、公告、注销等多种程序,效率较低;而吸收合并,由吸收方直接接收全部债权债务,不用走清算程序,效率较高。三是对比解散效益。直接解散会使企业的业务及原始积累的有形、无形资产全部消亡,且税费较高;而吸收合并可以由吸收方获得子企业的全部,并可以持续发展,且税费较低。相较而言,吸收解散比直接解散的效益要高。经对比,可以选出最优的法律解决方案。

第七,假设法。假设法是指就待解决法律事实假设可行,但依据现行法律法规推论,得出相反结论的方法。以借名买房为例:一是假设可行。自然人A出资买房,但因限购、首付比例等政策多重考虑,以其妹妹B的名义代购房屋,且房屋登记在B名下。二是分析法律冲突。《民法典》第209条规定不动产物权的设立、变更、转让和消灭以登记准则进行判断,基于公示公信原则,房产证上的登记者B即为房屋所有权人,若代买则存在不可以对抗善意第三人的风险。三是分析存在风险。因存在代买人B否认代买,或出卖给善意第三人的风险,故存在房产被处分的潜在威胁。另外,司法实践中有最高人民法院的裁判观点:为规避国家限购政策而借名买房,有违公序良俗原则,借名买房合同应认定为无效。因此,借名买房存在代持协议无效的法律风险。通过假设的推论,可以知道借名买房存在巨大的法律风险,这就为法律建议找到了突破口。

5. 法律意见的提出

法律咨询答复意见书的法律意见部分是在结合前述基本事实、法律依据、法律分析等内容的基础上得出的结论,一般体现为对前述法律问题的回答,明确"是否合法""是否应当承担法律责任""是否构成犯罪"等问题的结论,在少部分法律咨询答复意见书中还体现为对咨询人后续措施的指引,如"为保证贵单位合法权益的维护,建议贵单位通过民事诉讼程序解决此问题""建议贵单位尽快召开公司股东大会对相关事项予以讨论"等,该部分是咨询人最为关切的内容,也是法律意见书作用发挥的关键。法律意见的提出体现在前文案例中即是法律意见书对4个问题的回应,即在法律分析后得出的"具体实施加固维修工作的责任主体需根据该两栋房屋是否在保修期内来确定是施工单位还是房屋所有权人""并未查找到A单位具有解决住户无住房问题、承担房屋修缮期间的租金损失相关责任的法律依据""施工单位作为加固维修责任主体,需解决住户的居住问题或承担租金损失"。

(二)本案供参考的法律意见书

法律意见书

(2022)琼×律意字××号

尊敬的A单位:

  非常感谢贵单位对本所及本所律师团队的信任与支持,就贵单位向本所律师发函咨询的对两栋住宅楼经鉴定属于房屋安全性鉴定等级的Csu级的房屋由何方主体承担维修加固责任的问题以及若贵单位为责任主体是否需负责解决维修加固期间住户无房居住问题和承担让住户督促当前租户迁出的租金损失问题,本所律师团队经研究讨论,提出法律意见及建议如下:

  一、关于本次咨询涉及相关事实的概述

  根据贵单位的来函及拟公告的告示书,本所律师得知如下基本事实:

  贵单位于2021年12月17日委托鉴定公司对两栋住宅楼(两栋楼内共有房屋48套,建筑面积4440平方米)进行房屋安全性鉴定。两栋楼共有48套房屋,其中公有住房30套,职工自有住房18套(2套职工占产权100%;另16套职工占产权70%,单位占产权30%)。职工自有住房当中有15套已对外出租。鉴定结果为:1#楼一、三层结构承载力、2#楼一层结构承载力局部不满足要求,安全性等级属于《民用建筑可靠性鉴定标准》规定的房屋安全性鉴定等级的Csu级。

二、关于贵单位咨询问题的法律意见

1. 该两栋住宅楼由何方主体承担维修加固责任的问题

《中华人民共和国建筑法》第六十二条规定,建筑工程实行质量保修制度。建筑工程的保修范围应当包括地基基础工程、主体结构工程、屋面防水工程和其他土建工程,以及电气管线、上下水管线的安装工程,供热、供冷系统工程等项目;保修的期限应当按照保证建筑物合理寿命年限内正常使用,维护使用者合法权益的原则确定。具体的保修范围和最低保修期限由国务院规定。《建设工程质量管理条例》第三十九条规定,建设工程实行质量保修制度。建设工程承包单位在向建设单位提交工程竣工验收报告时,应当向建设单位出具质量保修书。质量保修书中应当明确建设工程的保修范围、保修期限和保修责任等。《建设工程质量管理条例》第四十条规定,在正常使用条件下,建设工程的最低保修期限为:(一)基础设施工程、房屋建筑的地基基础工程和主体结构工程,为设计文件规定的该工程的合理使用年限……建设工程的保修期,自竣工验收合格之日起计算。《建设工程质量管理条例》第四十一条规定,建设工程在保修范围和保修期限内发生质量问题的,施工单位应当履行保修义务,并对造成的损失承担赔偿责任。《建设工程质量管理条例》第四十二条规定,建设工程在超过合理使用年限后需要继续使用的,产权所有人应当委托具有相应资质等级的勘察、设计单位鉴定,并根据鉴定结果采取加固、维修等措施,重新界定使用期。

根据该些法律法规的规定可知,若两栋住宅楼的主体结构尚在保修期内,则因1#楼一、三层结构承载力、2#楼一层结构承载力局部不满足要求而需维修加固的责任应由该两栋楼的施工单位承担;若两栋住宅楼已超过合理使用期限,则维修加固责任由产权所有人承担。需要提醒贵单位注意的是,由于该两栋房屋已经交付产权所有人使用多年,如存在房屋所有权人的不合理使用行为(如装修时改变房屋结构,毁坏承重墙等)造成房屋结构承载力的问题的情况,则该房屋所有权人需承担相应的维修加固责任。

建议贵单位查询该两栋楼的设计文件上载明的使用年限或者查询建设工程承包单位提交的工程竣工验收报告中关于质量保修的约定期限来确定两栋住宅楼主体结构是否处于保修期内。

《城市危险房屋管理规定》第十七条规定,房屋所有人对经鉴定的危险房屋,必须按照鉴定机构的处理建议,及时加固或修缮治理;如房屋所有人拒不按照处理建议修缮治理,或使用人有阻碍行为的,房地产行政主管部门有权指定有关部门代修,或采取其它强制措施。发生的费用由责任人承担。根据此项规定可知,房屋所有人是危险房屋的治理责任主体,也就是说房屋所有人需要及时落实房屋加固或修缮治理,是组织召集加固或修缮的责任主体。

综上,两栋住宅楼的加固维修责任的组织召集主体是房屋所有人,具体实施加固维修工作的责任主体需根据该两栋房屋是否在保修期内来确定是施工单位还是房屋所有权人。

2. 若房屋维修责任主体为贵单位,贵单位是否有义务解决住户无房居住的问题

本所律师查询了《城市危险房屋管理规定》、政府征收安置及与危房改造有关的规定,暂未查询到明确贵单位应解决住户无住房问题的法律依据。但结合贵单位拟修缮房屋的性质(职工拥有房屋产权70%,单位拥有房屋产权30%)、解决贵单位员工家属房屋修缮期间居住面临的实际困难以及从贵单位应承担的社会责任角度出发,建议贵单位酌情考虑为无房居住的住户提供住房或发放住房补贴。

3. 若房屋维修责任主体为贵单位,贵单位是否要承担房屋出租人在修缮期间的租金损失问题

《城市危险房屋管理规定》第十七条规定,房屋所有人对经鉴定的危险房屋,必须按照鉴定机构的处理建议,及时加固或修缮治理;如房屋所有人拒不按照处理建议修缮治理,或使用人有阻碍行为的,房地产行政主管部门有权指定有关部门代修,或采取其它强制措施。发生的费用由责任人承担。第十九条规定,治理私有危险房屋,房屋所有人确有经济困难无力治理时,其所在单位可给予借贷;如系出租房屋,可以和承租人合资治理,承租人付出的修缮费用可以折抵租金或由出租人分期偿还。该些规定的立意在于强调经鉴定的危险房屋的维修义务人为房屋所有人,维修费用及维修期间的租金损失亦应由房屋所有人承担。

《中华人民共和国民法典》第一百七十九条规定,承担民事责任的方式主要有:(一)停止侵害;(二)排除妨碍;(三)消除危险;(四)返还财产;(五)恢复原状;(六)修理、重作、更换;(七)继续履行;(八)赔偿损失;(九)支付违约金;(十)消除影响、恢复名誉;(十一)赔礼道歉。法律规定惩罚性赔偿的,依照其规定。本条规定的承担民事责任的方式,可以单独适用,也可以合并适用。其中,赔偿损失是指行为人向受害人支付一定数额的金钱以弥补其损失的责任方式,是运用较为广泛的一种责任方式。赔偿的目的,最基本的是补偿损害,使受到损害的权利得到救济,使受害人能恢复到未受到损害前的状态。首先,贵单位对经鉴定的危险房屋进行修缮是为了保护住宅的安全,维护的是集体利益;其次,对单个住户而言,其房屋经鉴定为危险房屋,危险房屋在未加固修缮前不符合使用居住条件,房屋不应再出租,租金损失的原因是其房屋为危险房屋,而贵单位的修缮房屋行为代该单个住户履行了房屋修缮义务,其是受益者;最后,本应由房屋所有权人承担的租金损失由贵单位来承担有违民法遵循的公平原则。

因此,房屋出租人要求贵单位承担房屋修缮期间的租金损失没有法律依据。

4. 若加固维修责任主体为施工单位,施工单位是否有义务承担住户的损失问题

根据《建设工程质量管理条例》第四十一条的规定,建设工程在保修范围和保修期限内发生质量问题的,施工单位应当履行保修义务,并对造成的损失承担赔偿责任。根据该条规定可知,在保修期内发生主体结构质量问题的,施工单位除需履行保修义务外,还需赔偿损失。因此,若加固维修责任主体为施工单位,施工单位需解决住户的居住问题或承担租金损失。

本法律意见书根据贵单位来函和介绍所出具,所作相关法律意见和建议供贵单位参考,如后续贵单位获取到新的政策规定、出现新情况,欢迎来函或来电与本所律师电话联系商议。

顺祝时祺!

××律师事务所
××律师
××××年××月××日

二、合同审查法律意见书的撰写要点

合同审查法律意见书重点审查所审查合同的全部或部分条款能否成立、能否生效以及合同约定内容是否符合当事人的要求、是否公平、是否具有操作性、是否符合法律法规的规定、是否存在法律风险或遗漏等。在审查过程中,要时刻考虑合同履行或不履行可能产生的各种后果,把合同审查动态化,这样方可结合合同履行后的各种可能后果全面审查、调整及设置合同条款内容,防止不良后果的发生。其审查要点与诉讼策略分析法律意见书存在较大的差别。

(一)合同审查的基本原则

1. 合法性原则

所谓的合法性原则,是指合同必须遵循我国《民法典》以及其他的相关规定。例如,依法合同行为必须是具备民事行为能力的人所实施的,若相应的能力受限制,则合同效力也会受到相应的限制;合同各方恶意串通损害他人合法权益的合同条款因不具有合法性而无效;等等。合同的合法性审查主要从合同内容全部或部分是否有效,即合同全部或部分约定内容是否对合同签订主体产生约束力的角度进行审查。合同是否有效,往往需要从两个方面加以界定:第一个方面是合同签订形式是否具备应有的正当性;第二个方面是合同的内容与签订程序是否具有合法性。一般情况来看,只要合同的内容、形式与我国基本的法律法规不相违背,合同的效力就能得到充分保障。

2. 公平性原则

所谓的公平性原则,是指合同当事人在合同中的权利义务要平衡、对等,不能在合同中只明确约定一方享有的权利,而不对其履行的义务加以约定。因此,一方如果享有一定的权利,就必须承担对应的义务。当然,在实务中可以根据委托方在经济博弈中的角色适当调整合同双方的权利义务。但是,如果过分对一方权利加以强调而忽视了双方利益的平衡,那么这种合同即使缔结,也与公平性原则相悖。我国《民法典》规定,合同应当体现出处理合同纠纷的公平性,既要使守约方的合法权益得到保护,也不能因为违约方出现的较小过失就令其承担较重的责任。同时,在特殊情况下,客观形势发生变化,往往会导致当事人之间的利益出现失衡的问题,这就要求合同能够对当事人的利益关系进行全面的协调与优化。

3. 可操作性原则

在实务中,很多合同内容约定得过于笼统,虽然在合同中列有权利义务条款,但对双方权利义务的界定不够清晰,导致在履行过程中,合同的操作缺乏应有的依托。还有些合同虽然约定了违约责任、损失赔偿条款,但缺乏具体的计算标准,整个交易程序不够清晰和直观,合同用语也不够准确,这会导致合同难以得到有效利用,无法确保交易的顺利完成。此外,有些建设工程合同和合作开发项目合同,往往面临诸多的影响因素,合同履行的周期较长,这就要求合同应该具备更强的可操作性。

合同应该事无巨细地对各方的权利和义务加以明确的约定,并详细地列明各方违约责任,对可能出现的情况作出明确的界定。虽然这种合同制定方式较为烦琐,但是在履行过程中能在很大程度上降低分歧和误解产生的风险。从本质上来看,合同本身就是合同当事人对合同涉及的内容加以规划和确认的文件,合同应该对双方在合作过程之中各自的角色加以明确,同时要对交易程序加以明确,另外也要对双方在行使权利和履行义务过程中存在的问题加以明确。如果合同的规划失当,问题不够明确和清晰,那么产生的后果十分严重,因此,可以说可操作性原则是合同审查中最为重要的原则。

(二)合同审查的注意事项

1. 合同主体的审查

合同主体的审查是指对合同当事人的审查,包括对自然人、法人以及非法人组织的审查。在合同审查的过程中,自然人是合同主体之一,这就要求对自然人是否具备民事权利能力和民事行为能力进行全面的审查。对于外国人或者无国籍人,要结合其所属国家以及居住国家的法律,对其上述能力进行全面审查。法人的审查要注意以下两点:首先,要判断法人是否注册成立,是否具备经营资质以及签订合同资质,是否存在违反国家法律和超出经营范围的情况。例如,在经营电信相关业务时,就需要取得电信业务的授权。其次,要审查负责签约人员是否具备代表法人签约的资质。很多情况下,合同的订立往往不是法定代表人直接签署的,而是在授权之下由代理人签署的,此时应该对代理人的权限和资质进行全面的审查,需要对方出具自身身份证明和授权证明。若忽略此项内容的审查,则容易出现没有代理权或者超出代理权限的情况,最终可能影响合同效力。非法人组织,是指具有一定组织结构和资产的组织,其本身不属于法人组织,因其主体形式存在于自然人与法人之间,相应的性质和形式也更加灵活,其本身能够享受民事权利和履行民事义务,但不具备独立承担民事责任的能力。所以，在与此类主体签订合同时，除了审查此类主体是否合法成立，是否具备履行合同的资质及等级等情况，还应特别注意审查此类主体的履约能力及承担违约责任的能力。

在实务中，合同主体为公司的，要在国家企业信用信息公示系统等网站上查询该公司的名称是否正确，是否已变更，主体是否被吊销、注销。合同主体为个人、个体工商户的，一定要建议委托人让对方提供身份证原件并将复印件作为合同附件。另外，还要审查合同主体是否具有签订和履行合同所需要的相应资质，同时要重点审查合同相对方的信用信息和涉诉信息，审查合同签订主体的许可、资质是否合格、适格，合同相对方是否存在自身股权或对外投资股权抵押、质押的情况，合同相对方的其他资产是否存在查封、冻结等可能影响合同履行的情况，此外与合同标的相关的专利是否有效、是否履行法定的招投标程序等也需审查。

2. 合同条款完备性的审查

合同的必备条款有当事人的名称或者姓名和住所，标的，数量，质量，价款或者报酬，履行期限、地点和方式，违约责任，解决争议的方法。因此，应按照合同的性质，依据相应的法律法规的规定对合同条款进行认真审查，确定合同条款有无漏项，避免因合同条款不全给履行带来困难，为以后发生纠纷埋下种子。审查合同前，可以先查下有无合同范本，可以去国家市场监督管理总局、相关行业协会网站查看有没有这类合同的范本，如果对方使用了范本合同，注意有没有把对我方有利的条款删除。如果其删除了对我方有利的条款，根据合同地位，能要求恢复的，一定要全部恢复。

3. 合同结构体例的审查

合同通常由三部分组成，即首部、正文、尾部。首部一般包括标题，合同编号，双方当事人名称、住所，法定代表人，电话，传真，电子信箱，等等。正文一般包括定义，陈述与保证，标的，质量，数量，合同价款（价格）及付款期限、方式，合同履行地点、方式、期限，合同方的权利义务，违约责任，合同生效与终止，保密，不可抗力，适用法律及争议解决，未尽事宜，合同正副本份数和附件，等等。合同尾部一般包括签约当事人签章及其授权代表签字、签约时间、签约地点等。

实践中，合同的内容根据合同类型和实际需要有所侧重、增减，并非严格按上述顺序、条款排列。合同体例通常是指合同简繁及合同各条内容的排列形式。采取最为严谨的形式是按照合同章、节、条、款、项排列布局，章、节、条的序号用中文数字依次表述，款不编序号，项的序号用中文数字加括号依次表述。结构层次的序号按第一层为"一、"，第二层为"（一）"，第三层为"1."，第四层为"（1）"的顺序排列，或者按第一层为"1"，第二层为"1.1"，第三层为"1.1.1"，第四层为"1.1.1.1"的顺序排列。有的合同采取先有"章"，后有"条"，"条"下面是"款"，"款"下面是"项"的顺序排列，有的合同只有"条""款""项"，有的合同直接按"一、二、三"的顺序排列。合同体例要与合同所涉事项、金额、履行方式、有效期、操作难易程度等因素相一致，即因人而异、因事而异，非一成不变，它往往取决于合同草拟者的个人习惯、经验和对合同所涉事项的理解等。

在审查篇幅较大的合同或以条款罗列的方式制作的合同时，往往首先要看清或重新整理其结构体系，然后才能在理解其结构的基础上进行高质量的审查。主要包括以下内容：一是审阅合同的较大组成部分，并判断这些组成部分的划分是否合理；二是查看每一较大组成部分所包括的较小组成部分，直到查看具体条款；三是审查不同层级的内容安排及排列顺序是否存在错误或逻辑问题；四是审查合同各组成部分之间是否存在合理的秩序；等等。这类审查不是合同审查工作中所必需的工作，但在审查某些内容安排杂乱无章的合同时，需要先进行结构体系的审查，否则难以保证合同审查质量。

4. 合同双方真实意思表示的审查

根据《民法典》第 147—151 条的规定，基于重大误解、欺诈、第三人欺诈、胁迫、显失公平，一方使另一方在违背真实意思的情况下订立合同，受损害方有权请求人民法院或者仲裁机构变更或者撤销。因此，在实务中审查合同时，要与委托人沟通合同目的是什么、合同双方的交易目标是什么等，以确保合同表达的意思与合同当事人的意思一致。

5. 合同内容合法性的审查

在审查合同内容时，首先要对合同内容是否合法加以审查，分析合同内容是否存在损害国家利益、集体利益以及第三方利益的情况，是否存在以合法形式掩饰非法目的的情况,是否损害社会公共利益,是否违反法律、行政法规的强制性规定。审查合同内容的合法性时,要特别注意《民法典》的规定和一些特别法的相应规定。合同个别条款无效并不导致整个合同无效,整个合同无效并不导致合同约定的争议解决条款,特别是合同无效后果设置的条款无效。

6. 合同内容合理性的审查

要对合同内容的细致性和完善性进行深入分析,探究合同中是否对合同标的、价款、履行期限、地点、方式等予以明确约定,同时审查其是否对违约责任和争议问题解决的对策加以明确。与此同时,在拟定合同时要结合相应的法律法规要求对合同的条款进行审查,确保合同中的每一项内容都要精准与细致,并具备可行性,防止因为合同条款过于简单或缺乏可行性而产生履约难的问题,降低日后产生分歧和矛盾的风险。在审查合同的内容时,合同审查者务必要认识到其是代表合同某方来审查修改合同,而不是代表合同全部主体,凡是规定了本方的义务但本方做不到的,或规定了对方的权利、义务但不合理的,一定要大胆删除或修改调整。

7. 合同表述规范性的审查

审查合同时,要对合同原稿的每一个字句和标点符号进行反复的琢磨与推敲,结合合同语境以及实际要求,对其含义加以明确,及时纠正会引起误解和歧义的语句,确保合同中不会存在前后矛盾、词义不清的问题,确保合同的文字表述准确。

合同中出现专业术语、技术性名词、技术标准、行话、土话,在无法理解以上词语的情况下,一是可以与客户进行沟通,询问客户该词语的含义,二是可以在法律审查意见书中进行披露,要求其对应的业务部门、技术部门或工程部门对此进行认真研究,以确保表述的准确性。还有,委托人有时为了强调某件事,用词激烈,如"必须、绝对"等,其实毫无必要,上述用词只能引起相对方的反感,并无特别的法律效果,"应当"已经可以表明意思。另外,合同用词尽量不要使用笼统的形容词,如"巨大的""重要的""优良的""好的""大的""合理的"等;避免使用模棱两可的词语,如"大约""相当"等;若使用简称,必须有解释;若使用容易产生误解和歧义的词语,要定义;用词要统一;标点符号亦要重视,要准确使用。合同用语不准确,不但会使合同缺乏可操作性,而且会导致纠纷的产生。

8. 合同涉他权利的审查

合同标的可能涉及他人知识产权或者其他利益的,在进行审查时要避免侵权。例如,审查房屋转租合同,需审查承租人与次承租人签订转租合同是否经过出租人的同意,如出租人不同意承租人的转租行为,则会影响转租合同效力。

9. 合同清洁条款的审查

清洁条款对于合同很重要。在科技发达的当今社会,仿制、模仿的技术非常高,设置清洁条款可以在一定程度上防控仿制、模仿的风险。清洁条款可以表述为"本合同正文为清洁打印文本,如双方对此合同有任何修改及补充,均应另行签订补充协议。合同正文中任何非打印的文字或图形,未经双方确认同意,不产生约束力"。

10. 合同签订手续和形式完备性的审查

在对合同内容进行审查时,要对合同签订的手续与形式进行审查。对合同签订手续的审查包括合同签订依法是否需要履行报批手续或其他手续等。例如,依法必须招投标才能进行的交易,若未经过招投标且中标便直接签订合同,那么签订的合同将因违反法律的强制性规定而无效。对合同签订形式的审查主要为提醒委托人在签订合同时注意如何签字或盖章等,确保合同签订时的签字或盖章能够代表合同当事人的真实意思表示。例如:对于篇幅在一页以上的合同,应加盖骑缝章,且所有的印章和签字都要保持清晰和完整性,确保合同全部内容均是当事人的真实意思表示;对于合同的签订时间,应写明具体的日期,确保能够判断合同的生效时间。除此之外,对合同签订形式的审查,还包括对合同附件的审查,即对合同中是否存在附件以及附件与主合同的关系进行全面分析,探究附件内容与主合同是否具有同质性,提醒委托人注意不要遗漏附件以及将附件内容与合同内容一并签字或盖章确认等。相应的附件内容较为重要的,可以明确该附件内容的优先使用顺序。

(三)合同审查法律意见书的撰写步骤

合同审查法律意见书包含的要素与其他类法律意见书并无不同,也是首部、正文、附件、落款四个部分的内容。首部包含标题、编号、致送单位(或人)的称谓等;正文部分包括合同审查修改的内容、提示咨询人的注意事项等,撰写人可以视情况将合同审查修改的内容在法律意见书中予以介绍,如"《中华人民共和国合同法》已被废止,本合同中采用《中华人民共和国合同法》作为合同签订的依据错误,已修改为《中华人民共和国民法典》""修改了违约责任,删除了乙方的违约责任条款",也可以在正文中不对合同审查修改的内容予以体现,仅表述为"主要修改内容详见附件合同修改稿中的修订部分";附件部分即为修订版本的合同,是合同审查法律意见书中最为重要的内容;落款部分包括署名、工作单位、制作日期等内容,即在法律意见书的文末右下角写出律师的工作单位、职务及姓名,并注明制作日期。

(四)供参考的合同审查法律意见书

关于 A 公司拟签订《房屋租赁合同》的法律意见书

(2022)琼 × 律合审字 × 号

尊敬的 A 公司:

非常感谢贵公司对本所及本所律师团队的信任与支持,就贵公司向本所律师提供的贵公司拟签订的《房屋租赁合同》进行审查修改并提出以下法律意见:

一、本所律师对《房屋租赁合同》的部分条款进行了修改调整,主要修改内容详见附件合同修改稿中的修订部分,请贵公司根据实际需要及与甲方协商情况决定是否采用。

二、建议贵公司在合同签订前仔细核查合同中约定房屋的所有权证以及甲方的身份证,以确保甲方的签约主体资格。

三、建议贵公司与甲方协商将合同中约定的房屋内的家具及电器明细作为本合同附件,并在签订合同前仔细清点核查该些家具及电器是否处于良好的可使用状态。同时,该合同附件建议贵公司与甲方共同签字盖章予以确认。

四、合同中约定贵公司的相关义务，贵公司能否保证在规定时间内完全履行，请贵公司慎重对待。如不能完全履行，建议贵公司根据实际情况予以调整。

五、该合同涉及的相关费用内容，本所律师无法作审查，请贵公司向相关专业机构或部门询价，或者组织相关专业人员仔细审查核实，以确保贵公司利益的最大化。

本法律审查意见供贵公司领导参考。如有异议，可来函或与本所律师电话联系商议。

附件：《房屋租赁合同》（修改稿）

××律师事务所
××律师
××××年××月××日

附件：

房屋租赁合同

出租方（以下简称"甲方"）：自然人B，身份证号码：XXXX
承租方（以下简称"乙方"）：A公司

根据<u>《中华人民共和国民法典》</u>及相关法律法规规定，双方就<u>乙方租赁甲方房屋</u>的相关事宜平等协商，签订本合同。

批注 [lenovo]: 删除：《中华人民共和国合同法》。

第一条：租赁房屋基本情况
1. 本合同所指租赁房屋的位置：海南省XXX房，租用的面积为XX平方米。
2. 租赁该房屋的用途为居住。
3. 该房屋的室内装修标准及主要设备设施（即交付标准）为：<u>现有精装状态，拎包入住（家具家电齐全）</u>。
4. 水、电、气表读数：
<u>水表读数：XX，南方电网抄表数据：X，天然气表：充值卡余额X。</u>
5. 冷水、热水、电、天然气，具体以物业和相关充值营业厅实际交费金额为准。

批注 [lenovo]: 删除：(1)冷
批注 [lenovo]: 删除：热水表
批注 [lenovo]: 删除：/ 电表：

第二条：租金及租期
1. 经租赁双方协议，甲方同意将上述房屋出租给乙方使用，租赁期为三个月，即从2022年3月21日至2022年6月20日止。
2. 租金：人民币10800.00元（大写：<u>壹万零捌佰元整</u>）。押金：人民币3600.00元（大写：<u>叁仟陆佰元整</u>）。租赁合同终止后，乙方履行租赁合同所有义务及缴清因使用该房屋而产生的费用后，甲方应在合同期满后3日内将押金（不计利息）退还给乙方。

批注 [lenovo]: 删除：大写：壹万零捌佰元整（不开予发票，需要开票由乙方支付税金）。

3. 租金的支付方式：乙方于　　年　　月　　日一次性向甲方支付人民币10800.00元，大写：壹万零捌佰元整。乙方于　　年　　月　　日向甲方支付押金人民币3600.00元，大写：叁仟陆佰元整。

批注 [lenovo]: 删除：大写：叁仟陆佰元整

4. 租赁期限满时，租赁关系自然终止，甲方无须另行通知乙方即行终止。若双方均有意续租，乙方应在期限满前1个月提出续租意向，并重新议定合理租金和签订续租合同。

批注 [lenovo]: 删除：租金的交纳方式为一次性支付，人民币10800.00元大写：壹万零捌佰元整。

5. 甲方指定收款银行及账号信息：
   开户银行：XXX银行
   收款人：XXX
   银行账号：XXXX
6. 甲方确认本合同提供的银行账户信息准确无误，如因甲方提供的银行账户信息错误导致乙方付款不成功，则产生的一切责任均由甲方自行承担，不视为乙方违约。
7. 甲方收到乙方房屋租金后，应向乙方开具收据。

第三条：双方权利和义务

1. 物业费、水费、电费由甲方承担（但每月的水费、电费使用费用不得超过人民币 300.00 元，大写：叁佰元整）；其他相关费用自乙方入住之日起至乙方迁出之日均由乙方承担。

2. 租赁期内承租人是房屋的实际管理人，乙方有权自行决定将该房屋给乙方工作人员使用。

3. 乙方应妥善使用管理甲方屋的内外设备，未征得甲方同意，乙方不得擅自变更，损坏房屋结构和设备，如有损坏须价赔偿。

4. 乙方不得利用甲方屋进行非法活动或存放非法物品，不得影响公共安全和甲方权益。

5. 租赁期满之日，在不续租情况下，乙方应当将房屋设备完好归还甲方，如有损坏或丢失，需照价赔偿。

6. 房屋交付前产生的债权债务由甲方承担，房屋交付后因乙方使用房屋所产生的费用（物业费、水费、电费除外）由乙方承担。

7. 在租赁期间，乙方自身发生的事故及人身安全，由乙方自行负责，与甲方无关，甲方不承担任何责任。

8. 在租赁期内因乙方使用失当导致房屋损失的，由乙方负责赔偿。

9. 因甲方提供的房屋的自身质量原因或设备设施自身故障原因造成的一切损害赔偿由甲方所有。

10. 因自然灾害或相邻房屋事故造成的甲方房屋损坏由甲方依法向相关责任方追责，与乙方无关。

11. 租赁期间，甲方不履行房屋及设备维修义务，乙方有权找第三方维修，相关费用由甲方承担。

12. 甲方保证对该房屋享有所有权，保证该房屋没有产权纠纷、有关按揭、抵押债务、税项及租金等权利限制问题，甲方均在出租前当面办妥。出租后如有上述未尽事项，由甲方承担全部责任，由此给乙方造成损失的，由甲方全额赔偿。

第四条：违约责任

1. 乙方非正常管理使用房屋及使用设施给甲方造成损失的，乙方应负赔偿责任。

2. 甲方提出解除合同的，应退还乙方剩余期限的房屋租金和押金，补偿一个月房租金（3600 元），并给予乙方合理的腾退房屋的时间。

3. 乙方提出解除合同的，已交的押金不退，作为违约金归甲方所有，但乙方未实际使用期间对应的房租甲方应予以退还。

4. 有下列情形之一的，甲方可以终止合同，收回房屋，甲方不再退还已缴纳的押金并有权解除合同及要求乙方承担违约赔偿责任。造成的损失按照实际损失进行赔偿。

(1) 乙方擅自更改房屋结构；
(2) 乙方利用承租房屋进行非法活动；
(3) 乙方在租赁期间转租。

5. 非因乙方原因造成的房屋或设备维修致使乙方不能正常使用房屋（包含但不限于缺水、缺电、房屋漏水、家具家电无法正常使用等情形）期间的房租甲方应予以扣减，乙方不能使用房屋超过 3 天的，乙方有权解除本合同，乙方通知解除当日甲方需退还乙方未使用房屋期间的房租及押金，且甲方需承担一个月租金的违约金。

第五条：合同文本及生效条件

1. 本合同自双方签字盖章后生效。
2. 本协议一式贰份，甲方壹份，乙方壹份，各份具有同等法律效力。
3. 甲乙双方履行本合同时所发生的争议应协商解决，协商不成的可以向房屋所在地人民法院起诉。

（以下无正文，为签署部分）

甲方：	乙方：
身份证号：	法定代表人或授权代表：
联系电话：	联系电话：

签订日期：　　年　　月　　日

第三节 律 师 函

律师函是诊所学生较常接触的一种法律文书,是律师接受客户的委托,就有关事实或法律问题进行披露、评价,以律师事务所的名义向对方当事人发出的一种专业法律文书,其目的在于以法律尺度和律师的判断,对送达对象晓之以法律事实,动之以利弊得失,让送达对象得出自己的"法律评价",即"传法达意",以实现己方客户需求。

一、律师函概述

(一)律师函的特点

律师函,在律师业务中的运用非常广泛,几乎所有的律师业务都可以运用。不同于其他法律文书,律师函具有以下特点。

1. 非强制性。律师函是律师受客户委托而向对方当事人发出的"传法达意"并陈述利弊的法律文书,其作用在于陈述相关法律事实,要求对方当事人为或不为一定行为并释明为或不为一定行为的法律后果。但是此法律后果多为诉诸诉讼或仲裁等手段,并不具备强制性,如对方当事人确不履行,律师或己方客户并不能依据此律师函要求强制执行。

2. 高效性。律师函的主要作用是向对方当事人讲明权利义务关系和责任,分析利弊后以专业知识来敦促对方当事人主动履行义务。部分当事人接到律师函后,基于多方利弊考虑,会选择主动协商履行义务,这样能极大地提高己方客户权益实现的效率,避免漫长的诉讼。因此,律师函具有效率高、时间成本及经济成本低的特点。

3. 灵活性。律师函无论是文件形式还是内容均具有灵活性的特点。从文件形式来看,律师函既可以采用固定格式,也可以采用自拟格式,并不拘泥于固定模板,只要能够向对方当事人"传法达意"即是合格的律师函;从内容上来看,律师函可以着重于法律法规的罗列,以明文法律法规来强调对方当事人履行义务的必要性,也可以着重于风险、得失等,情理法并重,以成本及利弊敦促对方当事人履行义务。这种灵活性是其他法律文书所不可比拟的。

4. 运用的广泛性。律师函属于非诉讼业务范畴,往往篇幅短小灵活,基本上可以在一切法律业务中被使用,因此其适用范围非常广泛,从诉讼到非诉讼领域、从民事到商事领域,等等。

(二)律师函在实务中的分类

律师函有多种分类方法,根据律师对律师函的使用情况,一般可以分为以下几类:按其用途,律师函可分为律师催告函、律师告知函、律师提示函、律师建议函等种类;按其运用范围,律师函可分为非诉讼业务律师函、诉讼业务律师函;按其发函的主被动关系,律师函可分为律师函和律师复函;按其发函对象的差异,律师函可分为一般律师函和格式律师函。当然,律师函还有其他的分类方法。

1. 律师催告函

律师催告函是律师事务所接受当事人的委托,以律师事务所名义发出的,催告相对人履行付款、搬迁、发货等义务的函件。例如,某生产企业通过委托律师发送律师函的方式追回被拖欠的货款等。在商业活动中,购买方拖欠货款的情况时有发生,如果直接通过诉讼方式解决,不仅需要耗费很长的时间,而且会因此失去客户。而如果通过发送律师函向客户指出问题的严重性,购买方考虑到如果进入诉讼程序,诉讼成本较高及其商业信誉会受到很大的影响,则可能会选择偿还欠款。另外,在尚未提起诉讼或申请仲裁之前,通过律师发律师催告函,可以起到诉讼时效中断的效果。

2. 律师告知函

律师告知函是律师事务所接受当事人的委托,以律师事务所名义发出的,告知相对人行使权利、履行义务、告知后果、作出选择等事项的函件。例如,因政府房地产调控政策的影响,大量签订了商品房认购书的客户因不具备购房资格而无法签订商品房销售合同,为了让该些购房客户解除商品房认购书或尽快取得购房资格继续履行商品房认购书,海南某房地产开发企业委托律师发送律师函。在律师函中，律师阐述因限购政策的影响，双方签订的认购合同现在无法继续履行，告知客户可以选择在一定期限内与房地产开发商解除认购合同，依据商品房认购书中的约定退还款项，也可以选择在一定期限内尽快取得符合购房政策的资格，再与房地产开发商签订商品房销售合同。

3. 律师提示函

律师提示函是律师事务所接受当事人的委托，以律师事务所名义发出的，提示相对人违约后果、法律规定、最后期限等内容的函件。例如，某公司委托律所向其租房客户发出了限期搬迁的律师提示函，后因租房客户拒不搬迁，引起诉讼，律师提示函在诉讼中起到了通知搬迁的证据作用。

4. 律师建议函

律师建议函是律师事务所接受当事人的委托，向相对人发出的解决纠纷建议的函件。例如，某村民委托律所向某村委会及村民小组发出了帮助调解邻里纠纷的律师建议函，在村委会及村民小组组长等的协调下，当事人达成了和解协议，化解了邻里纠纷。

5. 格式律师函

对性质相同的拖欠水费、电费、话费、欠款、代偿款等纠纷，可以运用主要内容相同的格式律师函，以解决同一单位的同一种类的欠费纠纷。由于这类纠纷中的欠款户数量很大，实务中格式律师函都采用批量印刷制作，仅填写姓名、欠款额等个性差异的内容，便可用印对外发出，大大提高了工作效率。

6. 律师复函

律师复函是律师事务所接受当事人的委托，向对方当事人发出的针对对方当事人来函内容给予回复的函件，包括对对方律师函的回复函。例如，某污水处理厂委托律所发出针对其项目施工方要求限期付款的来函予以回复的律师复函。复函中指出，施工方负责的污水处理工艺及污水量设计存在严重缺陷等导致工程至今无法验收合格，依照双方的合同约定至今尚不具备付款条件，于是要求施工方尽快完善、改进工艺，使污水处理厂得以尽快验收和运营，并赔偿因此给厂方造成的损失，同时表明希望双方能友好协商解决了相关问题。最后，双方友好协商解决了相关问题，施工方不再提限期付款要求。

二、律师函的撰写步骤

律师函的内容广泛,核心内容是事实、法律,有时要结合情与理,有时还要提出解决问题的方案建议等。律师函的行文结构分为首部、正文和尾部三大组成部分。

(一)律师函的首部

律师函的首部一般由三个部分组成,具体包括标题、函号和送达对象。

1. 标题

律师函标题的最基本要求是能够表达律师函的主旨,要让阅读者只通过标题就能够清楚地知道发函人想要收函人干什么。一个完整、规范的律师函标题一般由三部分组成:发函律师事务所的全称、律师函的主旨及律师函字样组成。这三个部分可以分三行显示,否则都放在一行显得标题太长,主旨不能突出,也显得不够美观。比如,"海南某某律师事务所/关于要求立即支付××项目工程款/律师函"。

2. 函号

律师函函号的基本结构为:发函律师事务所简称+发函律师事务所所在行政区划简称+法律文书的性质即律师函的简称+【年号】+第××号,如"××琼律函字【2022】第 30 号"。有的律师事务所的律师函的结构为:(年号)+发函律师事务所所在行政区划简称+发函律师事务所简称+法律文书的性质即律师函的简称+字第××号,如"(2022)琼×律函字第××号"。关于第××号一般有两种表达方式:(1)按照律师事务所总发函的份数来编写,如本年度的第 50 封律师函就可以表述成第 50 号。(2)按照发函的日期来编写,如 2013 年 1 月 4 日发的第 3 封函可以表述成第 0104003 号。这种表达方式的优点是根据函号就可以知道发函日期;缺点是函号所占字符过长,而且律师函落款处有发函日期,函号如此表述显得赘述。

3. 送达对象

送达对象即接受律师函的机关、单位或个人等主体。为了表示对送达对象的尊重，送达对象要用全称，不可省略。当送达对象为个人时需在姓名后加先生或女士等尊称。

(二) 律师函的正文

1. 委托声明

委托声明由委托来源及委托事项两部分组成。委托声明主要是向对方当事人表明律师向其出具律师函的合法授权来源，以及委托人的委托事项。

委托声明中要注意接受委托人委托的是律师事务所。委托声明的表述示例："某某律师事务所(以下简称本所)依法接受某某公司(以下简称某公司)的委托，特指派本所某律师(以下简称本律师)就某事宜向您/贵公司发送本律师函。"

2. 事实简述

律师函应在委托人提交的材料及委托人陈述的事实的基础之上，结合法律逻辑对案件事实进行叙述，使对方当事人感受到律师的专业性，让对方当事人相信列举事实的客观性，进而使对方当事人权衡利弊之后做出对自己有利的行为，从而达到委托人想要达到的目的。

事实简述时要注意：一是简明扼要。律师函在对事实部分进行叙述时不需要特别详细，只需要根据委托人提供的材料，简明扼要地将事实与双方争议的焦点总结出来即可。二是开头要陈述归纳事实的资料来源及名称。不排除委托人所讲述的事实不准确的可能性，在律师函的事实陈述部分的段落开头可以这样表达"根据委托人提供的资料及陈述"，以规避律师的执业风险。三是强调有利事实，最小化不利事实。律师提供法律服务需遵守维护当事人合法权利的使命。律师函中重点强调对委托人有利的事实，在强调有利事实的同时要最小化不利事实。

3. 法律评论

法律评论由法律引用(包括合同条款的引用)和法律分析两部分组成。在对事实进行简述之后，需要根据事实对对方当事人的违约或违法行为进行法律评论。法律引用(包括合同条款的引用)是为了说明对方的违法或违约行为等有明确的法律规定或合同条款约定。法律分析的目的是通过对法律或合同条款的引用说明对方的行为构成违法或违约等。

4. 律师意见

律师意见由提出主张及后果两部分组成。对事实和法律依据进行分析之后，要明确提出委托人的主张。在提出主张之后，要求对方当事人在规定期限内完成规定事项，否则将承担不利后果。

律师意见部分需注意：一是注意措辞的准确，词需达意。语言表达必须留有余地，在用词的时候要为委托人和对方当事人和解协商留下空间。意思表达不要过于绝对，告知对方不按我方主张的要求解决纠纷，将承担何种不利后果即可。二是提出合理的履行期限。律师函的目的一般就是要求对方在一定的期限内作出一定行为，所以律师函中需明确提出对方当事人的履行时间。当然，履行期限的时间长短需要结合实际情况确定，既要考虑委托人的时限利益，也要考虑尽可能让对方当事人能够在履行期限内履行。三是强调不按律师函要求解决纠纷的后果。可从法律责任角度、商业利益角度、商业信用角度、解决纠纷的成本角度等来提示后果。

(三)律师函的尾部

律师函的尾部一般由三个部分组成：送达方式、落款和联系方式。

1. 送达方式

律师函的送达方式是在律师函中明确表明这封律师函是以何种方式送达的。实务当中，建议律师函采用邮政特快专递(EMS)的方式送达，并在 EMS 物流单备注信息上写上邮寄律师函的名称，这样能防止在对方当事人否认收到律师函后，以邮局出具对方已经签收的证明来证明送达情况。如果知道对方当事人的联系传真、邮箱、微信等方式，可以同时以传真、邮箱、微信等方式送达律师函。律师函的送达方式可以表述为"本律师函以特快专递及传真(注明送达对象的传真号码及收件人)的方式送达"或"本律师函以特快专递及电子邮件(注明送达对象的邮箱号及收件人)的方式送达"。

2. 落款

律师函的落款具体包括律师事务所的名称、发函律师的姓名(实习律师、律师助理等均不得署名)和成函时间。在律师函的落款处要加盖律师事务所的公章,证明律师发函的合法性。成函时间具体表明年月日,注意将"零"写为"〇"。

3. 联系方式

律师函的联系方式包括发函律师的联系方式及委托人的联系方式。发函律师的联系方式一般包括律师事务所的名称,发函律师的姓名、电话号码、邮箱、传真号码、联系地址和邮编等。

实务中也有只写发函律师的联系方式的,以便对方当事人直接跟律师沟通,律师再把沟通的情况及时反馈给委托人,这样律师的工作成果能更好地体现。

(四)律师函的送达及对方回复、不回复的注意事项

1. 律师函的寄送

律师函在寄送时需注意应以律师的名义寄送。律师函以律师的名义寄送更规范,更能体现律师函的严肃性,进而对对方当事人产生一种心理上的震慑并使其重视接收到的律师函。

律师函可以采用 EMS 及其他有效方式送达。为了确保对方能收到律师函,律师函最好用 EMS 来寄送。邮局的特快专递比快递公司的快递更安全,当对方当事人否认收到律师函,可以让邮局出具对方已经签收律师函的证明。邮局出具的签收证明在实务中作为证据更具公信力。现在一般 EMS 邮寄是通过微信小程序下单,在填邮寄信息时要注意备注上邮寄文件的名称,同时要注意保存好 EMS 的邮寄底单,以便将来可以作为证据。除了用邮寄的方式寄送律师函,还可以辅助用邮件、传真、微信等方式发送律师函,确保律师函能够有效送达对方当事人。

2. 对方回复后的注意事项

律师函不是目的,目的是想通过发送律师函让对方重视,进而解决存在的纠纷或问题。因此,在对方回复律师函后,律师要注意积极和对方沟通。实务中,对方作出书面回复的较少,采用电话回复的较常见,所以为保留痕迹,在对方电话回复以及沟通的时候,如果条件允许,要尽量做好录音取证工作。

3. 对方未回复的注意事项

律师函发出去以后，若对方没有回复，或有回复但没有达到预期的效果，此时律师要及时反馈给委托人，并跟委托人沟通是否需要进入诉讼（仲裁）程序，或采取其他方式解决纠纷、问题。与委托人沟通的过程中，律师只是提供法律分析意见及建议，最终是否需要采取何种方式解决纠纷或问题，一定要委托人来决定。

三、供参考的律师函

××律师事务所
关于要求贵司向××公司支付拖欠仓储费等费用的
律 师 函

××琼律函字【2022】第××号

××公司：

本所接受××公司（以下简称委托人一）、××公司（以下简称委托人二）的共同委托，指派××律师就贵司与上述两委托人之间的费用支付相关事宜发函如下：

根据委托人提供的资料及介绍，本所律师得知以下情况：

贵司分别与委托人一、委托人二订立了《粮食仓储合同》《物业管理合同》。《粮食仓储合同》约定贵司租用委托人一名下的位于××市的仓库用于存储2000吨小麦；仓储费按每月80,000.00元计收，使用期为2017年9月16日至2018年9月16日（到期后可免收仓储费使用至2018年10月16日）；物业管理费、卫生费、水电费等其他费用按市场标准收取；除合同生效后15日内应付清第一月的仓储费用外，第二个月及以后月份的仓储费自次月起，应在每月10日前付清，若逾期付款，每逾期一日按所欠费用万分之二支付上述费用至付清拖欠费用止；合同保证金100,000.00元，自合同签订之日起7日内付清；逾期支付仓储费两个月，委托人一有权没收保证金。《物业管理合同》约定贵司在租用仓库期间应向委托人二每月缴纳50,000.00元物业管理费；除合同生效后15日内缴清第一个月物业管理费外，自次月起，应在每月10日前付清上月物业管理费用，若逾期付款，每逾期一日按所欠费用万分之二支付违约金至付清拖欠费用止；保证金为100,000.00元，自合同签订之日起7日内付清；逾期支付物业管理费两个月，委托人二有权没收保证金。

2018年4月17日，贵司与委托人一签订《补充协议书》，约定贵司每月实际应缴纳的仓储费及物业管理费为135,000.00元，租期内仓储费及物业管理费共计为1,620,000.00元；贵司先按每月80,000.00元仓储费、每月50,000.00元物业管理费标准缴纳，剩余仓储费及物业管理费按贵司在取得政府发放的储备粮补贴款后三个工作日内按政府实际补贴金额占中标金额（9,600,000.00元）的比例支付，即实际应支付的物业管理费及仓储费总金额＝政府实际补贴金额÷9,600,000.00元×1,620,000.00元；无论在何种情况下，实际应支付的物业管理费及仓储费总金额不低于1,160,000.00元；电费以1.5元/度按实际用电量结算，自政府实际补贴金额到账后三日内全款结清。

2018年9月27日，贵司向委托人一出具《关于支付仓储、管理及物业、水电等费用的承诺函》，确认截止2018年9月15日，贵司欠委托人一仓储费710,000.00元及截止到2018年8月31日的电费944,101.50元，仓储费和电费金额最终按合同约定及贵司实际使用仓库截止日计算；承诺在2018年10月21日前向委托人一支付200,000.00元仓储费，同时在贵司收到政府储备粮补贴后一日内一次性全额支付拖欠仓储费、管理费及物业水电费以及其他费用。

2018年9月27日，贵司向委托人二出具《关于支付物业管理费的承诺函》，确认截止到2018年9月15日，贵司欠委托人二300,000.00元；承诺在贵司收到政府储备粮补贴后一日内一次性全额支付拖欠管理费及物业水电费以及其他费用。

2019年4月26日，贵司已经收到政府发放的储备粮补贴款共计8,764,200.00元，故贵司实际应支付委托人一、委托人二仓储费及物业管理费合计为1,478,958.75元，但贵司仅支付了550,000.00元（不含保证金200,000.00元），尚欠仓储费及物业管理费928,958.75元。另，贵司至今尚欠电费1,089,372.00元。因此，贵司合计拖欠仓储费、物业管理费、电费2,018,330.75元。

本所律师认为，若上述情况属实，因贵司拖欠仓储费、物业管理费及电费的行为已违反合同约定，构成违约，根据《民法典》第577条"当事人一方不履行合同义务或者履行合同义务不符合约定的，应当承担继续履行、采取补救措施或者赔偿损失等违约责任"的规定，委托人有权要求贵司继续清偿欠款并承担违约责任。

为此，根据委托人的委托，本所律师函告贵司，请贵司于收到本律师函后5日内向委托人一、委托人二付清拖欠的仓储费、物业管理费及电费，同时委托人保留追究贵司相应法律责任的权利。如贵司在收到本函后仍未履行清偿欠款的义务,那么委托人将通过诉讼途径解决本项纠纷,届时因此产生的一切法律后果均由贵司承担。

本律师函将以特快专递的方式送达贵司,请谨慎对待!

××律师事务所

律师:××

××××年××月××日

附:××律师事务所××律师的联系方式如下:

1. 联系电话:
2. 电子邮箱:
3. 地址:
4. 邮编:

课后练习

选择一个正在进行咨询或者被代理的案件当事人,模拟律师为其写一个要求对方承担法律责任的律师函。